产品差异化与企业竞争策略研究

何慧爽　著

中国水利水电出版社
www.waterpub.com.cn

内 容 提 要

产品差异化问题一直是产业组织理论研究的重点和热点领域之一。本书从产业组织理论入手，介绍了产品差异化与企业竞争策略的基本理论。如在产品差异化视角下，研究企业如何选择竞争策略以及竞争所产生的均衡结果，竞争均衡对社会福利及市场绩效的影响，并探讨如何改进市场绩效，社会福利均衡及市场绩效对产业组织政策的启示和含义。

图书在版编目（CIP）数据

产品差异化与企业竞争策略研究 / 何慧爽著. -- 北京：中国水利水电出版社，2014.9（2022.9重印）
ISBN 978-7-5170-2389-0

Ⅰ．①产… Ⅱ．①何… Ⅲ．①产业组织理论—研究②企业竞争—研究 Ⅳ．①F062.9②F270

中国版本图书馆CIP数据核字（2014）第199676号

策划编辑：向 辉　　责任编辑：陈 洁　　封面设计：李 佳

书　　名	产品差异化与企业竞争策略研究	
作　　者	何慧爽 著	
出版发行	中国水利水电出版社	
	（北京市海淀区玉渊潭南路1号D座　100038）	
	网址：www.waterpub.com.cn	
	E-mail：mchannel@263.net（万水）	
	sales@mwr.gov.cn	
	电话：(010)68545888(营销中心)、82562819（万水）	
经　　售	北京科水图书销售有限公司	
	电话：(010)63202643、68545874	
	全国各地新华书店和相关出版物销售网点	
排　　版	北京万水电子信息有限公司	
印　　刷	天津光之彩印刷有限公司	
规　　格	170mm×227mm　16开本　15印张　230千字	
版　　次	2014年11月第1版　2022年9月第2次印刷	
定　　价	49.00元	

前　言

本书是一本产品差异化和企业竞争策略互动性研究的专著，属于经济学中产业组织领域的研究。

产品差异化问题一直是产业组织理论研究的重点和热点领域之一。产品差异化理论从 Hotelling（1929）经典模型发展至今，产生了丰富的大量文献。在传统的 SCP 范式中，产品差异化是决定市场结构的三大重要因素之一（其余两个因素是集中度和进入壁垒）。产品差异化作为市场结构的一个重要的决定因素，会直接影响市场绩效。从我国现实经济看，随着经济发展和社会生活水平的提高，行业竞争、市场细分、资产重组等使得传统理论中以产量、价格及成本为主要竞争手段的策略已经不适应经济发展的需要。企业为争夺消费者的竞争使得他们必须秉承"个性化生存、差异化竞争"的策略原则，实施产品差异化竞争策略。从经济学的角度看，分析企业的产品差异化行为，有利于解释企业进行技术创新，实施成本差异化，降低边际成本等动机和策略。从管理学角度来讲，分析企业的产品差异化行为可以为企业获取差异优势和竞争优势，从而更好地实现竞争战略提供参考。从企业角度来讲，分析企业产品差异化行为也可以为企业实现降低消费者对企业产品价格变化的敏感度、强化企业的非价格竞争手段、使企业制定比边际成本更高的价格，从而为实现企业利润、提高企业市场绩效等目的提供借鉴。从产业组织政策角度看，研究作为市场结构重要决定因素的产品差异化问题，对以控制市场结构、调整市场行为、直接控制市场绩效为主要实施手段的产业组织政策的制定和作用的发挥也具有参考性和启发性。

本书的研究主题为产品差异化与企业竞争策略研究。研究目标分为以下几个方面：

（1）在产品差异化框架下，分析企业如何选择竞争策略以及竞争所产生的均衡结果。企业的竞争策略从时间维度上来看包括短期策略、中期策略和长期策略。

其中，短期策略包括企业的定价策略；中期策略包括企业进入退出及进入阻止策略、合谋策略、合并策略；长期包括企业的研发策略。本书只分析企业的中长期策略，包括企业的进入及进入阻止策略、合谋策略、合并策略和研发策略。

（2）分析竞争均衡对社会福利及市场绩效的影响，包括竞争均衡对企业利润、消费者剩余、社会福利等的影响，并探讨如何改进市场绩效。

（3）分析社会福利均衡及市场绩效对产业组织政策的启示和含义。分析市场结构、市场行为、市场绩效的最终目的是为产业组织政策提供参考。

根据以上目标，本书主要运用了文献研究、数理模型分析、实证研究等方法，内容及基本结论主要包括以下几个方面：

（1）差异化企业进入阻止方法多样，最小质量标准对进入阻止的效应不确定。在差异化企业进入阻止的竞争策略选择上，产品差异化本身就可以作为阻止进入的策略选择。除此之外，在位企业在产品的质量选择上，还可以采取抢先进入、信号传递、掠夺行为等方法巩固在位者的优势和阻止进入。当存在最小质量标准，且最小质量标准内生确定时，最小质量标准对进入阻止的效应是不确定的，具体效应要视在位者是高质量产品企业还是低质量产品企业而定。

（2）企业的产品差异化程度对合谋稳定性效应难以判定。不管成本结构、竞争类型或其他影响因素如何，归根到底，企业的产品差异化程度对合谋的稳定性的效应取决于所用的产品差异化的具体模型。因为在这个问题的中心存在一个基本的平衡：当企业销售同产品时，其从默契的合谋中获益最多，也从背离合谋协定中获益最多。这种平衡导致的结论就是精确的需求假定规定了哪一种效应占优。

（3）R&D 活动及外部性、创新类型、竞争强度与差异化企业竞争策略密切相关。影响企业 R&D 活动的因素不同，企业所采取的竞争策略会有所差异。创新类型的选择和产品生命周期阶段、相关的生产过程阶段和竞争性策略要素之间也存在相关关系。而 R&D 活动的外部性、竞争强度也会影响企业 R&D 策略选择。从外部性角度分析，只要 R&D 溢出效应不等于零，差异化产品双寡头企业进行 R&D 合作可以降低单位产品成本、提高 R&D 投资和产品产量、增加企业利润、改善社会总体福利水平和提高消费者剩余。从竞争角度分析，只要溢出效应不等于零，较弱的竞争——古诺竞争总是会比伯川德竞争下 R&D 投入更多，这也意味着更多的成本消减、更多的企业利润和更多的社会福利。

（4）差异化企业不同竞争策略存在互动影响。本书主要研究内容是在时间维度上分析企业的中长期竞争策略与产品差异化理论之间的关系。结论显示，企业的策略并非各自独立。不同的竞争策略维度存在着互动影响，要评估某一项竞争策略对行业市场结构或市场绩效的影响，必须综合起来全方位考虑。

（5）实证表明中国轿车行业差异化企业合并对市场势力影响并不明显。市场势力的测定是产品差异化市场结构分析中广泛使用的方法。针对轿车市场激烈的价格战，一些分析者和政策制定者指出为了增加市场集中度，中国的轿车企业应该合并，形成所谓的"3+X"的市场结构。而结合轿车市场产品差异化、产品线的多产品竞争等特征，用市场势力的测定以及基于供应方的多产品 Betrand 模型和需求方的混合 logit 模型，对中国轿车市场上加成所界定的市场势力进行测度，并对轿车行业内企业的合并行为对企业市场势力的影响进行模拟的结论显示：单一产品环境、多产品环境和"3+X"市场结构下市场水平的加成分别是 20.81%、21.66%、24.78%。这些估计的加成首先意味着中国的轿车生产商仍然具有较高的市场势力和较大的利润空间，价格战可能仍会持续；其次，轿车生产商合并成三个主要的轿车集团从总体上并不会很大程度上提高市场势力。

（6）针对产品差异化的产业组织政策有很大的作用空间。产业组织政策的实施手段主要包括控制市场结构、调整市场行为和直接控制市场绩效三个方面。产品差异化做为影响行业市场结构的重要决定因素之一，针对产品差异化的产业组织政策就有很大的作用空间。如果高市场集中度不利于产品差异化的增加及社会福利的提高，便可采取产业组织政策降低市场集中度，依法分割处于垄断地位的企业，降低进入壁垒。如果产品差异化有利于企业之间进行合谋，从而有损于消费者福利和市场绩效，便可调整市场行为，禁止和限制竞争者的共谋现象。如果产品差异化有利于企业回避价格战进行良性竞争，并且有利于提高社会福利，便可采取有利于研发创新的产业组织政策，如对企业的 R&D 行为或其他自主创新行为进行鼓励和资助，鼓励企业为差异化产品而进行的创新行为。

本书可能的创新包括：①应用以博弈论方法为基础的数理模型对企业的竞争策略进行分析，得出具有洞察力的结论，从而更有效地分析经济现实；②采用边际分析、局部均衡和比较静态的分析方法比较不同假设结构下的数理模型结果，并以均衡结果所得出的结论为基础，提出产品差异化框架下的相关产业组织政策建议；③以中国轿车市场作为案例研究和实证分析的对象，采用混合 logit 模型，测度中国轿车市场上市场加成方法所界定的市场势力，模拟中国轿车行业内企业的合并行为对企业市场势力的影响。

本书在编写过程中，借鉴了国内外经济学专家、学者的研究成果。本书的出版得到了中国水利水电出版社和华北水利水电大学理论经济学学科组的大力支持和协作，并得到华北水利水电大学高层次人才科研启动项目资助，在此一并表示感谢。

由于作者对产业组织领域的学习和把握有待进一步深入，书中难免有不足之处，恳请读者和专家批评指正。

作者

2014 年 5 月

目　　录

第一章 绪论

第一节 选题背景与意义

一、选题的理论背景与意义

（一）当前产业组织理论分析的热点

从产业组织角度讲，无论是从 20 世纪 40 年代到 80 年代的 SCP 范式为主的哈佛学派、价格理论为主的芝加哥学派为代表的传统产业组织理论还是以 80 年代以后的以分析策略性行为为主的新产业组织理论，产品差异化都是产业组织理论中非常重要的研究领域之一。从传统产业组织理论角度讲，产品差异化是决定市场结构的三大重要因素之一（其余两个因素是进入壁垒和集中度）。在现代产业组织理论中，产品差异化是其六大研究领域之一（其余领域为静态博弈理论、重复博弈和寡占理论、进入壁垒和进入遏制、技术进步与市场结构的动态演变、信息不对称）。可见，产品差异化一直是产业组织理论中非常重要的研究领域之一。

产业组织理论发展到现在，理论和经验研究主要集中在以下几个方面（Mortimer，2005）：①技术创新；②R&D 溢出效应；③信息作用和监管效应；④广告；⑤干中学；⑥进入和退出；⑦合并分析；⑧规制；⑨产品差异化选择；⑩多产品企业；⑪价格歧视；⑫进入、投资、存货策略的动态分析等。

本书的分析，体现在产业组织理论的分析热点中，是以产品差异化（⑨）为问题切入点，以博弈论和微观经济模型为分析工具，与专题②、⑥、⑦、⑧、⑩相结合，分别分析产品差异化和企业进入及进入阻止、企业合谋、R&D 溢出效应、企业合并问题的相关性。

（二）产品差异化因素在 SCP 范式分析中的重要性

产业组织理论主要研究企业行为和市场结构的问题，特别是在完全竞争假设失效的情况下，产业组织理论的应用更为普遍。从发展历程上来看，产业组织理论存在两个分支：市场及市场结构理论和企业理论。第一个分支把企业作为一个"黑箱"，集中研究企业之间如何相互竞争、设定价格和制定决策从而赢得市场；第二个分支主要研究为什么一些交易发生在市场而另一些交易发生在企业内部，因此，这个分支的研究试图去揭示"黑箱"运作机制，并研究企业内部的企业规模、企业边界以及企业动机机制等问题。本书的研究属于第一个分支。

关于第一个分支的研究，最早始于哈佛学派（1940～1960 年）以 Joe Bain 为代表的 SCP（Structure Conduct Performance）范式。Bain 所提出的 SCP 范式的核心思想在于市场结构决定了市场竞争行为，而企业的市场竞争行为又是决定市场绩效的决定因素，从而市场结构与市场绩效之间是紧密关联的。如图 1-1 所示，市场绩效来源于市场行为，市场行为则来源于市场结构。

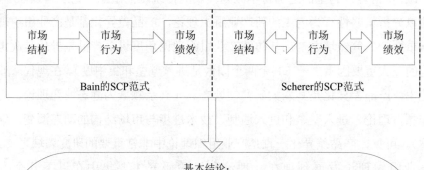

图 1-1　SCP 范式

1970 年 F.M.Scherer 在其《产业市场结构和经济绩效》（Scherer，1970）一书

中对 SCP 范式给出了系统完整的阐述。如图 1-1 所示，相对于贝恩的 SCP 范式而言，除了强调由产业基本条件所形成的市场结构、市场行为、市场绩效的反馈作用之外，更进一步揭示了市场行为对市场结构与产业基本条件的反馈作用，特别是市场绩效对企业行为的影响进而对市场结构的反馈作用。例如，强有力的研究与开发（R&D）可能改变一个产业的技术，从而改变产品的成本状况与产品的差异化程度；市场供给者所采取的价格策略及其之间的相互影响可能提高或降低市场的进入壁垒。

如图 1-2 所示，在传统的 SCP 范式中，市场结构是企业数量、技术、市场条件、产品差异化程度的函数；市场行为包括价格设定、竞争、广告行为等；市场绩效涉及多个方面，例如，由于产量、企业规模和过剩生产能力所导致的相对技术效率，包括消费者剩余、最优多样化、利润和社会福利水平在内的社会效率以及由于技术进步所产生的动态效率等。

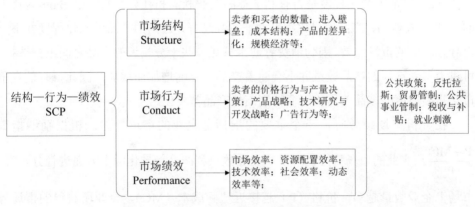

图 1-2　结构—行为—绩效的界定及政策启示

按照 Waldman&Jensen（1998）的分析，以 SCP 作为分析框架的研究主要集中在以下几个方面：①市场结构与盈利性之间的关系；②进入壁垒与利润增长之间的关系；③进入壁垒主要内容；④市场结构与技术进步间的关系；⑤市场结构与有效定价策略的关系；⑥市场结构与有效串谋的关系；⑦政府规制与经济效率的关系；⑧企业合并与经济效率的关系；⑨市场势力与广告投入之间的关系；⑩串谋行为的法律分析；⑪政府的垄断规制。

由此可以看出，在 SCP 范式分析中，一个重要的概念是市场结构。决定市场结构的三个最重要的因素是：企业（卖方）数量的多少（或者说是集中度）、产品差异化程度、进入壁垒。由图 1-1 所示，SCP 范式所得出的三个基本的结论，也分别和这三个重要因素相关。其中，相对于第①、②个结论，第③个结论的争议最少。针对第①和第②结论，存在两方面的争议：

（1）企业数量越多越好还是越少越好？即较高的市场集中度是否有利于提高市场绩效？这一方面争议的代表人物为 Bain（1956）、Mann（1966）以及 Demsetz（1973）。其中 Bain 和 Mann 认为，随着市场集中度的提高，产业的长期利润率将有所提高。而 Demsetz 则认为，市场集中度与利润率的正相关关系是有条件的，即要求市场集中度达到一定水平。在市场集中度为 10%～50%的区间内，利润率不仅不随着市场集中度的提高而上升，有时反而会有所下降。只有当市场集中度超过 50%以后，才存在市场集中度与利润率的正相关关系。

（2）产品差异化程度是否有利于提高企业利润和社会福利？以 Bain 为代表的 SCP 范式认为，产品差异化程度并非越高越好，过高的产品差异化程度并不一定导致较好的市场绩效。因为消费者通常只在一些十分相近的产品之间进行选择，可供消费者选择的产品数量并不会随着产品差异的增加而增加。因此，有效竞争市场需要适度的产品差异化而非特别高的产品差异化。

在分析市场绩效时，一个重要的指标是企业的市场势力。根据勒纳指数 $\dfrac{P-MC}{P}$，企业的市场势力也可以从企业数量和产品差异化两个方面进行分析[①]：市场上企业数量越多，价格（P）越接近边际成本（MC），企业所获得的市场势力越小；另外，企业之间的产品差异化程度越大，价格（P）越高于边际成本（MC），企业所获得的市场势力越大。因为现有文献研究自传统的 SCP 范式分析到现在为止，在分析市场结构时，多集中于分析市场集中度与市场绩效之间的关系。本书从另外一个角度，即从产品差异化角度分析企业的产品差异化选择与市场绩效之间的关系。

---

① 除此之外，也可以从进入壁垒的角度分析。

（三）产品差异化分析的理论发展

产品差异化理论的提出，比 SCP 范式的发展还要久远。代表人物为 Hotelling（1929）、Mussa&Rosen（1978）、Gabszewicz&Thisse（1979）等。

产品差异化理论从 Hotelling（1929）模型发展至今，产生了丰富的文献，包含多个分类。既有横向产品差异化和纵向产品差异化之分，又有位置模型类型和非位置模型类型之分。近年来又发展为具有信息差异、网络外部性和策略性差异的产品差异化。一般认为，水平产品差异化模型范畴包括 Hotelling 类型模型的产品差异化和非位置模型的代表性消费者模型。

产品差异化理论最早起源于 Hotelling（1929）所提出的寡头企业生产差异化产品竞争理论。Chamberlin 在 1933～1953 年做了一些拓展性的努力，认为商业实体可以致力于寻找"最好"的新产品进入市场并且实行非价格竞争。这打破了完全竞争的困境，把经济学引入到一个"产品是一个经济变量"的世界中，这些发展获得的一个重要的成果就是缩短了经济理论和经济现实的差距。关于产品差异化的文献存在以下三个研究方向。

首先，认识到产品差异化在市场运作和价格决定中的中心作用。这一类模型主要以 Chamberlin（1933）、Dixit&Stiglitz（1977）等为代表。这类文献和垄断竞争的现代理论相结合，并且保留了完全竞争的一些特征（如自由进入），产品差异化赋予一些企业一定程度的垄断力，并且允许价格高于边际成本。因此，市场系统的自由进入均衡是以差异化产品为特征的。一般而言，这种市场系统并不是社会最优的。这方面经济学家著作主要考虑的是效率损失的程度，具体就是市场是过于多样化还是产品多样化不足。在这类模型中，产品分类是预先给定的，并且包含在需求系统（从最大化"代表性消费者"效用中获得，或预先给定）中。

其次，产品分类被看作是一个基本的策略性变量，企业利用产品分类致力于弱化激烈价格竞争所导致的不稳定和破坏性作用。Hotelling（1929）提出产品选择的竞争理论，其在产品差异化的分析中占有统治性地位，与其他产品差异化模型相比较，Hotelling 分析的明显特征是处理了寡头企业的产品选择问题。Lancaster（1966）也提出一个基本的观点，即消费者不是从产品本身获得效用而是从产品所包含的特征中获得效用，这意味着选择产品的企业在选择特征空间上产品的"位置”，消费者按照他们最偏好的特征的“位置”分布。具体而言，可以通过界定特征空间上的距离函数来描述产品之间的“替代性”。Hotelling（1929）和 Lancaster（1966）在距离的界定方面是一致的。Hotelling 类的模型被称为水平产品差异化模型，因为消费者在商品的排序上是无差异的，所以所有的商品如果在相同的价格出售，都会有正的市场份额。而经济现实则存在另一个极端，即如果所有商品都在相同价格出售，则只有一种商品会被购买，即所有的消费者对产品的排序是相同的。这种情况最简单的例子就是产品仅在质量上有差异。这类文献被称做垂直产品差异化，见 Mussa&Rosen（1978）、Gabszewicz&Thisse（1979）。

最后一种产品差异化理论被 Perloff&Salop（1985）、Anderson et al（1992）等发展。这类文献假定消费者对产品效用的评价为一个随机变量，这可能是由于消费者对产品效用的评价随时间而波动，也可能是由于企业不能决定的一些影响消费者选择的因素，比如情绪或者其他影响消费者选择的主观因素等。消费者的行为被模型化为等同于计量经济学上离散选择模型的随机效用最大化模型，即产品差异化的离散选择模型。

现有产品差异化文献的分析，多集中于产品差异化本身的分析，对于不同专题，如产业组织理论中的企业进入阻止、信息监管、合并行为、合谋行为、技术进步、规制等方面则分析较少。本书试图结合产业组织理论不同专题，把产品差异化和进入阻止、合谋、合并、研发外部性结合起来进行研究。

二、选题的现实背景与意义

（一）产品差异化理论分析的现实背景及意义

1. 从现实经济看产品差异化的普遍性

随着经济发展和社会生活水平的提高，产业发展越来越成熟，竞争越来越激烈，消费者的需求日益呈现出多样化、个性化、不确定性等特征，企业日益增多，产品变得更加丰富，消费者更是由被动的接受产品向提出需求转变。行业洗牌、市场细分和资产重组等使得传统理论中以产量、价格及成本为主要竞争手段的策略已经不适应经济发展的需要，企业为争夺消费者的竞争使得他们必须秉承“个性化生存、差异化竞争”的策略原则，从而差异化自身的产品。

在现实世界中，也存在很多差异化产品的事实。这些事实主要体现在以下几个方面：

（1）不同的消费者购买不同的产品。这种不同不仅体现在不同的产品特征上，比如产品外观和物理特征，同类品牌不同颜色或不同款式的轿车，也体现在不同的质量上，比如电脑的 CPU 速度等。这表明消费者所显示的偏好有差异，拥有同样收入的消费者可能偏好购买不同品牌的轿车，这种差异不能完全被消费者收入所解释。

（2）很多企业，主要包括生产消费品的企业，生产了大量相似的但是具有差异化的产品。例如可口可乐公司生产的可乐，可分为无咖啡的、咖啡味的和甜味的。同样，对同一种特征的产品，又有不同包装和容量（比如瓶装和罐装，600mL 和 1.5L）的可乐。也有一些企业（比如美国的福特汽车、国内的联想电脑、海尔家电等），不仅生产高质量产品，还生产低质量产品。

（3）消费者把差异化产品之间的差异看作是真实的，不管这些差异是否真的存在。由于品牌忠诚度以及广告效应等，面对同样款式、同样价格、同样质量而不同品牌的服装，消费者可能会做出不同的购买选择。差异化产品之间的差异，除了产品本身外观物理特征以及质量的差异之外，还在于消费者认为它是"有差异的"。由于消费者的认知和偏好不同，相同产业中的不同企业所生产的产品很少是相同的。比如美国通用、福特等企业生产的竞争性同等定价水平的轿车的差异，国内海尔和熊猫品牌同等定价水平冰箱的差异。

（4）由于产能和 R&D 的限制，任何一个产业中企业所生产的产品都只是产品可能集中的小部分。同样，由于消费能力和偏好的限制，任何消费者都只购买产业中所生产产品的很小一部分。

由此可见，在现实经济中到处存在着产品差异化，几乎所有的市场都或多或少的涉及某种程度的产品差异化，即使在经典的同质品市场。比如农业品市场或某种具体的化学品市场，生产者也试图从产品质量、可信赖度和消费者服务方面做以区分。经济中的这种差异化可能体现为消费者偏好，也可能体现为生产者的技术特征。从广义上讲，任何生产和消费上密切相关的商品都可称为差异化产品。商品消费上的密切关系取决于消费者偏好——消费者是否把两种产品看作是密切的替代品,比如茶叶和咖啡的选择。商品生产上的密切关系取决于范围经济——是否一个企业生产两种产品(比如样式、风格、做工一样,但尺寸不一样的衣服或者鞋子)比生产一种商品更有效率;同样的一组商品(比如颜色不一样的气球)也可能在生产和消费上都密切相关。

2. 从经济学、管理学角度看产品差异化的重要性

从经济学角度来讲,在寡头市场中,两家企业生产同质产品的伯川德(Bertrand)价格竞争模型发现产品均衡价格等于边际成本,这与完全竞争市场结构情形相同,这就是有名的伯川德悖论。而按照 Chamberlin(1933)的观点,现实市场既不是完全竞争市场,也不是完全垄断市场,而是垄断和竞争的结合。在这样的市场上存在着生产、销售许多近似产品的企业,它们彼此相互竞争,同时由于产品具有一定程度的差异,他们对自己产品又具有一定的垄断性和市场势力。这样,各企业基于自身技术、成本结构等因素所做出的对产品空间特性的选择构成了相互影响相互依赖的产品战略。加之由于消费者特性不同,即使对同样的产品,消费者的偏好也不全相同,这就为企业进行产品差异化策略提供了更广泛的空间。

当今世界各国市场的开放性决定了国际市场上产品的丰富性。各国企业都在国际市场上追逐着利润,只要产品有利可图,生产企业都会想方设法生产该产品从而瓜分国际市场,致使生产厂家众多,产品种类众多且系列化,直至生产过剩。市场竞争的结果使得市场上产品同质化现象非常严重。而在国内,电脑市场、手机市场、家电市场等也存在着品牌过度竞争、产品同质化严重等问题,价格战依然是市场竞争的主线。企业、行业、市场则是经济社会的三个基本层次,而企业是市场经济的基本要素。从经济学的角度分析企业的产品差异化,有利于企业进行技术创新,实施成本差异化,降低边际成本。同时,产品差异化可以减少消费者对企业产品价格的敏感度,强化企业的非价格竞争手段,构筑市场进入壁垒,阻止潜在者进入、使企业制定比边际成本更高的价格,从而实现企业利润,提高企业市场绩效。这对当今中国许多面临同质化竞争的行业和企业来说,显得尤为重要和紧迫。

从管理学的角度看,消费需求差异方面的产品差异包括消费者对类似产品的

不同态度，因此，引起消费者需求差异方面的产品差异就包括了引起购买者决定购买产品而非另一种产品的各种差异。这种差异包括产品质量或设计的差异；信息闭塞或不完整所导致的差异；由销售者推销行为，特别是广告、促销和服务所引起的牌号、商标或企业名称的差异；同类企业地理位置的差异所造成的差异等。产品差异化策略就是企业提供别具一格的产品线和营销项目，以争取在产品和服务等方面比竞争对手有独到之处，从而取得差异优势，使消费者甘愿接受较高的价格。产品差异化体现在管理战略层面上，不仅仅局限于 R&D 策略所产生的产品技术层面的差异化，还包含产品特点、名称、包装、标签、颜色、材料、质量、造型、式样、功能、销售宣传、价格、销售服务、广告主题、广告媒介、广告技巧等所造成的差异化。

从企业的竞争策略角度来看，可分为短期、中期和长期。短期涉及企业如何定价，中期涉及企业是否选择进入、合谋与合并，长期涉及企业的研发行为。在产品差异化视角下研究企业的短期和中长期竞争策略，对当前寻求"个性化生存、差异化竞争"策略性竞争的企业，具有更大的借鉴意义。

3. 从产业组织政策角度看产品差异化的重要性

产业组织是指同一产业内部各企业间在进行经济活动时所形成的相互联系及其组合形式。因各产业及企业间相互联系机制和形式的不同，对资源利用效率及产出效益都有直接的影响，因而利用经济政策改善产业组织，实现产业组织的合理化，并借此达到资源有效利用、收益公平分配等经济政策一般目标，便成为产业组织政策的首要任务。所谓的产业组织政策，就是政府为实现这一目标对某一产业或企业采取的鼓励或限制性的政策措施。

正如上面 SCP 分析范式中所分析的，产品差异化对社会福利或市场绩效的效应存在着争议。或因行业不同、市场结构、位置不同等原因，产品差异化对不同行业、不同情况下的社会福利和市场绩效具有不同的效应。如果产品差异化对社会福利或市场绩效效应为正，便可采取促进竞争的政策：鼓励竞争，限制垄断，如反垄断政策或反托拉斯政策；或者采取相应的对企业为增加差异化而进行的 R&D 活动进行财政补贴或税收的减免。如果产品差异化对社会福利或市场绩效效应为负，政府便可直接采取规制政策，限制过度竞争。

从产业组织政策的实施手段来看，主要包括控制市场结构、调整市场行为和直接控制市场绩效三个方面。如果高市场集中度不利于产品差异化的增加及社会福利的提高，便可降低市场集中度，依法分割处于垄断地位的企业，降低进入壁垒。如果产品差异化有利于企业之间进行合谋等，从而有损于消费者福利和市场绩效，便可调整市场行为，禁止和限制竞争者的共谋、卡特尔及不正当的价格歧视；对卖方价格、质量实行广泛监督，增强市场信息透明度，对非法商业行为进行控制和处置。如果因为资源分配、技术特征等方面不利于产品差异化或者产品多样化福利未惠及到收入最低的消费群体，可采取直接对市场绩效进行规制的产业组织政策，如对因商业利益可能产生质量问题的行业制定最小质量标准，资源分配方面存在市场缺陷的产业，可通过政府的干预（如直接投资）弥补市场机制缺陷，对盈利不多和风险较大的重大技术开发项目提供资金援助；增加教育、科研和技术推广的公共投资，禁止滥用稀缺资源等。

（二）中国轿车市场与产品差异化

选择中国轿车行业作为本书实证研究中的分析对象，主要有以下几个原因：

一是中国轿车行业是一个明显的产品差异化行业。轿车市场一直是经济学框架下差异化产品市场研究的关注重点。轿车产品的车型尺寸、发动机排量和品牌原产地多种多样，每年新上市的车型数量也在不断增加。轿车生产企业从 1995 年的 13 家发展到 2008 年的 37 家，生产企业个数增加了 26 个，但轿车品牌类型型号却从 1995 年的 13 个增加到 2008 年的 200 多个。据不完全统计，2008 年国内市场发布的新车型就达 86 个（含全新车型、换代车型、车型及促销车型等）。自主品牌基本型乘用车无论在造型、技术、生产及质量各个方面都有长足进步，每月至少有两种车型发布，最多时有 14 个车型发布[①]。

二是中国轿车市场的市场结构特征。经验研究认为，中国轿车工业的市场结构是寡头市场结构，集中度和纵向一体化程度较高。2008 年轿车行业的 CR4 为 34.41%，CR8 为 56.96%[②]，符合传统意义上所定义的寡头市场结构。寡头市场的

---

① 中国汽车技术研究中心，中国汽车工业协会. 中国汽车工业年鉴 2009. 中国汽车工业年鉴出版社，2009 年.
② 同上。

结构特征是企业数目不多，而且存在着相互的影响：任何一家企业的价格和产量变化都可能会影响到其他企业的销售量和利润，每个寡头企业在采取某项行动之前，都必须推测或了解自己这一行动对其他企业的影响以及其他企业可能会做出的反应，然后在这些预期的反应前提下采取最优的行动。寡头市场存在明显的规模经济性，轿车行业的问题是企业进出轿车行业比较困难，产业内绝大部分企业没有实现规模经济，行政性限制构成了主要的进入壁垒，从而导致了明显的寡头市场的结构特征。

鉴于中国轿车市场产品差异化的重要性、普遍性，中国轿车市场结构的寡头市场特征以及产品差异化理论在寡头市场中容易建模的特性，本书选定中国轿车行业作为实证研究中的分析对象。

第二节　研究内容、研究方法及创新

一、问题的界定

（一）产品差异化的概念界定

1. 产品差异化的界定

产品差异化不仅是产业组织研究中的一个重要问题，同时也是市场营销、战略管理领域内的一个重要的研究议题。

从产业组织角度讲，市场势力的获得可以有三种方式。一种是企业数量较少所导致的较高的市场集中度。这种市场势力的强度可以通过赫芬达尔－赫希曼指数（Herfindal-Hirschman Index，简称 HHI）来衡量，即用同一行业中各企业市场份额（市场份额用百分数表示）的平方和来表示；另一种是产品差异化。产品差异化释放了同质产品市场的激烈竞争，这能使参与竞争的企业超越 Bertrand 同质品定价的困境，是企业获得高于边际成本定价的市场势力（Market power，用公式表示即为：$\dfrac{P-MC}{P}$）的重要来源。产品差别化越大，享有差别化优势的企业越能高价销售其产品，获得超额利润，其市场势力也越大；第三种是进入壁垒或潜在进入者的威胁。进入壁垒越高或潜在进入者的威胁越小，在位企业越少，企业所获得的市场势力越大。反之，企业所获得的市场势力越小。

从市场营销或战略管理角度讲，产品差异化是指产业内相互竞争的企业所生产的产品之间不完全的可替代性。具体来说，是指企业向市场提供的产品或销售产品的过程中的条件，与同产业内的其他企业相比，具有可以区别的特点。具体表现为产品性能或外观的物理差异、企业提供产品的服务差异、消费者主观评价的心理差异、企业在位置上的空间差异等。战略管理上的差异化策略是指为使企业的产品、服务、技术、形象、营销、渠道、品牌等方面与竞争对手有明显的区别，依靠自身某些优势为顾客提供更多的产品附加值或满足顾客某方面独特的功能需求以获得竞争优势而采取的策略。

2. 横向产品差异化与纵向产品差异化的界定

如图 1-3 所示，产品差异化的分类以横向产品差异化和纵向产品差异化为主。

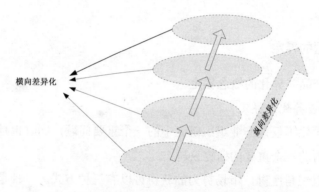

图 1-3　横向差异化和纵向差异化的区别①

横向产品差异化是指消费者对同质量水平、不同特征的产品具有不同的偏好。这种特征可以是企业的位置，也可以是产品的物理特征。各产品之间没有"好"与"坏"的差别，只是在花色、款式、口味等方面有所区别，消费者对每种产品的评介取决于自己的偏好。产品间的横向差异是指当一产品的某类特征水平高于

---

① 图 1-3 参考钱世超：《中国轿车市场结构与企业行为研究》（图 0-1），华东理工大学出版社，2006 年版。

另一产品时，其他特征水平一定低于另一产品。

纵向产品差异化是指同一产品的不同质量的差异化。因为消费者的异质性偏好和收入，有的消费者偏好高质量产品，有的消费者偏好低质量产品，但是所有的消费者具有相同的偏好排列顺序。企业需根据消费者偏好的分布，选择生产高质量或者低质量产品。产品间的纵向差异是指一个产品的特征水平均高于另一产品的同类特征水平。

（二）研究目标、对象及框架

本书的研究主题为产品差异化与企业竞争策略研究。研究目标分为以下几个方面：

（1）在产品差异化框架下，分析企业如何选择竞争策略以及竞争所产生的均衡结果。企业的竞争策略从时间维度上来看包括短期策略、中期策略和长期策略。其中，短期策略包括企业的定价策略；中期策略包括企业进入退出及进入阻止策略、合谋策略、合并策略；长期包括企业的研发策略。本书只分析企业的中长期策略，包括企业的进入及进入阻止策略、合谋策略、合并策略和研发策略。

（2）分析竞争均衡对社会福利及市场绩效的影响，包括竞争均衡对企业利润、消费者剩余、社会福利等的影响，并探讨如何改进市场绩效。（3）分析社会福利均衡及市场绩效对产业组织政策的启示和含义。分析市场结构、市场行为、市场绩效的最终目的是为产业组织政策提供参考。根据以上研究目标，本书的技术路线和思路如下：

首先，一个企业在市场上的势力，按照经济学的思路，用 $\dfrac{P-MC}{P}$ 来衡量，这决定了企业在市场中的位置。从公式可以看出，企业的市场势力可以从两个方面衡量，首先是价格 P，其次是边际成本 MC。企业的定价相对于产品生产来说，往往属于短期行为，而企业的边际成本，则主要取决于企业的生产能力或者研发水平，而这属于长期行为。短期而言，产品定价是企业最重要的决策之一：一方面价格的高低对需求具有重要的影响；另一方面在市场竞争中，企业的价格策略相对于其他竞争策略具有不可替代的作用，是营销策略中唯一能直接产生收入的因素，也是营销组合中最灵活、最容易改变的因素。在产品差异化的框架下，企业的市场势力或者说超边际定价可以理解为企业的产品越独特，企业的利润或定价行为越少依赖于其他企业的策略影响。在价格竞争激烈的情况下，企业产品之间的差异性越大，就会拥有更大的市场势力。这种差异性，可以是实质的产品质量差异，也可以是消费者认同度不同的心理差异。

其次，从中期来说，一个行业的竞争力和绩效往往要受到行业进入条件的影响，在位企业的绝对优势和产品差异优势、规模经济以及政府管制等都被认为是造成进入壁垒的主要原因。市场在位者的进入阻止策略一直是产业组织理论感兴趣的话题之一。这一类的模型很多强调了"限制性定价"或"限制性产量"作为在位企业阻止进入的策略性工具。但是，Schmalensee（1978）以及其他经济学家认为，在差异化产品的行业中，企业之间不但要进行价格竞争，还要通过差异化各自产品来进行竞争。事实上，位置选择和质量选择在差异化产品的竞争中非常重要。在位企业如何通过空间先占的选址策略和质量选择遏制潜在进入？潜在进入者如何利用产品差异实施创新进入？在产品差异化假设下在位企业进入阻止行为有什么不同？对社会福利又有什么影响？政策含义以及启示是什么？这些都是我们分析的内容。

在中期，除了企业的进入阻止及退出问题以外，企业之间的合谋定价也是一个博弈问题。在差异化产品产业中，企业提供相似产品，并有较强的动机协调他们的定价决策来避免激烈的价格竞争。尽管如此，背离串谋的诱惑也是相当的强，因为产品之间存在较强的替代性，背叛是有吸引力的，价格轻微的消减会导致企业需求的极大增加。结果，产品差异化程度在维持串谋协定上也是相当重要的。在产品差异化框架下，产品空间竞争和质量选择对合谋稳定性有何影响？对于垂直差异化和水平差异化，影响合谋稳定性的因素有哪些？除了这些因素之外，影响企业合谋的因素还有哪些？企业的合谋策略包括哪些方面？合谋行为相关的政策规定是什么？

企业在面临内外部竞争剧烈的情况下，需要考虑企业的战略决策问题。为了弱化竞争，企业可能会选择合并。选择合并的企业可能会通过经营协同、财务协同、市场份额协同和企业战略动机协同等协同效应，形成资源共享、资本迅速积累和成本降低等若干优势。古典经济学研究产品的需求时一般假设产品是同质的，抽象掉产品的各方面特性，而当研究某些产业内产品之间的相互作用时，就需要考虑产品的多方面特性，一种产品可以用一组特性来描述：质量、区位、时间、适用性及消费者关于其存在及质量的信息等。在水平差异化市场，每一个消费者有自身偏好的产品分类，企业有动机维持合并前的产品线并尽可能接近更多的消费者。当消费者在不同品牌的商品之间有排序并且在商品的支付意愿上有差异时，企业是否具有相同的动机？差异化企业的合并行为是否能给合并企业带来市场力的提高？结论对政府的决策具有什么样的启示意义？

在考虑更长期的企业战略问题上，就涉及企业的 R&D 行为。传统的投资决策以禁止企业 R&D 决策为特征。原因如下：首先，由于技术溢出、遗失、不完全专利和竞争者的近似模仿，企业不能完全内部化他们投资的收益；其次，一个 R&D 项目的成功是不确定的，总是存在投资的随机报酬；第三，对于待完成的产品创新，也需要考虑对其他企业可能创新的竞争性溢出。取决于特殊的市场情况，这些特征导致了 R&D 的无效投资，也解释了在 R&D 密集市场的研发合作企业数量的日渐增加。在产品差异化下，企业如何选择 R&D 策略？为了避免 R&D 外部性所导致的研发成本和收益不对称，企业是否会选择 R&D 合作？

总的来说，企业的竞争策略行为涉及企业定价、企业进入及进入阻止、企业合谋、企业合并和企业 R&D 等。由于企业定价是短期策略行为，其随着企业中长期策略的改变而改变，因此，企业的定价行为隐含在企业进入退出、企业合谋、企业合并和企业 R&D 策略之中，本书不再针对企业定价行为做单一分析。

如图 1-4 所示，本书的研究主题是产品差异化与企业竞争策略研究，假设框架是产品差异化，主要研究内容是在产品差异化框架下企业的中期与长期决策，即企业进入阻止、合谋、合并与研发的决策分析。其中，在分析企业的短期和长期决策时，含有短期的定价决策分析。本书研究企业在不同的专题下怎样把产品差异化与企业利润最大化的根本目标相结合的问题。按照这个思路，本书主要分为以下几个部分。

第二章为产品差异化的文献回顾。解决的问题是宏观上产品差异化的发展脉络、现状、分类和内容，并为下面各章的专题研究做铺垫。

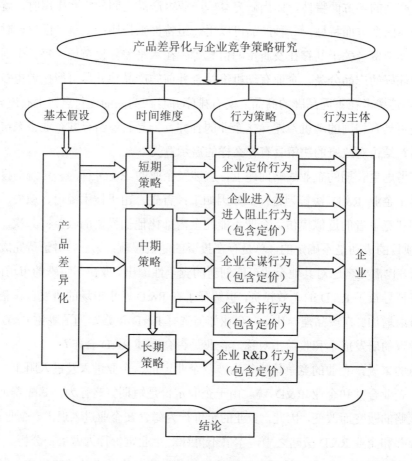

图 1-4　本书的研究框架

　　第三章为企业进入阻止与产品差异化分析。在分析产品差异化和市场进入阻止问题模型的基础上，对其中的一些基本模型做出改进并进行拓展性的研究。解决的问题是在产品差异化框架下，企业如何进行产品差异化的质量选择进入市场以及进入阻止策略与企业利润最大化的结合。并比较如果引入产业组织政策的最小质量标准，关于企业进入阻止行为会有什么不同。即引入政策因素后，差异化企业的进入阻止策略有何差异，从而得出相应的结论和政策建议。

　　第四章为企业合谋与产品差异化分析。在分析产品差异化和企业合谋问题模型的文献基础上，对其中的一些基本模型进行改进和拓展研究。解决的问题是在产品差异化框架下，产品差异化类型、成本结构、竞争类型与企业合谋行为有何影响，企业如何选择定价合谋策略与企业利润最大化的结合，差异化企业的合谋策略是什么，以及为获得企业利润最大化如何在合理化原则下进行市场合作，并得出相应的结论和政策建议。

第五章为企业研发与产品差异化分析。在分析产品差异化和企业 R&D 问题模型的文献基础上，对其中的一些基本模型进行改进和拓展研究。解决的问题是在产品差异化框架下，企业的 R&D 活动、创新类型与差异化企业竞争策略，R&D 外部性、竞争强度与企业 R&D 策略的选择问题。即在产品差异化框架下，企业如何选择研发策略与企业利润最大化的结合，并得出相应的结论和政策建议。

第六章为企业合并与产品差异化分析。解决的问题是在产品差异化框架下，企业选择合并行为与企业利润最大化的结合，并做出对应的实证分析。以中国轿车行业为例，分析了中国轿车市场企业的竞争格局、合并行为，并用市场势力测度的方法模拟了企业的合并行为及效应，从而得出相应的结论和政策建议。

最后一部分是本书的结论。

二、研究方法

本书的研究方法主要包括文献研究、数理模型分析、实证研究几个方面，下面分别对其进行描述。

（一）文献研究

本书的一个重要方法是文献分析。理论分析中重要的一部分是文献研究和分析，在每章的理论背景部分简要介绍一下产品差异化的认识和重要性。在本书后面的所有章节中，也都将分别涉及文献研究，但在不同的内容中，文献研究的目的也有所不同。即总的来说，文献研究分为系统文献研究和专题文献研究两个部分。系统理论的构建不是一个人所能完成的，需要很多学者的共同努力；每个研究者按照规范的研究方法，做出自己的一份贡献，理论就会逐渐丰满，逐渐成熟。

本书的第二章中完全采用系统文献研究方法，综述了产品差异化主要分类和内容：位置模型和非位置模型的主要研究内容及结论，呈现一个较为完整的产品差异化理论研究框架。本书后面几章采用文献专题研究的方法。第三章是关于企业进入及进入阻止行为设定的产品差异化文献总结及评述，其为该章后面的分析提供铺垫。第四章涉及关于企业合谋的产品差异化文献总结及评述。第五章涉及关于企业 R&D 的产品差异化文献总结及评述。第六章涉及关于企业合并文献总结及评述。

（二）数理模型分析

数理模型和文献研究一样，主要采用专题研究的方法。这样可以集中精力在时间维度上研究产品差异化企业的竞争策略并做出创新性的成果，为理论体系的系统建设做出贡献，从而避免耗费过多的精力和笔墨作泛泛之谈。任何一个产品差异化的完整的模型都规定（Thisse&Norman，1994）：

（1）可能的产品集；

（2）每种产品可能的相应技术；

（3）可能产品集上消费者的偏好；

（4）均衡的概念。在任何一般性水平上，这样的一个模型看起来都是无法处理的。因此，很多模型都涉及一些极强的假设。

研究产品差异化问题的这些模型在其各自领域内都是标准的，大多数用了边际分析、局部均衡的技巧和比较静态分析和相应的博弈论分析：每一个企业在作进入决策、价格选择、产品产量或 R&D 等决策时，都不能孤立的思考，必须考虑到竞争对手对自己行动的反应。本书中关于产品差异化的数理模型也包含这几个方面，主要采用的是边际分析、局部均衡、比较静态分析和相应的博弈论分析方法。产品差异化理论模型和不同研究专题（针对本书研究，不同的研究专题分别是企业进入及进入阻止行为、企业合谋行为、企业合并行为、企业研发行为）的结合产生了不同的结论。对于这些研究专题，企业都被假定为选择最大化利润，消费者选择最大化个人效用的商品。

因为研究主题不同，本书每章的不同部分所涉及的产品差异化模型也会有所不同。在阅读和消化国外文献研究过程中，通过对新问题的发现以及经济现实的结合，构建了不同的产品差异化模型，从而得出不同的结论和相应的政策建议。

（三）实证研究

由于篇幅限制、时间限制和个人能力限制，在国外相关文献研究的基础上，本书的实证分析部分只结合了产品差异化企业合并行为分析的专题研究。鉴于中国轿车行业的产品差异化（垂直差异或者水平差异）现象比较突出，我们选择中国轿车行业作为实证研究的对象。结合数据统计和离散选择模型的计量分析，通过对中国轿车市场销售数据的获得和整理，以及离散选择模型的运用和计量分析，获得关于产品差异化框架下企业合并行为的模拟结果。实证部分主要包括三个方面：

（1）中国轿车市场企业的竞争格局；

（2）中国轿车市场企业的合并行为；

（3）中国轿车市场企业的合并模拟。获得了关于产品差异化环境下企业合并行为的结论，并提出相应的政策建议。本书在实证分析中，所采用的分析工具是 Gauss 软件。

三、研究创新

本书的创新点主要表现在以下几个方面：

（1）应用以博弈论方法为基础的数理模型对企业的竞争策略进行分析，得出具有洞察力的结论，从而更有效地分析经济现实。

（2）采用边际分析、局部均衡和比较静态的分析方法比较不同假设结构下的数理模型结果，并以均衡结果所得出的结论为基础，提出产品差异化框架下的相关产业组织政策建议。

（3）以中国轿车市场作为案例研究和实证分析的对象，采用混合 logit 模型，测度中国轿车市场上市场加成方法所界定的市场势力，模拟中国轿车行业内企业的合并行为对企业市场势力的影响。

本章小结

根据这一章的分析，把本书的几个研究要点，包括研究目的、研究内容、研究的理论基础、研究假设、研究特点、研究方法、研究局限和研究难点等作一整理，具体见表 1-1。

表 1-1 本书的研究要点

研究要点	本书的研究要点
研究主题	产品差异化与企业竞争策略研究
研究意义	理论：产业组织理论中的重要部分，市场结构的重要决定因素。 现实：现实中的普遍性，经济学和管理学、企业战略的支撑性，产业组织政策的启示性
研究目的	通过专题研究实际问题某一方面的基本原理，发现一些通过直观逻辑分析难以发现的规律，深化对专题问题内在机理的认识
研究内容	主要研究在产品差异化框架下企业的中期与长期决策，即企业进入、合谋、合并与研发的决策分析
研究特点	在时间维度上研究产品差异化企业的中期与长期决策
研究的理论基础	主要采用微观经济学和计量经济学的理论研究框架，研究主要基于经济学的市场均衡理论和离散选择模型
研究假设	对于消费者个体而言，其偏好被认为是相对稳定的。对于生产成本而言，假设生产成本具有不对称性，对于不同的企业具有不同的边际效应
研究方法	文献研究、理论和数理模型分析、实证分析等
研究局限	由于篇幅和个人能力有限，未能在企业的短期与长期决策分析中就横向产品差异化和纵向产品差异化全面展开
研究难点	在用离散选择模型分析企业合并中，对于消费者的品牌忠诚度或广告效应等难以建立相应的市场模型

第二章 产品差异化理论的文献回顾

第一节 产品差异化理论的历史渊源

产品差异化理论总体上可以分为位置模型和非位置模型。其中，位置模型包括我们传统意义上定义的横向产品差异化和纵向产品差异化模型；非位置模型包括以随机效用为基础的离散选择理论和代表性消费者模型。

一、位置模型

位置模型的一个重要方面是考虑到消费者偏好的多样化，从而使得商品间替代性一定程度上成为一种主观现象。如在所有消费者的心目中，两种低质量品牌的轿车比一个低质量一个高质量轿车更容易成为替代品。在位置模型中，又包括两类模型：侧重于消费者需求和企业定位方面的 Hotelling 模型和由 Hotelling 模型所延伸的侧重于商品本身的特征模型。

（一）位置模型的分类

1. Hotelling 模型

在位置模型中，具有开创性意义的是 Hotelling（1929）的寡头者生产差异化产品的竞争理论。如图 2-1 所示，区域位置的位置模型可以追溯到 Christaller（1933）和 Losch（1938）的重要著作。Hotelling 的起点是对伯川德和古诺竞争模型的假设做了一个关键性的修改，即通过让双寡头者生产差异化产品而不是同质品参与竞争。

在位置分析方面，Hotelling 模型侧重于从消费者需求方面分析企业定位，证明两个差异化的竞争企业，或者是具有不同的区域位置，或者是在某个一维特征空间上生产具有差异化的产品，并进行价格竞争，从而产生一个稳定的长期均衡：在一个有限的线性市场中，两个在价格和选址上竞争的企业将在市场的中心以"背靠背"的方式进行竞争。之后的学者针对 Hotelling 模型的假定条件和逻辑一致性方面进行了评论和拓展，如 Lerner&Singer（1941）通过增加企业数量超过两个拓展了 Hotelling 的模型。在 Hotelling 模型中，消费者个体的位置被界定为商品特征的理想位置，运输成本相当于特征空间上不是消费者理想产品所引起的负效用。就像运输成本随着消费者居住位置与商店位置的距离增加而增加一样，负效用也随着消费者理想产品与特征空间上商品所在位置的距离增加而增加。Chamberlin 等指出，在某些企业数量或分布的假设下，Hotelling 线性市场模型将不存在均衡解。为解决该问题，Samuelson（1967）和 Salop（1979）改进了市场的组织形式，将线性市场拓展为圆形市场，消费者在圆周上均匀分布，在圆形市场上，不存在市场边界，每个企业都和身边相邻的两个企业直接竞争，这样任何企业都无法拥有绝对势力，从而端点引发的问题也就不存在了。

除了水平差异化之外，Mussa&Rosen（1978）等还提出了以质量差异为主要特征的垂直差异化。与以位置和特征主要差异化来源的水平差异化不同的是，垂直差异化主要是以产品质量和性能差异化为主要特征。Shaked&Sutton（1983）、Cremer&Thisse（1991）等则研究了两种产品差异化之间的关系，指出了 Hotelling 类型的模型和相应的垂直产品差异化之间的模型是等价的。

最初的 Hotelling 模型虽是一类空间竞争模型，却在其他领域中得到广泛的应用，遍及产业经济、区域经济和政治选举等多个领域。

2. 特征模型

产品差异化位置模型的一个重要的分支是需求理论的发展，即特征模型，特征模型的代表作为 Lancaster（1966，1979）和 Quandt&Baumol（1966）。特征模型侧重于商品本身，把商品作为所包含特征的集合。例如，消费者所感兴趣的轿车特为：舒适度、性能、汽油消费、外观设计、速度等。这种方法的动因来自于现实中并不是商品本身而是商品所包含的特征形成了消费者偏好的观察基础。一种商品被作为一组所包含每种属性或特征的单位组合向量。这个向量是商品特征空间上所处的位置。在特征模型中，消费者的偏好在产品所包含的特征上界定，并且假定能够分析消费者关于产品差异化的决策。Baumol（1967）研究了生产者的最优产品决策并且观察到新的特征模型，"为一些以前看起来不能处理的问题提供了一个很有前景的方法"（Eaton&Lipsey，1975）。

（二）位置模型的基本描述

假定有 m 个特征，每个产品和消费者理想的点可以用 m 个向量表示。潜在变量和理想点都属于 R^m，被称作特征空间。差异化产品的 n（$n \geq 2$）个产品类型位于 R^m 的 n 个不同的点：$z_1 = (z_1^1...z_1^m)$，$...z_n = (z_n^1...z_n^m)$。消费者根据非负的连续密度函数 $g(z)$ 在 R^m 上连续分布。z 属于向量 $(z^1...z^m)$，总人口为 $\int_{R^m} g(z)\mathrm{d}z = N$，每个消费者购买一单位能够提供最大效用的差异化商品，效用为：

$$V_i(z) = y - p_i + a_i - \tau \sum_{k=1}^{m}(z^k - z_i^k)^2, \quad i = 1...n$$

z 为特征空间上消费者的位置（也称作理想点或者位置），y 是消费者的真实收入，p_i 和 a_i 分别为商品 i 的价格和质量，τ 测度了消费者对理想点与商品 i 的位置之间距离的敏感度。y、p_i 和 a_i 对于所有消费者而言都是常数，$\sum_{k=1}^{m}(z^k - z_i^k)^2$ 是消费者个体专有的负效用，对于所有的消费者而言具有相同的函数形式，并且以个体所在位置 z 为基点。

二、非位置模型

（一）代表性消费者模型

代表性消费者模型可以追溯到 Marshall 的完全竞争理论，代表人物为 Chamberlin（1933）、Karador（1934，1935）、Spence（1976a，b）、Dixit &Stiglitz（1977）、Perloff&Salop（1985）等。

Chamberlin（1933）所提出的观点认为，存在一组竞争性企业，每一个生产一种差异化产品，并且在自由进入条件下生产，在均衡中每个企业生产的产出小于最小有效规模。这个理论相对于 Marshall 的完全竞争理论，做出了一个差异化产品的微小的修正，并且协调了竞争理论和未被利用的规模经济的经验性观察的矛盾。然而，未被利用的规模经济的存在，即所谓的过剩能力定理，产生了自由市场无效性含义的大量争议。在一个重视多样化的社会中，逐渐减少了过剩能力定理的争议，即通过消减现存产品的生产成本从而实现资源的节约和通过增加产品数量满足多样化需要之间存在一个平衡，也就是说，最优多样化发生在产品数量处于最小有效规模的左边（即存在"过剩能力"）并不一定是社会无效的。

第二个关于垄断竞争的批评来自于 Kaldor（1934，1935）。他认为 Chamberlin 的对称性假设是不合理的，因为在产业内部，企业有"近邻"和"远邻"之分，企业自身行为的变化，会对"近邻"产生重要的影响，而对"远邻"却有较小的影响。即尽管在给定产业中的产品范围的一端的产品之间替代性很强，但是对于范围的另一端，替代性并不是很强。Chamberlin 对小数量竞争和企业之间的互相依赖性作了简单的延伸，接受了 Kaldor 对对称性假设的论断。尽管争议颇多，Chamberlin 的竞争理论却由于上面所提及到的争论而得到广泛采纳。

20 世纪 60 年代，对 Chamberlin 垄断竞争模型的注意力逐渐下降。有两个原因值得提出：首先，事实上包括大量差异化产品的产业仅包括少数的企业，尽管现实中的差异化产品很多，但是竞争性企业只是其中较小的数量。其次，位置理论兴趣的增长显示在很多产业中，局部的而不是一般化的竞争也是很普遍，企业在区域位置上具有差异性。

在 20 世纪 70 年代，Spence（1976a，b）和 Dixit&Stiglitz（1977）用代表性消费者的概念发展了垄断竞争模型。Ferguson（1983）、Sattinger（1984）、Hart（1985）和 Perloff&Salop（1985）通过假设不同的消费者具有不同的偏好，对具有对称属性的垄断竞争模型作了进一步拓展。

代表性消费者模型的代表性著作为 Spence（1976a，b）和 Dixit&Stiglitz（1977）。在这个模型中，假设在某个产业中存在大量的商品，产品需求来自于具有严格凹的效用函数的代表性消费者的消费效用最大化决策。一般的效用函数形式为：

$$u = U(y, x_1, ..., x_n)$$

其中 y 是合成商品的数量，其在不变规模报酬下生产，也可以理解为名义商品或者货币量，x_i 是第 i 个部门商品的数量，成本函数 $C_i(x_i)$ 一般采用如下形式：

$$C_i(x_i) = f_i + c_i x_i$$

其中 f_i 为固定成本，c_i 为不变的边际成本。合成商品的价格和成本都被标准化为 1 个单位。

在基本模型中，假定商品数量足够大，每一种商品都只有一个企业生产，给定任意一组生产的商品，均衡也都是古诺均衡——企业选择数量从而最大化利润。在自由进入均衡中，所有生产的商品都赚取非负的利润。额外产品的进入是不盈利的。

在 Chamberlin 的垄断竞争模型的框架中，代表性消费者的效用函数一般采用如下形式：

$$u = U(y, V(x_1, ..., x_n))$$

假定 $V(\cdot)$ 是对称函数（Dixit&Stiglitz，1977）中，采用对称的 CES（Constant Elasticity of Subsitution）函数形式，并且进一步假定所有企业的成本函数都相同，$c_i = c$（边际成本），$f_i = f$（固定成本））。Chamberlin 垄断竞争模型中关于产品多样化的一个重要问题是在均衡中存在太多的还是太少的多样化。Dixit& Stiglitz（1977）为这个问题提供了一个有意义的分析。如在 CES 的效用函数中，$u = U(x_0, [\sum_i x_i^\rho]^{1/\rho})$，其中 $0 < \rho < 1$。

预算约束为 $x_0 + \sum_{i=1}^n p_i x_i = I$。

假定数量指数为 $y = [\sum_i x_i^\rho]^{1/\rho}$，则价格指数为 $q = [\sum_{i=1}^n p_i^{-1/\beta}]^{-\beta}$，其中 $\beta = (1 - \rho)/\rho$。

在 Chamberlin 的边际收益等于边际成本的利润最大化的竞争性均衡中，$p_e = \dfrac{c}{\rho} = c(1 + \beta)$，每个存在企业的均衡产出为 $x_e = \dfrac{f}{\beta c}$，对称情况下，价格指数为 $q_e = p_e n_e^{-\beta}$。

在非 CES 的效用函数下，一般用的是线性总需求模型，如 Spence（1976b）和 Dixit（1979）分别使用过 Bowley 的线性需求函数。所设效用函数为：

$$u = y + a(x_1 + x_2) - 1/2 b(x_1^2 + 2dx_1x_2 + x_2^2)$$

其中 $a, b, d > 0$，且 $d < b$，$i = 1, 2$，y 是持有名义商品，或者是持有货币量所带来的效用。x_1，x_2 分别是商品 1 和商品 2 的数量。根据货币的边际效用与价格相等的原则，可得：$p_1 = u_1 = a - b(x_1 + dx_2)$，其中，$0 < d < 1$ 测度的是商品 1 和商品 2 的产品差异化程度，d 越接近于 1，相似度越高，替代性越强，d 越接近

于 0，差别性越强，替代性越弱。

通过转换反需求函数的方程式，设价格指数 $\overline{p} = \frac{1}{2}(p_1 + p_2)$，得到隐含的需求函数方程式：

$$q_1 = \frac{(1-d)(\alpha - p_1) - 2d(p_1 - \overline{p})}{(1-d^2)b}, \quad q_2 = \frac{(1-d)(\alpha - p_2) - 2d(p_2 - \overline{p})}{(1-d^2)b}$$

当有 n 个企业时，反需求函数形式为：$p_i = a - b(dq_1 + ... + q_i + ... + dq_n)$，设 $\overline{p} = \frac{1}{n}\sum_{i=1}^{n} p_i$，得出需求函数形式为：

$$q_i = \frac{(1-d)(\alpha - p_i) - nd(p_i - \overline{p})}{(1-d^2)b}$$

（二）离散差异化理论

离散选择理论的系统性研究主要来自于 McFadden（1974）、Domencich&McFadden（1975）、Manski&McFadden（1981）、Train（1998，2003）等相关著述，其系统地描述了离散差异化方法论。

1. 离散选择理论的假设

在离散选择模型中，离散的假设是非常重要的。在离散假设中，主体对刺激的反应机制如下：假定主体 k 在面临刺激（用 s_k 表示）做出反应时有一个临界值（用 τ_k 表示）。当刺激值超过临界值（$s_k > \tau_k$）。主体 k 做出正的反应（用 $y_k = 1$ 表示），反之，做出负的反应（用 $y_k = 0$ 表示）。生物学的实验证明相同的主体对相同的刺激可能做出不同的反应。考虑到所观察行为的可变性，假定主体做出反应的临界值是一个随机变量，如果临界值的累积概率分布由 $F_k(s_k)$ 给出，那么主体 k 对刺激做出正的反应（$y_k = 1$）的临界值的概率为

$$P_k = \Pr(y_k = 1) = F_k(s_k) \tag{2-1}$$

假定所研究的一组主体属于同一组（统计上相同的），按照相同的概率法则做出反应行为，如果我们进一步假定主体的反应相互独立，一个给定主体对刺激做出正的反应（$y_k = 1$）的概率为 $P = F(s)$。其中，$F(\cdot)$ 意味着所研究主体的变量 τ_k 的累积概率分布。如果所研究主体的极限值 τ_k 是大量潜在无关因素的结果，那么，根据中心极限定理，随机变量 τ_k 是正态分布的，即

$$P = \frac{1}{\sqrt{2\pi}} \int_{-\infty}^{(s-\bar{\tau})/\sigma} \exp\left(-\frac{x^2}{2}\right) dx \qquad (2\text{-}2)$$

其中，$\bar{\tau}, \sigma$ 是随机变量 τ 的均值和标准差。概率 P 呈 S 形分布，并且通过转换而呈对称分布。当 $s = \bar{\tau}$ 时，$P = \frac{1}{2}$。这就是所谓的概率模型（Probit 模型）。概率模型存在一个问题，即不能用闭集形式表示，可以解决这个问题的替代方法为逻辑斯谛（logistic）分布。假定 τ 有一个均值和标准差分别为 $\bar{\tau}$、σ 的逻辑斯谛（logistic）分布，则

$$P = \frac{1}{1 + \exp[(-\pi/\sqrt{3})(s - \bar{\tau}/\sigma)]} \qquad (2\text{-}3)$$

Winsor（1932）指出 logistic 函数类似于非 0 到 1 值的累积正态分布。鉴于很难从数学上区别是累积正态分布（式 2-2）还是 logistic 构造（式 2-3）更合适，因为 logisitc 函数更容易计算，所以（式 2-3）更受到欢迎。而且 Berkson（1953）也证明当两种分布可以区别时，logisitc 函数为某种生物现象提供了更好的拟合。根据既有的文献得知，Berkson 是最早引入"逻辑特"（logit）术语来命名（式 2-3）所指的离散选择模型。Logit 模型主要包括多项式 logit 模型（MNL 模型）、嵌套多项式 logit 模型（NMNL 模型）和混合 logit 模型（NMNL）模型。

2. 离散选择理论的基本模型

离散选择理论的两个基本模型是继 Block&Marschak（1960）关于个体选择的论述之后作了明确的区分。一类是决策规则是随机的，而效用是确定的（代表人物是 Luce 和 Tversky）；一类是决策规则是确定的，而效用是随机的（代表人物是 McFadden 和 Thurstone）。这两类模型可以根据统管选择的随机机制的属性加以区分。在每一种情况中，基本的变量都是能够先验确定的选择概率。前者通常隶属于心理学的研究范畴，而后者则通常为经济学研究者普遍接受。这是因为，随机效用模型符合传统主流经济学家的基本界定之一——理性假定，并且具有随机效用的离散选择模型完全依赖于效用最大化的经济学原则来建模。Machina（1985）提出了一个不同的模型，个体在选择集和界定了选择概率的最佳彩票基础上最大化确定性效用。在不确定下的决策制作理论中，效用由彩票和外生给定的替代性自然状态的概率给出。在 Machina 的方法中，概率由个体选择，这种方法的一个

优点在于它提供了分析概率选择和风险选择的统一框架，是前两类模型的统一。经过适当的转换和延伸，随机决策规则模型和随机效用选择模型与多项式 logit 模型（MNL）是等价的。

3. 离散选择理论与产品差异化的结合

研究者们依赖于随机效用理论或离散选择理论，在产品差异化视角下的市场研究或产业组织领域，已经取得了较多的研究成果，并且基于随机效用理论的产品差异化视角下的市场研究或产业组织研究，目前已经成为产品差异化视角下的市场研究或产业组织研究的主流。在实证研究中用的离散选择模型，几乎都是 logit 模型，而很少采用 probit 模型等其他形式的离散选择模型。在采用 logit 模型的同类研究中，多数研究又是采用了多项式 logit 模型和嵌套多项式 logit（NMNL）模型，只有少数研究采用了混合 logit 模型。这主要归结于各种模型在技术处理上的复杂程度：相对于混合 logit 模型和 probit 模型，多项式 logit 模型和嵌套多项式 logit 模型的参数估计等过程更容易实现。因为混合 logit 模型和 probit 模型的效用函数形式是开环形式的，而多项式 logit 模型和嵌套多项式 logit 模型的效用函数形式却具有更容易处理的闭环形式（罗延发，2007）。具体的实证研究包括 Manski&Sherman（1980，多项式 logit 模型）、Fershman&Gandal（1988，多项式 logit 模型）、Mannering &Winster&Starkey（2002，嵌套多项式 logit 模型）、Berry&Levinsohn&Pakes（2004，混合多项式 logit 模型）等。

三、位置模型和非位置模型的联系与区别

在产品差异化的理论中，位置模型和非位置模型也有交叉的地方。如 Deneckere &Rothschild（1992）将代表性消费者模型和选址模型的一些性质联系起来，建立了混合模型——包括圆周模型和作为特例的一种代表性消费者模型。他们认为，由于代表性消费者模型中存在较多的竞争，所以其价格要比圆周模型要低。由于圆周模型增加一个品牌会使较少的消费者获益，而代表性消费者模型的消费者总能从增加的品牌中获益更多，因此，圆周模型存在太多的均衡品牌，而代表性消费者模型存在太多或太少的均衡品牌。

如表 2-1 所示，在位置模型和离散选择模型之间有很多相似的地方：两个模型都

描述了具有异质偏好的消费者对差异化产品的需求，而且在很多模型中都进一步假定消费者只消费一单位商品。两类模型中很多相似的地方显示它们可能是相同的：同离散选择模型相对应的概率密度函数的对应物是特征空间上消费者的密度函数。

表 2-1　非位置模型和位置模型的联系与区别

描述性统计	框架		
	非位置模型		位置模型
	离散选择模型	代表性消费者模型	
N	消费者的数量	所购买差异化产品的数量	总人口数量
Y	N 个消费者花在差异化产品上的总数量	花在差异化产品上的数量	总人口花在差异化产品上的总数量
个体效用函数	随机的	CES	确定性的
个体偏好分布	双重指数分布	不存在（单个消费者）	理想点的空间密度 $g(\underline{z})$
市场需求函数	$N(\Pr(V_i^c = \max_{j=1\ldots n} V_j^c))$	受约于预算约束的效用最大化	$(Y/p_i)\int_{M_i} g(\underline{z})\mathrm{d}\underline{z}$（$M_i$ 为商品 i 的市场空间）

　　代表性消费者模型在几个方面受到批评。典型的代表性消费者则购买每种商品的一些数量，并处于内部解。而在实践中，消费者倾向于只购买一个，或者至多是所提供商品的一些：他们处于大多数商品的角点解。离散选择模型能用于描述后者情况，但不是前者。就像 Archibald&Eaton&Lipsey（1986）所指出的，是否代表性消费者构成了个体水平离散选择为特征的潜在消费人口的有效的加总的描述仍是个问题。

　　换句话说，CES 代表性消费者模型确实表达了假定特征数量相对于商品种类数量足够的大，在特征空间上某种方式的消费者的总偏好。但是代表性消费者模型假定产品的替代程度是外生的，而位置模型则假定产品的替代程度是内生的。

　　图 2-1[①]全方位描述了位置模型和非位置模型的联系和区别，及其各自的发展渊源。

---

① 参考 B.Curtis Eaton,Richard G.Lipsey.Ch12.Product Differentiation.Handbook of Industrial Organization. Volume I，在图 12.4 基础上加工而成。

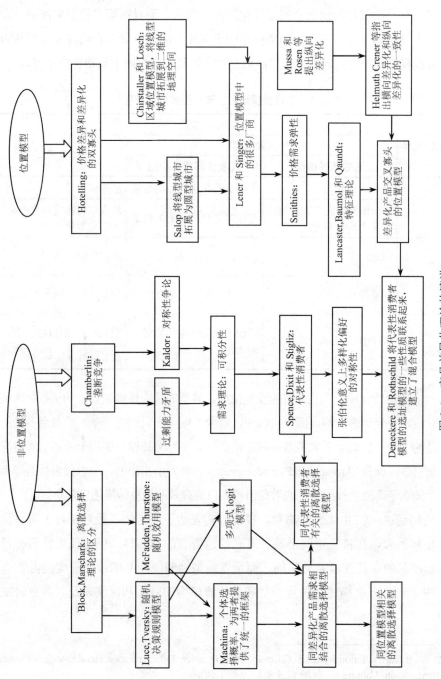

图 2-1 产品差异化理论的演进

四、位置模型和非位置模型的简要述评

在产品差异化分析中，离散差异化理论在 20 世纪 80 年代以后盛行，多用于分析差异化产品或企业的合并问题，并取得了较大的进步。但在其他问题的分析方面，却有所欠缺。代表性消费者模型在 20 世纪 70 年代 Dixit&Stigilitz（1977）提出非常精巧和独特的 D-S 模型之后，扫除了很多经济领域中前进道路上的技术障碍，掀起了经济研究中收益递增和不完全竞争的革命，即所谓的"第二次垄断竞争革命"。这场革命迄今为止有四波（Krugman，1998）：第一波是产业组织理论；第二波是新贸易理论；第三波是新增长理论（包括宏观经济学）；第四波是空间经济理论。其最主要的成就，是体现在所使用的工具方法——CES 模型的处理技巧上，而其对差异化理论本身的贡献却远不如位置模型的产品差异化理论。

下一节我们对位置模型的产品差异化理论作一简单的梳理。

第二节　国外横向差异化与纵向差异化相关研究

位置模型所涉及的产品差异化包括横向产品差异化和纵向产品差异化，其在产品差异化模型及问题的分析中一直占据着主导地位。下面分别对位置模型的横向产品差异化和纵向产品差异化做一简单的介绍。

一、横向产品差异化研究

（一）最初的 Hotelling 模型

Hotelling（1929）最早使用线性区位模型研究了企业间空间竞争的问题。有几个基本的假定：①消费者沿着一条长度为 1 的直线均匀分布；②每个消费者购买一单位产品，产品需求无弹性。消费者拥有保留价格 $\bar{p}$，超过保留价格，消费者将选择不购买任何产品；③企业数目是固定的，限定为两个，而且各自只有一个生产地点；④单位产品每单位距离的运输成本为常数 t（也可理解为消费者最喜欢的产品与所购买的产品的差别所引起的负效用），并且由消费者支付；⑤两企业生产无固定成本，且边际成本相等，企业改变位置无成本。其结论为两企业都

有选址在中心位置的倾向。这意味着该模型的均衡点在于两企业选址于市场上的同一个点，即所谓的"最小产品差异化原则"①。

（二）Hotelling 模型的假设修正和延伸

对于原始 Hotelling 模型所谓的"最小产品差异化原则"的结论，引发了至少长达三十几年的争议，但 Hotelling 模型的推导过程并未被怀疑。D'Aspremont et al（1979）证明在线性市场的运输成本是二次方形式时，企业都会位于市场的两端，即"最大产品差异化"。 相对于线性市场，Pal（1998）、Rivas（2000）、Matsushima（2001）等讨论了圆形市场的空间集聚和离散问题。如 Eaton&Lipsey（1975）和 Salop（1979）为了放松最初的 Hotelling 模型的竞争假设，较早的考虑了圆型市场的模型。Kats（1995）和 Pal（1998）继 Salop 模型之后，证明了企业等距离定位是古诺竞争下的一个均衡。Gupta et al（1998）和 Mayer（2000）通过假定每个企业拥有两个工厂拓展了 Pal 的模型，并且证明了所有的工厂在均衡中都等距离定位的对称布置，即离散型的位置均衡（"最大产品差异化"）。Matsushima（2001）则提出了 Pal 结果的反例，指出当企业数量是平均的并且严格大于 2 的时候，聚集可能会发生（"最小产品差异化"）。Hotelling 类横向产品差异化模型的主要假设和结论可参照附录表 1。

如附录表 1 所示，Hotelling 类型模型的拓展主要集中在对假设的修正上：对假设作出不同的修正，就会得出不同的结论。这些假设的修正主要体现在以下几个方面：

（1）运输成本。在原始 Hotelling 模型中，由于企业所在位置和消费者所在位置之间存在一定距离，因此就产生了消费者所承担的运输成本问题。在特征模型中，运输成本就转变成企业生产产品的特征与消费者最偏好的产品特征差距所引起的负效用（或称"效用损耗函数"）。在运输成本的具体设定中，最初的 Hotelling 模型设定运输成本与距离呈线性正比关系，从而得出"最小差异化"的结果。而

---

① D'Aspremont,Gabszewicz&Thisse（1979）证明，在线性运输成本下，因为企业的需求函数是非连续的，利润函数是非连续的和非凹的，如果企业位置接近于市场的中心（但并不在相同的位置），就不存在纯策略的价格均衡。但存在混合策略价格均衡，见 Dasgupta&Maskin（1986）。

D'Aspremont al（1979）等则修正了运输成本与距离的关系，假定运输成本与距离平方呈正比关系，从而否定了 Hotelling "最小差异化" 的结论，得出 "最大差异化" 的结果。其他后来的研究者从不同方面修正了运输成本与距离的关系，从而得出相应的不同结果，具体见附录表 1。不同的 "运输成本函数"（或 "效用损耗函数"）的形式设定，主要是对均衡的存在性和唯一性有显著影响。为了方便分析，较为近期的文献通常将 "运输成本函数" 设定为距离的凸函数。这一点在国内现有相关文献的分析中尤其明显，本章的第三部分会有所涉及。

（2）市场形状。最初的 Hotelling 模型假定，市场分布是一条直线，且有边界。企业在有边界的直线型市场选择位置。线型市场常被作为有边界市场来研究，圆型市场常被作为无边界市场来研究。Eaton&Lipsey（1975）的文献是研究圆型市场的早期文献之一。文献 Salop（1979）是研究圆型市场竞争中引用率最高的文献之一，但它将产品差异最大化作为外生给定的条件（其假定当企业进入市场时，市场内企业都自动的以等距离的方式选址）。市场形状的差异决定了不同的位置均衡模式。如 Pal（1998）认为，在圆型市场中，企业会等距离定位，而在线型市场中，企业会聚集在市场中心从而最小差异化。

（3）企业数量。市场中企业数量和市场均衡之间的关系，一直是横向产品差异化模型研究领域中的研究议题之一。Hotelling（1929）、Lerner&Singer（1937）、Eaton&Lipsey（1975）与 Salop（1979）等人都对市场中企业数量与市场均衡的关系作了深入研究。这些研究发现，企业数量是决定市场均衡的重要因素。一般对企业数量与市场均衡关系的直线型模型都假定企业数量是外生的，且数量为两个，如 Hotelling（1929）、D'Aspremont et al（1979）、Economides（1986）等。Eaton&Lipsey（1975）则研究多个企业数量的直线型市场。圆型模型则有的假定企业数量为内生的，有的假定为外生的，且企业数量从两个到多个都有广泛的研究。

（4）竞争类型。由于空间有限，我们没有在附录表 1 中注明每个模型的竞争类型。在 Hotelling 类型的横向差异化模型中，竞争类型或是伯川德竞争，或是古诺竞争，对位置的完美策略均衡或多重均衡具有重要的影响。在非空间市场中，伯川德竞争和古诺竞争会产生不同的结果。Grossman（1981）指出，在伯川德竞争下，一个竞争者会消减价格从而获得全部市场，而在古诺竞争下，竞争者产出的扩张不会挤占其他产品的市场。这也适用于空间市场的情况。在寡头环境下的空间市场中，伯川德竞争是指每个竞争者设定位置专有的愿意供应给消费者的交货价格，古诺竞争是指每个企业选择位置专有的数量计划，市场出清条件决定了每个位置的价格，每种情况下都会有运输成本。伯川德或古诺竞争的设定取决于产品本身的性质。例如，如果投入了大量的广告在产品价格上，比如在一些连锁商店里，改变价格就涉及极大的成本，价格竞争（伯川德竞争）就更可能发生。而在另一方面，在一些产业中更可能发生数量竞争（古诺竞争），比如在重工业中改变生产水平是高成本的，数量选择总是先于价格选择。对空间市场中伯川德竞争和古诺竞争，Hamilton et al（1989）作了详细的分析，并且比较了不同市场情况下的福利和利润结果。Hotelling 类型的横向产品差异化模型分析，都是在不同的竞争类型假设下分析的，如 Hotelling（1929）、D'Aspremont et al（1979）、Kats（1995）都假定企业会在价格上竞争（Betrand 竞争），而 Hamilton et al（1989）、Anderson&Neven（1991）、Pal（1998）、Rivas（2000）、Yu&Lai（2003）考虑了直线型市场或圆型市场的位置和数量（古诺竞争）博弈。不同的结果适用于不同的情况，从而得出相应的相同或不同的均衡结果。

（5）消费者分布。在最初的 Hotelling 模型中，假设消费者均匀分布，并且密度为 1。这也是迄今为止多数横向产品差异化模型的重要假设以及最不现实的假设之一。虽然很不现实，但是由于技术上易于处理，并且如果不涉及消费者收入问题，并不影响现有问题的很多结论，因而目前的很多横向产品差异化模型仍然沿用这一假设。当消费者分布均匀的假设被改变时，均衡存在的必要条件是：企业数量不能超过消费者密度函数的峰数（Eaton&Lipsey，1975）。Caplin&Nalebuff（1991）通过建立一个融合了选址模型、特征分析方法与概率选择的联合框架，针对多维产品特征、多企业竞争的情形，给出了价格竞争纯策略均衡的一般条件。该研究表明，消费者分布只要满足"对数凹的"（log-concave）条件，那么就存在纯策略价格竞争均衡。但该研究结果仅限于价格竞争。基于 Caplin&Nalebuff（1991）的研究，Anderson et al（1997）的研究进一步发现，在消费者分布不均匀且不对称的条件下，只要消费者分布函数不是"太过偏态"（too asymmetric）

且不是"太凹"（too concave），那么就存在均衡状态[①]。

（6）消费者个体需求性质。横向产品差异化模型通常假定，消费者个体需求是在一个变量价格下每阶段消费一个单位或者完全无弹性。Smithies（1941）宣称，若消费者个体需求具有一定弹性，双寡头者将不必聚集于市场中心，因为向竞争者方向移动所获取的收益，可能会被由此导致的本属于他的但却具有一定弹性的消费者的损失所抵消。与消费者个体需求弹性相关的另一个概念，就是"外部商品（outside goods）"和"保留价格"。如果在横向产品差异化模型中引入了外部商品或者购买商品所付出的价格超过了保留价格，那么也将导致模型中消费者个体需求具有一定弹性，如 Salop（1979）。

（7）产品特征维度。在横向产品差异化模型的研究中，由于其复杂性，关于多维产品特征的研究一直就很少。但在现实世界中，产品特征又通常不限于 1 个维度。dePalma et al（1985）在 Hotelling 模型的基础（含有 1 个空间维度的直线型市场）上，引入 1 个隐含的非空间维度：产品与消费者口味的异质性。该隐含维度根据离散选择模型的条件被假定。Carpenter（1989）的研究也将产品特征拓展到两维的情形。他仅对具有两维产品特征的两种品牌的情形进行了研究，模型就已相当复杂。Ansari et al（1998）对两维与三维产品特征的情形作了研究。该研究发现，均衡结果是：产品将在消费者最看重的产品特征维度上实施最大差异化，而在其他维度上实施最小差异化。与 Ansari et al（1998）的研究相比，Irmen&Thisse（1998）模型的假设条件与研究结果都较为相似，但他们的研究进一步拓展到具有 n 维产品特征的情形。该研究发现，当产品的主导特征上的显著系数足够大时，均衡结果是企业选择在主导特征上实施最大差异化，而在其他特征上实施最小差异化。

（8）工厂数量。最初的 Hotelling 模型中，并没有涉及企业的工厂数量，一般默认为一个企业一个工厂：企业在不同的位置上竞争。但是这一情况和现实中一个企业具有多个工厂，并且企业之间在多个工厂间进行策略竞争的事实不符。

[①] 罗延发，贾生华. 横向产品差异化模型述评. 技术经济，2006 年第 3 期。（6）、（7）的分析与此相同。

和多维产品特征的分析一样，由于其复杂性和难处理性，早期的横向产品差异化研究多忽视一个企业多个工厂情况的研究，后来的 Hotelling 模型扩展了企业的工厂数量，如 Yu&Lai（2003）把圆型市场上两个企业的研究拓展为两个企业两个工厂的研究，并得出企业是替代品或者互补品时的不同位置均衡结果。但是对一个企业多个工厂的研究还是不多见。

（三）横向产品差异化的发展方向及评述

横向产品差异化模型发展的一个重要的方向，就是模型的假设条件不断放松，更加符合经济现实。产品特征维度的增加、消费者效用损耗函数形式的拓展、竞争市场中企业数量的增多、消费者分布形式的多样化、消费者个体需求弹性假设的改变，以及信息环境的改变、企业序贯进入情形的考察和广告因素的考虑、企业多个工厂的设立等，模型的分析更加符合经济现实。由于产品差异化理论本身的局限性和技术工具的缺乏，使得理论本身和现实世界仍存在着巨大的差距。Hotelling 类型模型本身的横向产品差异化缺乏行之有效的实证研究，在 20 世纪80 年代，由于离散选择模型的快速发展，作为产业组织理论的重要组成部分的产品差异化理论的实证研究也已取得了很大的进展，但是在更广泛的实证研究领域和实证方法的探讨方面仍有待提高。

二、纵向产品差异化研究

（一）最初的纵向产品差异化模型描述

纵向差异的概念最早来源于 Lancaster（1979）。代表人物为 Mussa、Rosen、Economides、Thisse 等。纵向产品差异化以产品的质量差异为分析对象，最初的纵向差异模型假定消费者均匀分布、市场完全覆盖、存在两个企业和生产质量不同的产品。只有在购买质量为 s 的商品所带来的消费者效用大于零，消费者才会选择购买，结论为生产高质量企业获得的利润要比低质量企业获得利润高一些。

（二）纵向产品差异化模型的假设修正和延伸

自从 Mussa&Rosen（1978）提出纵向产品差异化模型以来，短短 30 多年时间发展出了大量的依此模型为基准的文献：这些文献中的模型或者是按照现实修正了 Mussa&Rosen 的假设，或者是拓展了问题的研究范围，从而取得了各种各样的研究结论。具体见附录表 2。

如附录表 2 所示，纵向产品差异化模型拓展主要集中在假设的修正上，对假设做出不同的修正，就会得出不同的结论。这些假设的修正主要体现在以下几个方面：

（1）产品质量。产品质量的假设修正比较简单，如附录表 2 所示，主要包括两种情况，一种是可供企业选择的产品质量为一个区间，即质量 $s \in [s_l, s_h]$；另一种是在质量差异化的模型体系中，有些研究将一维的特征情形拓展至二维的特征情形，如 Economides（1989）、Neven&Thisse（1990）、Ferreira&Thisse（1996）和 Vandenbosch &Weinberg（1995）。前三个分析的是企业在质量、多样化和价格上竞争的两维（横向和纵向差异化）模型，第四个分析的是企业在产品的两维特征（都是纵向差异化维度，如商品的产品质量和服务质量两个质量维度）竞争。一些研究则进一步拓展到具有 N 维特征的双寡头情形，如 Garella&Lambertini（1999）。

（2）生产成本形式。不同的边际成本的设定，决定了不同的均衡形式。在实际中，由于企业生产较高质量产品的企业不得不投入更多的研发成本或者其他生产成本，边际成本可能会递增；如果生产较高质量产品的企业属于优质企业，具有较高的管理效率和生产效率，边际成本也可能会递减。Salant（1989）考虑了价格歧视发生的两种情况：产品质量的边际生产成本足够的凸，即存在质量递减的报酬，在均衡中，垄断者将销售最低质量的产品；相反，如果存在质量的递增报酬，在均衡中，垄断者将销售最高质量的产品。Johnson&Myatt（2003）得出了类似的结果。Rim（2000）也假设成本和质量及产品数量有关，得出了不同成本函数下（不变报酬、递增报酬和递减报酬）的不同均衡结果，从而拓展了 Anderson et al（1992）的"有限属性"[1]结果。

（3）企业数量。参与竞争的企业数量是垂直产品差异化模型中重要的假设，企业数量的多少，直接决定了垂直差异化模型的市场结构，并且对市场的均衡具

---

[1] 在垂直差异化模型中，在很多情况下，即使不存在固定成本，不管质量选择是多少，在均衡价格中，市场中总是存在企业数量的上限，这种属性叫做"有限属性"（finiteness property），这个概念最初出自于 Shaked &Sutton（1983）。

有重要的影响。关于企业数量的垂直产品差异化模型，主要分为三类：一类是市场结构为完全垄断，即企业数量为 1，如 Mussa&Rossen（1978）、Takeyama（2002）、Johnson&Myatt（2003）等；一类是市场结构为双寡头，即企业数量为 2，如 Gabszewicz&Thisse（1979）、Wauthy（1996）、Jing（2007）等；一类是市场结构是多企业的竞争性结构，即企业数量为 N，如 Shaked&Sutton（1982）、Frascatore（1999）和 Ayed（2000）等。

（4）企业生产产品数量。和横向产品差异化一样，由于问题的复杂性和技术上的难处理性，很多垂直产品差异化模型也只分析了单一企业生产单一质量产品两阶段博弈[①]的情况，如 Gabszewicz&Thisse（1979，1980）和 Shaked&Sutton（1982，1983）等，在这些论文中，企业只生产一种质量的产品，因此无法分析单一企业生产系列产品的问题。而在现实竞争中，具有一定市场势力的企业总是面临着调整产品线的问题。在单一企业生产多种产品的模型分析中，比较著名的是 Esther Gal-Or（1983）、Champsaur&Rochet（1989）、Fraja（1996）和 Johnson&Myatt（2003）等。这类模型又分为数量设定模型（古诺竞争）和价格设定模型（伯川德竞争）两种。在数量设定模型中，Gal-Or（1983）假定了一个对称的古诺均衡，其中，企业提供一系列不同质量产品（并且陈述了具体例子的充分条件），得出了随着企业数量的增加的比较静态的结果。即在均衡中，企业并不因为竞争水平的变化而改变他们的产品线。Fraja（1996）提出了一个基于 Gabszewicz&Thisse（1979）的收入效应的效用函数的数量设定模型，它的主要结论是当企业具有相同的技术时，任何均衡都是对称的。在价格设定模型中，Champsaur&Rochet（1989）考虑了一般模型的两企业在价格方面的产品线竞争。两企业进行两阶段博弈竞争[②]，结果发现，企业并不选择交叉的产品线，从而避免了激烈的价格竞争。因此，给定企业所提供的产品线并不和提供全部商品的垄断者所提供的产品线相一致；特别情况下，提供高质量产品的企业所提供的产品线要比垄断者所提供的产品线少。在比较垄断和双寡头情况下生产高质量产品企业的产品线的差异时，Champsaur&

---

① 竞争博弈中，第一阶段企业选择生产产品的质量，第二阶段企业同时选择价格。

② 和企业生产单一质量产品的两阶段竞争博弈不同的是，生产多质量产品的企业在第一阶段选择生产产品的质量范围，第二阶段进行价格竞争。

Rochet（1989）认为对于固定的可行的质量区间，两种情况下的最优质量范围并没有什么差别，即不存在产品消减的发生。Johnson&Myatt（2003）则分析了一个在位者对潜在进入者所做出的产品线选择策略，从而得出不同条件下的企业均衡的产品线。

（5）市场是否覆盖。市场是否覆盖和消费者需求弹性有关：在垂直产品差异化模型中，消费者一般都具有需求弹性，只有在消费者购买产品所获得的效用大于保留效用（一般设为零）时，消费者才选择购买。这就意味着如果消费者购买产品所获得的效用小于零，将有一部分消费者不做任何购买行为，从而使得市场未被全部覆盖。市场是否覆盖，取决于具体的变量设定（包括消费者偏好 θ，相应的 s_l 和 s_h）。在市场完全覆盖和部分覆盖中，均衡的结果是不一样的，这一点在 Amacher et al（2003）和 Noh&Moschini（2006）中作了详细的分析。

（6）消费者分布。关于消费者分布的垂直差异化模型，主要有两种类型：一种是以 Mussa&Rossen（1978）为代表的消费者分布，这类模型中的消费者根据边际质量效用分布，另一类是就是所谓的 GTSS 模型（Gabszewicz&Thisse，1979，1982； Shaked&Sutton，1982，1983；Sutton，1986）。这类模型的特征是消费者是根据消费者（家庭）收入分布的。GTSS 模型反映了一种所谓的"收入分离性质"。收入分离性质是指某特定收入段内的消费者将会购买某种特定质量的商品。由于消费者收入分布更贴近现实，GTSS 模型到现在为止是纵向差异模型体系的主流模型。虽然这两类模型的划分依据不同，但是其共同点都是将消费者按照不同的参数标准（如上所述）划分为某种不同属性的各种类型。这两类纵向差异化模型的本质，都是建立在消费者对质量的支付意愿的差异性这一基础之上：Mussa&Rosen（1978）指的是具有更高边际质量效用的消费者具有更高的质量支付意愿，而 GTSS 模型指的是具有更高收入的消费者（家庭）具有更高的质量支付意愿。

（7）信息的完全性。垂直差异化的代表性论文包括 Shaked&Sutton（1982）、Gal-Or（1983）、Moorthy（1988）等，都是以消费者的完全信息为基础，从而得出关于垂直产品差异化的一些结论。而 Jing（2007）则研究了有信息与缺乏信息的消费者的存在对企业的质量差异化选择的影响。信息的完全性与否决定了不同的竞争性均衡。如 Moorthy（1988）认为所有的消费者具有完全信息，消费者类型按照连续分布，每个企业的需求是它的价格的连续函数，因此，企业不能用混合价格策略。而在 Jing（2007）模型中，因为低端（具有较低保留价值）消费者具有完全信息，每个企业的需求函数在价格上是不连续的。因此，在混合策略中出现唯一的价格均衡。而由于部分消费者不具有完全信息，价格竞争不像 Moorthy（1988）中那么激烈。Jing（2007）的结论是在拟线性效用和弱凹性成本函数下，两个企业都会选择相同的质量（所能达到的最高质量），即产品差异化消失，而在完全信息下，不会产生这种均衡，因为伯川德竞争会使得企业利润为零，如 Shaked&Sutton（1982）。Jing（2007）认为，选择较低质量的企业赚取较高利润，而 Moorthy（1988）认为选择较高质量的企业赚取利润。

（三）纵向产品差异化的发展方向及述评

随着博弈论和信息经济学的发展，如信息不完全或不对称的环境、博弈过程的变化（如企业序贯进入的情形——策略性差异的存在）、广告因素、需求不确定性、网络外部性的发展以及纵向产品差异化的实证研究等，成为近期纵向产品差异化研究的重要领域。比如 Bain（1956）认为，信息差异可以构成市场进入壁垒，因为消费者倾向于对早先创立的品牌保持忠诚。Schmalensee（1982）在一个正式的模型中肯定了 Bain 的直觉，表明一个已有的高质量品牌可以怎样获得超额利润，又不会鼓励新的甚至是高质量的市场进入者。Nelson（1974）指出如果存在一种市场机制能使高质量产品的生产企业明白自己的广告支出能够获得较高回报，那么非信息性广告就可以传递产品的质量信息。Schmalensee（1978）通过对消费者行为的分析把广告支出和重复购买联系起来。

关于纵向产品差异化的策略性差异，主要集中在企业的进入与退出方面，这在下一章中会有所涉及和分析。在网络外部性方面，Baake&Boom（2001）详细分析了网络外部性下企业的质量选择决策。在纵向产品差异化的实证研究方面，近年来也取得了重要进展。Flam&Helpman（1987）将纵向差异理论运用在南北国际贸易问题的分析之中；Caves（1996）通过经验数据研究了差异品牌的品质水平、价格、广告费用三者的相互关系，重点分析产品差别、广告对产品质量和价格的影响；Symeonidis（1999）应用纵向产品差别模型探讨了广告业和 R&D 行业中卡特尔稳定性问题，解释在这类行业中难于出现价格共谋现象的原因。

三、横向产品差异化与纵向产品差异化的一致性研究

横向差异模型和纵向差异模型的最主要区别是它们的假设不同，一个偏重于企业（或消费者"理想"产品）的定位分析，一个偏重于企业产品质量的设定（或消费者对产品质量的评价）。由于现实中产品的多重性特征，把产品的横向差异化和纵向差异化完全分离开来似乎不太可能，很多经济学家也都已经注意到横向和纵向的产品差异模型可以得到相似的结论。这方面最早的研究可见 Shaked&Sutton（1983）的文章，他们认为纵向产品差异模型的特征可以被视为"回忆性"的定位模型；Champsaur&Rochet（1985）的研究表明，垂直差异化的"垄断竞争"（Chamberlinian 类型）情况，类似于水平差异化情况；Neven（1986）说明，许多问题的关键，就在于不同类型商品的消费者所获得的效用与生产成本之间的差异，但由于这种差异与产品间的任何排序都不相关，从而使得某些横向差异模型与某些纵向差异模型在本质上是等价的；Champsaur&Rochet（1989）的研究进一步表明，某些特定类型的纵向差异模型与横向差异模型会产生相同本质的结果。在这些研究成果的基础上，Cremer&Thisse（1991）的研究表明，在做出一些适当的关于运输成本的假定后，任何 Hotelling 的空间竞争模型都可以成为特殊情况下的纵向产品差异化模型；Anglin（1992）证明，如果消费者对产品的保留价值函数满足一个所谓的"单交假定"[①]（Single crossing Assumption），那么它就可以被解构为两个市场专有函数和一个效用损耗函数。他的研究进一步表明，如果消费者的保留价值函数可以被解构为这一形式，就可以应用一种所谓的"市场转化"（Transformation of Market）方法，来将纵向差异模型中的商品价格函数、成本函数等转化为横向差异模型中的相应函数。

按照 Cremer&Thisse（1991）的思路，在横向差异化中，假定存在 n 个企业

---

① 单交叉假设：对于每一个 θ，$\partial^2 s(q,\theta)/\partial\theta\partial q$ 的符号对于所有的 q 都保持不变。这意味着在类型 θ 的消费者愿意为那个类型所支付的价格变化保持不变。q 表示特征类型，$s(q,\theta)$ 表示消费者消费商品所获得的效用。

（用下标 $i = 1,...n$ 来表示），销售同质品（这些产品的边际生产成本为零），企业位于 $q_i \in [0,1]$，企业索要的出厂价格为 $p_i \geqslant 0$。假设 $\underline{q} = (q_1,...q_n)$，$\underline{p} = (p_1,...p_n)$ 是相应的向量，企业 i 的利润为 $\pi_i^H(\underline{p},\underline{q}) \equiv p_i D_i^H(\underline{p},\underline{q})$，$D_i^H$ 为产品 i 的需求。消费者的位置为 $\theta \in [0,1]$，并且按照密度函数 $f(\theta)$ 分布，则消费者 θ 从企业 i 处购买产品所获得的效用为：$u^H(\theta,q_i) - p_i$，其中，$u^H(\theta,q_i) = U_0 - t(|\theta - q_i|)$，$U_0$ 为正的常数，$t(\cdot)$ 为 Hotelling 意义上的运输成本，为递增函数且 $t(0) = 0$。企业进行两阶段博弈，第一阶段选择位置，第二阶段选择价格。

同时在纵向产品差异化中，也存在 n 个企业（用下标 $i = 1,...n$ 来表示），企业 i 生产质量 $q_i \in [q^-, q^+]$ 的产品，边际成本为 $c(q_i)$（和产品数量无关，是质量 s_i 的增函数），并且索要价格 $p_i \geqslant c(q_i)$，利润为 $\pi_i^V(\underline{p},\underline{q}) \equiv [p_i - c(q_i)]D_i^V(\underline{p},\underline{q})$，其中，$D_i^V(\underline{p},\underline{q})$ 是企业 i 的需求。消费者的偏好为 $\theta \in [\underline{\theta},\overline{\theta}]$，并且按照密度函数 $f(\theta)$ 分布。消费者 θ 从企业 i 购买产品所获得的效用为 $u^V(\theta,q_i) - p_i$（u^V 在 q_i 上严格递增）。企业进行两阶段博弈，第一阶段选择质量，第二阶段选择价格。

对于任何 $t(\cdot)$ 在 $[0,1]$ 连续可微的横向差异化模型，存在一个纵向差异化模型，使得 $\pi_i^H(\underline{p},\underline{q}) = \pi_i^V(\overline{p},\underline{q})$，其中，$\overline{p} \equiv p_i + c(q_i)$，对于所有的 i，$\underline{p}$ 和 $\underline{q}$ 都有效，因此，当且仅当 $(\overline{p}^*, \underline{q}^*)$ 是纵向差异化模型的相应均衡时，$(\underline{p}^*, \underline{q}^*)$ 就是横向差异化模型的均衡[①]。

因此，如果两个模型阐述的其他方面是相似的（例如，横向差异化模型中的均衡的位置对应于纵向差异化模型中均衡的质量），那么，横向差异化模型中的均

---

① 证明：首先设 $q^- = \underline{\theta} = 0$，$q^+ = \overline{\theta} = 1$，让 $u^V(\theta,q) = u_1(q) + u_2(\theta) - t(|\theta - q|)$，界定 $c(q) = u_1(q)$，当且仅当 $u^V(\theta,q_i) - \overline{p}_i >,=,< u^V(\theta,q_j) - \overline{p}_j$ 时（$\overline{p}_k \equiv p_k + c(q_k)$），$u^H(\theta,q_i) - p_i >,=,< u^V(\theta,q_j) - p_j$。因此，可以证明在横向差异化模型中企业 i 在 $\underline{p} = (p_1,...p_n)$ 的需求等于纵向差异化模型中企业 i 在 $\overline{p} = (\overline{p}_1,...\overline{p}_n)$（$\overline{p}_i - c(q_i) = p_i$）的需求。这意味着对于任何给定的 $\underline{q}$，只要 $\overline{p}^*$ 是纵向差异化模型的价格子博弈均衡，$\underline{p}^*$ 就是横向差异化模型中的价格子博弈均衡。因此，得以证明对于每一个 $\underline{q}$，两个模型中的企业的第一阶段的支付是相同的，两个博弈在 $\underline{q}$ 上有着相同的均衡。

衡结果就对应于纵向差异化模型中的均衡结果。

四、实证研究

纯粹的横向产品差异化或者纵向产品差异化的实证研究不多，多数产品差异化理论的实证研究，都是不同类型的差异化和离散选择理论相结合所发展而来的。如 Dubé（2004）模拟了 20 世纪 80 年代几种软饮料市场合并，认为来自可乐和百事提议的合并存在极大的福利损失。Ramos&Drogué&Marette（2006）则用了一个产品差异化的模型对 US 牛肉市场的高质产品与低质产品的分类与同质化分类下的福利变化做了详细的分析。Walsh&Whelen（2005）用品牌水平的零售数据，在碳酸软饮料行业内的企业规模分布被证明是企业在市场的垂直（口味、包装、营养属性等）维度等范围内有效的定位品牌（商店覆盖率）的结果。Berry&Levinsohn&Pakes（1995）发展了一些经验性分析差异化产品市场需求和供给的技巧，并用这些技巧去分析美国汽车产业的均衡。Coloma（1999）则运用产品差异化市场势力测量的模型去分析加利福尼亚汽油市场的情况。主要解决的问题是：①加利福尼亚的汽油市场是否存在产品差异化；②是否产品差异化影响企业运用他们市场势力的方式；③是否差异化和市场势力根据售卖企业的位置和类型而改变；④哪一种市场结构更好地解释了产业行为。Stavins（1995）分析了个人计算机（PC）市场中进入和退出决策的模型，发现了在位者和进入者在新产品空间位置的差异。Matraves&Rondi（2005）建立在当前的产业集中理论的基础上，分析了市场规模和产品差异化之间的关系，并且说明了产品差异化如何影响市场份额波动，基本的结果强调了在垂直产品差异化占优的市场中，随着市场规模的增加，企业将有动机去增加广告或 R&D 投资，这样企业不那么容易被模仿的，（企业专有的）投资将会使得竞争优势更具有持续性，如果市场主要是以水平差异化或相同的产品为特征，则不是这种情况。

第三节　国内相关研究文献回顾

国内对产品差异化的研究，起步比较晚，大多都是在近几年对产品差异化的研究。主要集中在横向产品差异化、纵向产品差异化方面，对于以 D-S 为代表的垄断竞争模型的产品差异化和离散差异化方面，则研究的较少。下面主要从横向产品差异化、纵向产品差异化和离散产品差异化几个方面分析一下国内相关文献。

一、国内横向产品差异化相关研究

Hotelling 类模型的结论为在运输成本是距离的线性函数时，纳什均衡时两个企业位于中点，即采取最小差异化战略。当运输成本是距离的二次函数时，纳什均衡时两个企业定位于两个端点，即采取最大差异化战略，以免出现伯川德悖论所描述的恶性价格竞争的情形。

（一）Hotelling 模型的拓展

近年来，国内众多学者对 Hotelling 模型进行了多种形式的扩展。相关研究包括：

（1）修正了 Hotelling 基本假设的模型。主要包括：

1）消费者非均质分布下的模型。如顾锋等（2002）假定消费者服从于中心集中的连续型分布，由此发现了企业集中定位的一个充分条件，为需求变化影响企业产品战略的直观判断提供了理论依据。

2）修正了成本假设的模型。如曹韫建（2002）。曹韫建（2002）分析了运输成本可由企业内生决定的一个三阶段双寡头的 Hotelling 模型，在[0,1]线性城市模型中，两个寡头企业在第一阶段进行选址决策，第二阶段改变运输成本，第三阶段进行价格竞争，并得到了与运输成本的二阶段模型不同的子博弈精炼纳什均衡结果。

3）消费者具有购买弹性的模型。如顾锋、薛刚等（1999）应用两阶段博弈模型分析了两个寡头企业在产品质量不确定、消费者可进行选择购买情形下的定价、定址决策等问题。罗勇、涂苯生等（2007）基于 Hotelling 模型，建立了商品存在需求弹性的双寡头竞争选址定价模型。

4）产品具有多维特征的模型。高昉、余明阳（2009）以 Hotelling 模型为背景，探讨了多维属性空间中的横向产品差异化问题，通过构造多阶段动态博弈模型，以逆推归纳法求出子博弈精炼纳什均衡，从而得出了与 Irmen&Thisse（1998）

类似的结论。

（2）企业采取歧视性定价策略的模型。曹韫建、顾新一（2002）构造了一个在线性 Hotelling 模型基础上寡头行业中企业采用歧视性定价策略的两阶段选址——定价模型。两个企业在博弈的第一阶段中选址定位，并在第二阶段制定出相应的歧视价格，子博弈精炼纳什均衡表明歧视性定价下企业的选址为社会最优。

（3）具有转换成本的产品差异化模型。如蒋传海、夏大尉（2006）通过在 Hotelling 空间差异模型的基础上结合转换成本构件的博弈模型，研究了转换成本和产品差异的存在对于价格竞争和策略性行为的影响。

（4）企业进入策略的模型。曹韫建（2001）、顾新一（2002）模拟了单一定价和歧视性定价水平差异化的企业的内生序贯进入行为。鲁文龙、陈宏民等（2004）分析了两个被贸易壁垒分离的市场上贸易壁垒对产品横向差异化的影响。

（5）具有网络外部性的模型。如张地生、陈宏民（2000）、曹韫建、顾新一（2002）分析了存在网络外部性下的 Hotelling 线形模型，所得结论为，当网络外部性不太强时，企业采用最大差异化原则。汪淼军、励斌（2003）在 Hotelling 模型的基础上发展了一个模型来分析网络外部性与竞争、产品差异化之间的关系，并得出了网络外部性与企业之间竞争关系、产品差异化之间的局部均衡和一般均衡。王国才、陶鹏德（2008）则将网络外部性同顾客选择与产品差异化理论结合，通过构建扩展的 Hotelling 模型研究了网络外部性对市场绩效与企业竞争策略的影响，并且对网络产品歧视价格和单一价格进行了比较研究。

（二）Hotelling 模型拓展的简要述评

由上可知，国内关于横向差异化的 Hotelling 模型，取得了巨大的进步。与国外一样，对 Hotelling 模型的假设条件（包括运输成本函数设定、企业数量假定、消费者分布假定、消费者个体需求弹性假定、产品特征维度假定等）的逐步放松，获得了不同的研究结论。除此之外，把 Hotelling 模型和不同的研究议题相结合，如企业进入阻挠策略、网络外部性、转换成本等研究议题，也获得了大量丰富的结论。但是，文献集中在模型的分析与构建及企业选址方面，对多企业、多工厂或者多产品方面的研究议题则较少，与其他领域的交叉研究的更少。另外，关于 Hotelling 模型的横向产品差异化，一直缺乏行之有效的实证研究。梁琦（2004）

就 Salop 提出的圆型分布城市模型，通过引入区域不同、产品成本不同的成本分布函数，扩展了圆环型分布城市中两阶段的选址和产量选择模型，证明了中国对外开放和市场经济的发展使得东部具备生产成本、交易成本和贸易低廉的优势，吸引了中国制造业企业向东部的集聚。相对于产业组织理论的实证研究，梁琦（2004）的分析侧重于区域经济学并为现实寻找理论依据。

二、国内纵向产品差异化相关研究

纵向产品差异化初始模型用来分析竞争中企业的质量选择竞争策略。近年来，国内学者对纵向产品差异化模型进行了多种形式的扩展。

（一）纵向产品差异化研究的拓展

国内文献对纵向产品差异化研究的拓展，大致可以分为以下几类。

（1）不同消费者分布下的质量差异化模型。如高建刚（2007）修改了传统的垂直产品差异化下的消费者均匀分布的假设，假定消费者收入分布呈 Beta 分布的分配形态，并结合成本的不同设定形态，探讨了高质量优势是否成立，垂直产品差异是否符合"最大（最小）差异化原则"或"比例差异化原则"[①]和收入分配形态对市场结构和社会福利的影响，论文结论为在最大利润假设下，两家企业会选择有质量差异的产品进行生产，即最小差异化原则不成立。企业的质量改进成本、消费者的收入分配均对企业决策和市场均衡有重要影响。胡建兵（2008）用消费者偏好的三角形分布代替均匀分布，通过建模发现，稳定均衡和不稳定均衡都会出现，稳定均衡时高质量产品表现出竞争优势；不稳定均衡时，高质量产品的优势不明显，甚至处于劣势。从不稳定均衡演化为稳定均衡，需要解决价格或消费者对产品质量的认知，而总体趋势是，产品质量和企业利润随着消费者认知能力和产品质量认知度的提高而提高，而且后者比前者提高的速度更快。

（2）完全信息的质量选择及定价模型。如潘晓军、陈宏民（2002）分析了三阶段博弈基础上（首先，企业决定在阶段 1 和阶段 2 推出的产品的质量；其次，企业确定不同质量产品的价格；最后，消费者决定是购买高质量产品或低质量产

---

① 见 Choi&Shin(1992)。

品）垄断企业进行产品质量差异化和分阶段销售不同质量产品的各种情形。汪贤裕、王华（2003）用纵向差异化模型说明在垄断条件下确实存在着质量歧视现象，这也是垄断者实现更多利润的手段，并且垄断者所提供的质量越高，实现的利润越大，同时，禁止质量歧视的福利后果是不确定的。石岿然、盛昭瀚（2004）研究了双寡头纵向产品差异化市场的演化稳定战略。彭树宏、汪贤裕（2005）则以Butters（1977）关于信息性广告的开创性模型为基础，建立了一个纵向差异化的双寡头信息性广告竞争模型。汤卫君（2006）则分析了垄断企业产品差异化与歧视博弈。

（3）市场抢先、进入壁垒模型。苏应生、汪贤裕（2008）讨论了垄断在位者如何通过质量选择阻止进入和进入者如何通过在位者的质量现状制定相应的高质量和低质量的策略，结论为进入者是否进入不仅与固定的进入成本，消费者总数以及消费者的最高口味有关，而且与在位者的质量选择有关；进入者选择进入后，选择的质量水平由在位者选择的质量来决定。

（4）企业产品创新策略模型。如吕俊涛（2008）以纵向产品差异化模型为基础，深入探讨了企业产品创新策略选择的规律，并从非耐用品和耐用品的产品创新方面分析了企业产品创新的相关策略。

（5）具有网络外部性的纵向差异化选择模型。如王淼军、励斌（2003）、王国才（2005）分别描述了产品纵向差异化与网络外部性的互动关系。其中，王淼军、励斌（2003）构建了一个三阶段完全信息博弈，企业1和2在第一阶段同时选择质量水平，然后选择厂址和价格，结论为在三阶段动态模型中，当市场局部覆盖时，如果生产成本是对称的，网络外部性不会影响产品的垂直差异，但是企业质量水平都是网络外部性的递增函数；如果成本是非对称的，垂直差异是网络外部性的递增函数。当市场全部覆盖时，垂直差异是网络外部性的递增函数，并且大企业（市场份额较大的企业）的质量水平随着网络外部性的增加而增加，小企业的质量水平随着网络外部性增加而降低。

（6）企业的合谋与定价及经验研究。如干春晖、李雪（2006）、王皓、周黎安（2006）等。干春晖、李雪（2006）从垂直差异化的角度分析了企业的价格战与合谋的要素。王皓、周黎安（2006）应用了简洁的纵向差异模型对2002～2004

年中国轿车企业的竞争行为进行假设检验，其所采用的研究方法，与 Bresnahan（1981，1989）的研究非常类似。他们的研究表明，对于 2002～2004 年中国轿车市场中的价格竞争现象，传统的需求冲击无法解释，而市场内产品的差异化程度的变化却可以提供一个良好的解释。

（二）纵向产品差异化模型的简要述评

由上可知，国内关于纵向产品差异化模型的发展，近两年取得了巨大的进步。模型的发展集中在几个方面，包括初始产品差异化模型假设的修改、完全信息下的质量选择和定价、市场抢先进入及壁垒设定、企业产品的创新策略、具有网络外部性下的质量选择、企业的合谋及定价等，并获得了各种各样的结论。在纵向产品差异化与多企业、多产品、不完全信息下的质量选择和定价、存在质量规制、合并、研发与合作等方面的研究议题结合方面，却相对较少，并且缺少相关的实证研究。

三、国内实证研究

离散产品差异化理论最成功的地方在于实证研究。产品差异化视角下的市场研究，通常都是基于特征空间的研究，它区别于传统的基于产品空间的市场研究。采用特征空间的市场需求分析，往往需要应用离散选择模型。

（一）实证研究的代表作

在离散产品差异化实证研究方面，与国外离散产品差异化实证研究行业的广泛性不同，国内文献主要集中在耐用品的实证研究上面。

袁诚（2002）提供了一个运用离散选择模型进行需求及行业分析的实例，分析了北京冰箱市场的消费者行为及产品替代的概率选择模型。袁诚在一个三层次嵌套 Logit 模型的框架中，将消费者的购买过程假定首先在国产品牌和国外品牌之间，然后在大、中、小冰箱之间，最后在不同的品牌之间选择。通过对消费者选择概率的加权平均，作者预测了每种冰箱的市场份额，计算出它们之间的半价格弹性，并借此分析了北京冰箱市场上的价格竞争特点。所有的经验结果都充分反映了消费者特征和产品特征对市场需求的影响。

袁淑湄（2003，台湾）以"中央研究院经济研究所"于民国八十八年调查的

"华人家庭动态资料（PSFD）"作为实证资料来源，分别构架了多项式 logit 模型（Multinomial Logit，MNL）模型和混合多项式 logit 模型（Mixed Multinomial Logit Model，MMNL），比较了这两个模型应用上的差异，并探讨台湾家户的住宅选择行为。实证操作后发现，混合多项式 logit 模型作为 IIA（Independence from Irrelevant Alternative，不相干替选方案的独立性）检定方法之一，得到与 HM 检定相同的结论，并且当 MNL 模型和 IIA 特性不成立，再以相同的模型指定方式建立 MMNL 模型时，MMNL 模型的解释能力显著优于 MNL 模型。此外，实证结果发现，样本家户村在对"卫浴数量"有分歧的偏好，对"卫浴数量"大致有 35% 的家户持正面和 65% 的家户持负面评价。

任剑新（2004）采用后芝加哥学派对垄断的定义，设计了一个基于 Logit 模型的消费者需求函数，通过数值模拟计算差异化产品企业兼并的市场绩效，最后用模拟数据对整个评价过程进行了检验。结果表明，一些导致市场集中度大幅上升的企业兼并，会节约边际成本，从而使兼并后企业的利润和竞争力大大提高，但并不会抬高相关市场的价格水平，对消费者福利没有影响，因此不存在垄断效应。

罗延发（2007）应用了基于随机系数 Logit 模型，从产品差异化的视角重点研究了中国家庭轿车市场的四个主题，并得出了一系列的结论。这四个研究主题分别为：消费者对产品品牌或轿车级别的选择、主要产品品牌间的竞争格局、未来十年内的需求状况模拟以及乘车燃料消耗量限值标准对中国家庭轿车市场的短期效应和长期效应。

（二）实证研究的简要述评

国外关于离散产品差异化模型的研究，在 20 世纪八九十年代处于高峰，并和不同的行业，如软饮料市场、轿车市场、大豆市场等相结合，研究相应的合并、合谋、定价及其他市场策略，在理论和实证研究上都取得了丰富的研究成果。而我们的离散产品差异化理论则起步较晚，目前处于国外离散差异化模型的引入和应用阶段，而且，在具体行业的结合方面，侧重于耐用品市场的分析。这和我们起步较晚以及国家相关统计数据的难以获得性有关，相信经过统计数据的不断透明化和数据整理、统计的统一化，这一问题会不断得到改善。

本章小结

本章回顾了产品差异化理论的文献研究。包括三个方面：产品差异化的历史渊源、国外横向产品差异化和纵向产品差异化文献研究、国内关于产品差异化的相关研究。

从产品差异化的历史渊源来看，产品差异化理论的发展包括两个方面：位置模型和非位置模型。其中，位置模型包括我们传统意义上定义的横向产品差异化和纵向产品差异化模型，非位置模型包括以随机效用为基础的离散选择模型和代表性消费者模型。

位置模型的一个重要方面是考虑到消费者偏好的多样化，从而使得商品间的替代性一定程度上成为一种主观现象。位置模型按照分析产品差异化的角度不同，又可分为两类：侧重于消费者需求和企业定位的 Hotelling 模型和由 Hotelling 模型所延伸的侧重于商品的特征模型。代表性消费者模型假设产业中存在大量的商品，产品需求来自于具有严格凹效用函数的代表性消费者的效用最大化决策。离散选择理论依赖于随机效用理论或离散选择理论。在产品差异化分析中，实证分析用得最多的是离散差异化模型，对其他领域影响最广的是代表性消费者模型，而对产品差异化理论本身贡献最多的却是位置模型的产品差异化理论。

位置模型所涉及的产品差异化主要包括横向产品差异化和纵向产品差异化，其在产品差异化模型及问题分析中一直占据着主导地位。理论分析表明，横向产品差异化和纵向产品差异化的分析本质上是一致的，而关于横向产品差异化和纵向产品差异化的实证研究并不多见，多数产品差异化的实证研究，都是不同类型的差异化和离散选择模型相结合所发展而来的。

中国对产品差异化的研究，主要集中在横向产品差异化和纵向产品差异化方面，是在结合中国的现实，对位置模型经典著作的假设条件作出修正的基础上发展起来的。在 D-S 为代表的垄断竞争模型的产品差异化理论和离散差异化理论及应用方面，则研究得较少。

第三章　产品差异化与企业进入阻止策略选择

第一节　差异化企业进入阻止策略与理论拓展

一个行业的竞争力和绩效水平往往要受到行业进入条件和容易程度的影响。在位企业的绝对成本优势和产品差异优势、规模经济以及政府规制等都被认为是造成进入壁垒的主要原因。除了这种自然的进入壁垒之外，在位企业针对进入者所采取的种种策略性竞争行为，也构成了进入者进入某一行业或产业的障碍。差异化企业的进入阻止策略和同质品企业一样，可分为三个方面：抢先进入、信号传递和掠夺行为。同样，在理论分析中，在同质品分析基础上作一拓展，把进入阻止和产品差异化相结合，也可分为抢先进入模型、信号传递模型和掠夺行为模型三个方面。

一、差异化企业进入阻止策略分类

第一，抢先进入。这种策略描述了一个企业如何维持垄断力。在位者通过在自然垄断中抢先进入获得占优位置；或者更加一般的，通过研发、产品设计、耐用设备以及其他成本消减上的早期投资获得占优位置。这类抢先进入行为表示一种承诺，以一种不可逆转的（通常是高成本的）行为强化了在位者排除竞争者的可置信性。就轿车行业而言，与抢先进入策略有关联的是产品线的竞争。如通用汽车在 20 世纪 20 年代初通过兼并收购建立全系列产品线的案例，一致认为其兼并收购的主要动机是扩大产品线以实现抢先进入，从而提高顾客的品牌忠诚度。在欧洲轿车市场上，为应对激烈竞争所引起的利润下降，生产者会使用产品线策略对不同国家的消费者实施价格歧视策略，从而获得更多的利润。

第二，信号传递。这种策略描述一个在位企业如何传递一些可置信的信息阻止潜在进入以及竞争者的存在。这意味着在位者的行为总是被进入前或者进入后成本以及需求的私人信息所影响，而竞争者从在位者高成本行为的观察中推测出进入阻止的可置信性。在这类策略中，企业盈利性的一些信息是私人信息，比如边际成本或者固定成本。在在位者进入威胁的情况下，在位者当前的价格传递了成本或者需求的信息，因此影响了潜在进入者关于进入的决策。

在现实经济中，除了产品差异化本身之外，过剩能力的投资也可以作为一种信号传递来阻止进入。这两种之间存在着重要的差异，过剩能力传递了在位者会对进入者进行激烈竞争的信息。在进入发生时，在位者会生产能力水平所允许的最大产品数量，如果进入不发生，在位者就无须足额生产。另一方面，在过剩能力投资下，不管进入是否发生，这些质量总是会提供，这样在位者产品质量的选择就不是一个信号，同时在位者之间的竞争可能会导致过剩的进入阻止。

第三，掠夺行为。这种策略描述了为什么在位企业愿意从与进入者竞争（比如价格战）中遭受损失以及如何从与当前进入者竞争或者阻止随后的潜在进入者中获益。这种策略的假设是恐吓进入者的支付是一种投资，而通过竞争驱逐进入者或者阻止以后的进入则是一种收益。在这种策略中，一个"掠夺性"的价格战告诉后来的进入者如果他们进入，进入者将会面临激烈的价格战。为此，在位者必须努力维持它会随时为竞争者进入而进行掠夺性价格战的信誉。

二、差异化企业进入阻止理论拓展

自 20 世纪 70、80 年代以来，关于企业进入阻止和市场份额的策略性竞争方面涌现了大量的文献。这些论文纠正了以往策略性行为的不完全和不一致问题。相对于以往的文献，这类文献最主要的贡献就是博弈论模型和方法成了分析这个问题的标准工具。

关于进入阻止的问题分析，大多数博弈论研究的重要问题是：什么时候在位者在市场中通过可置信的策略阻止了进入者。在这种意义上讲，均衡需要满足排除可怕后果的不可置信的威胁。因为非均衡理论总是隐含的假定进入阻止是容易的或不可能的，就产生了威胁是否是可置信的问题。最初的文献主要集中在同质品企业，引入差异化概念后，进入阻止理论有了较大的拓展。在差异化产品的行业中，企业之间不但可以通过定价策略进行进入阻止，还可以通过差异化各自产品来进行竞争。差异化产品企业进入阻止行为分析，又存在两点竞争的差异，一种是产品质量差异的竞争；一种是产品多样化或者位置选择的竞争。前者的竞争中，企业偏好于生产较高的质量，因为较高质量表示较高的价格和较高的利润，而后者的竞争中不存在某一种能够索要更高价格的多样化产品。

同本书的研究主题相关，差异化产品企业的市场进入与企业进入阻止策略的文献分析，也主要体现在以下几个方面：

（一）抢先进入模型

差异化产品企业的进入阻止策略问题集中于研究企业如何利用产品差异的策略性行为来阻止进入：在位企业如何通过空间先占和选址遏制潜在进入、潜在进入者如何利用产品差异实施创新进入等。在许多行业中，由于不可分性或固定成本的存在，企业分别选择有效的措施：投资兴建最有效的工厂、在有限的产品集合中选择产品、在受到约束的地理位置集合中选择厂址等。这样，如果能在有限的空间中先行行动，那么就会在竞争中获得先发优势，致使潜在进入者无利可图。

关于横向差异化产品的抢先进入模型有很多，主要体现为空间先占权与产品扩散模型。通常认为在位企业在潜在进入者进入之前通过投资生产潜在进入者将生产的产品，能达到遏制进入者进入的目的，如 Schmalensee（1978）针对即食谷类早餐业在位企业如何利用先占策略遏制进入进行了分析，他认为在位企业可以通过第一个生产自己产品的替代品，预先塞满可能的产品空间，从而不给潜在进入者留下任何产品空间，就可以达到遏制进入的目的。Eaton&Lipsey（1979）也认为在位企业通过第一个生产新产品可以阻止潜在进入者进入替代品的生产或者生产更多的产品系列从而不给潜在进入者留下任何市场空隙。Judd（1985）以苹果和桔子两种产品为例分析了在位企业的进入阻止问题，结论为如果退出成本低、产品可以互相替代，进入者进入后在同质产品市场竞争激烈，那么在位企业就不能通过先占遏制进入。先占成为可信的进入遏制的必要条件是在位企业的退出成本足够高，高额退出成本才能使在位企业的先占性投资具有承诺价值，才能有效地遏制进入。也有关于在位者如何承诺不撤出产品的研究，Ashiya（2000）表明，在位者可能会有意允许弱小的潜在进入者进入，以便遏制强硬潜在进入者的进入。

　　关于纵向差异化产品的抢先进入模型也有很多。主要体现在以下两个方面：

　　一是阻止进入的质量选择模型。Donnenfeld&Weber（1995）指出，在位者能用限制性质量[1]去阻止进入，但在位者的竞争可能会导致过剩的进入阻止。Beloqui&Usategui（2005）指出，当进入被容纳时，具有最低支付意愿的消费者没有获得剩余。低质量企业将发现如果降低质量给消费者留有正的剩余，对企业自身也是盈利的。通过这样做，除了成本节约以外，低质量企业也发现竞争者设定了一个更高的价格，这也缓解了价格竞争。这个过程将持续，直到具有最低支付意愿的消费者的剩余为零。相反，在进入阻止的分析中，在位者阻止进入的质量选择将引起小的产品差异化和激烈的价格竞争。高质量进入者不愿意差异化产品，因为质量成本的节约或者关于在位者所选择质量之上的技术性可行的质量的区间较小。当覆盖的市场存在一个角点解，即低质量企业的报价正好覆盖市场，在这种情况中，具有质量的最低支付意愿的消费者没有获得剩余。当市场被覆盖存在一个内部解时，具有质量的最低支付意愿的消费者获得正的剩余。

　　二是多产品策略模型。在垄断情况下，为了应对成本消减和收入离散的需要，出现了多产品策略。Brander&Eaton（1984）首次在博弈论框架下研究了产品线竞争，研究证明如果没有进入威胁，在位的垄断者会提供两个差异化较大的产品，寡头企业的纳什均衡也是分别供应不同的市场，而通过相互进入或填补市场空隙可以制止进入的发生。Bonnisseau&Lahmandi-Ayed（2006）则分析了消费者仅仅在他们对质量的偏好强度上有差异的垂直差异化模型，研究了在双寡头情况中在位企业面临进入时有动机采取多产品策略。研究证明多产品策略从来都不是盈利性的，而且在位者总是偏好生产一种质量产品，并且证明成本效应或收入离散对于生产者提供几种产品来说是必要的条件。

　　（二）信号传递模型

　　在差异化产品企业进入中，私人信息包括边际成本、固定成本、需求状况等。企业可以通过定价、产能等多种多样的方式传递或者引导进入者对其竞争能力的认知。在差异化产品产业中，广告和其他影响需求的营销或者提高进入者的支付

---

① 限制性质量，即在位者阻止进入的最小质量。

也具有信号传递的效应。投资的不可逆转性在两个方面是很重要的：一个是在位企业预先承诺的可置信的威胁；其次是投资直接影响价格设定的灵活性，和同质品情况相比，差异化产品的价格作为影响潜在进入的信号可能会弱化，但仍可能会影响进入的概率。Donnenfeld&Weber（1995）研究了在位者和大量潜在进入者的建设成本之间竞争的相互作用决定了在完全纳什均衡中所提供的产品范围的构成，证明了在位者选择某种特殊的质量组合可以阻止进入，在位者通过提供较少差异化的产品，加剧了在位者之间的竞争，也阻止了潜在的进入。

（三）掠夺行为模型

关于产品差异化的掠夺行为模型并不是很多，现有的文献集中在过剩能力投资的产出威胁。Dixit（1979）分析了具有固定成本的双寡头模型，在位企业的领导制可能产生一种结果，即阻止进入，但是进入阻止并不一定是一个最优行为。其先研究了在进入后产量保持相同的情况，然后研究了在位者在进入前执行过剩的能力投资使得进入后掠夺性的产出增加的威胁变得可行的情况。研究表明，产品差异化具有两方面独特的效应：在位企业的需求绝对优势越大，进入越困难，但较低的交叉价格效应又使得潜在进入者进入市场更加容易，并建议产业组织经济学家应该把这两方面问题分开，而不是把它们归结到一块。

三、简要述评

由上可以看出，关于差异化产品企业进入阻止的策略及理论分析，修正了产品完全同质的的假设，结论更加丰富，而由于其差异化产品形式的多样性和现实的贴近性，所得结论更加符合现实经济中企业的竞争策略，如产品线延伸的抢先进入策略、多产品策略等。

抢先进入、信号传递、掠夺行为模型的结论多是从一个在位者和一个潜在进入者的竞争中延伸出来，考虑更多的是在位者和潜在进入者之间的博弈行为。不管是哪一种进入阻止策略，结论的分析总是基于一些假设：首先，对于任何一个在位企业，获得利润的一个途径就是获得并维持垄断力，这要求在位者阻止进入者或者通过对竞争者的收购、恐吓、排斥或者卡特尔行为维持在位者的垄断利润；其次，垄断力总是对效率和分配有逆向效应，这从另外一种角度证明了反托拉斯或其他合法措施的政府干预的合理性和必要性。

本书以下两节，以垂直差异化企业为例，描述企业如何利用产品差异化选择进入阻止策略以及如果存在政府干预，这种干预是否合理和必要。

第二节   差异化企业进入阻止的质量选择策略

上一节我们总结了关于差异化产品企业进入阻止策略的文献，主要集中在三个方面，分别是抢先进入、信号传递、掠夺行为。每一种分析集中于在位者与潜在进入者之间博弈的不同方面。限于篇幅，本节用一个具体的模型分析差异化产品在位者和进入者之间的博弈行为以及在位者的进入阻止策略选择。以Gabszewicz&Thisse（1979）为代表的差异化产品的研究表明，企业面对不同高质量产品市场竞争时，采取差异化产品低质量策略有助于避免激烈的市场竞争，从而实现产品的纵向差异化（或横向差异化）。

关于水平差异化产品和定位选择的进入阻止行为的文献研究已经有很多，本书模型构建集中于分析质量差异企业的进入阻止策略选择。与以往质量差异企业的进入阻止策略选择文献不同的是，本模型分析侧重于在位者处于不同质量选择位置时的进入阻止策略，以及下一节为更加贴近现实而引入的内生最小质量标准对在位者进入阻止策略的修正。

一、基本模型

假定市场中存在一个消费者群体，用数 1 来表示。用 θ 表示消费者的口味参数，其中，θ 分布在值 $[\underline{\theta}, \bar{\theta}]$ 中，其中，$\underline{\theta} = \bar{\theta} - 1$。分布函数为 $F(\theta)$，密度函数为 $f(\theta)$，消费者 θ 对产品只有单位需求。同 Mussa&Rosen（1978）一样，我们定义消费者的效用函数为：$U = \theta s_i - p_i$，s_i 即产品的质量，且 $s_i \in [0,1]$，其中，1 为最高质量，0 为最低质量。p_i 为产品的价格，消费者的保留效用为零，即在购买产品所获的效应低于零的情况下，选择不做购买。存在两个企业，企业 1 和企业 2（$i = 1,2$），假定企业 1 是在位者，2 是潜在进入者。

1. 质量的改进成本

如果企业决定生产质量 s_i，质量改进成本分为几种情况：

（1）不存在质量改进成本，$C_i = 0$。

（2）存在质量改进成本。包括：①质量改进成本为固定成本，$C_i = \frac{1}{2} s_i^2$（s_i 为产品质量）（Ronnen（1991）、Motta（1993）等分析垂直产品差异化时都是这种假定）；②质量改进成本为可变成本，$C_i = s_i^2 q_i$（其中，q_i 是质量为 s_i 产品的需求量）；③质量改进成本为固定成本和可变成本，$C_i = \frac{1}{2} s_i^2 + q_i s_i$。

其中，第（1）种成本情况为简化情况下的成本设定，即既不存在固定成本，也不存在可变成本。但是，现实中，品质改善却不发生成本的情形比较少见。一般而言，都存在着品质的改善成本。第（2）种情况考虑了品质改善存在成本的情形。①假定质量改进只存在固定成本。通常情形下，质量的改善需要企业投入研发、培训员工等费用，即固定成本，对于知识密集、技术密集型等类型的产业（如信息产业），生产的物质固定成本和边际成本都很小，但知识固定成本（研发成本）将很大。同时由于产品生产过程中的人力、物力需求极小，故生产中的管理成本一方面数量级很低，另一方面增长缓慢，因而平均成本表现为下降趋势。在极端情形中，产品（如计算机软件）完全由知识成本构成，增加产量的过程（复制、通过网络下载）根本无需投入要素的任何变动。现在的多数信息产品和高附加值的产品的成本就有这样的特征。比如软件产品的生产，企业生产第一套产品需要巨大投入，而拷贝生产其少量的成本，因此可以假定其生产的边际成本为零。②质量改进成本为可变成本。对于劳动密集型、物质要素密集型等类型的产业（多数传统产业），研发成本和生产的固定成本很小，而可变成本的上升非常迅速。因此，可设固定成本为零。③质量改进成本为固定成本和可变成本。大多数的产业质量改进不仅存在固定成本，也存在可变成本。

鉴于篇幅和避免重复性，本书选择分析的成本函数为 $C_i = s_i^2 q_i$，其他类型的成本函数可按照相同的思路类推。

2. 博弈的阶段

博弈分为三阶段，第 1 阶段企业选择 s_1，企业 2 在第 2 阶段观察到企业 1 的选择之后作出是否选择进入的决策。如果企业 2 进入，就会产生因进入所发生的进入成本 f，如果进入者以在位者同样的质量进入，就会发生 Betrand 竞争，从而利润为零。因此，在均衡中，企业 2 所选择的差异化的质量为 $s_2 \neq s_1$。在第 3 阶段，如果企业 2 在第 2 阶段选择进入，企业 1 和企业 2 就会在给定质量上进行价格竞争，如果企业 2 在第 2 阶段没有进入，企业 1 在第 3 阶段就会成为一个垄断者。在第 3 阶段的进入情况下，我们所用的子博弈完美均衡为 Betrand 竞争下的均衡。

3. 进入成本设定

在博弈的第 2 阶段，如果企业 2 选择进入，就会发生进入的固定成本，我们假设潜在进入者在存在沉没成本和确定性的进入成本 f（$f > 0$）[①]情况下，可以选择任意的质量水平，即进入成本和潜在进入者最终所选择的质量水平无关。那么在位者相对于进入者而言就具有一种成本优势：不需要引起任何和进入有关的固定成本。

4. 质量的可信性

这个模型的重要特征是企业所选择的质量具有可置信性。即一旦企业做出质量选择的决策，以后就不能做出改变。这意味着企业很容易或者可以无成本改变价格，但是需要花费大量的成本改变产品的质量结构。即相对于改变产品的质量而言，企业更容易改变产品的价格。

二、没有进入情况下的市场垄断

在没有进入的情况下，垄断企业所获得的利润最大化问题为：

$$\max_{p} \ \pi = (p - s^2)(\bar{\theta} - \frac{p}{s}) \tag{3-1}$$

在完全覆盖的情况下，$p^*/s = \underline{\theta}$，根据库恩—塔克条件，当角点解存在时，

---

① 当然，在自由进入情况下，即 $f = 0$ 时，博弈就变为一个纯粹的 Stackelberg 模型。

$$\frac{\partial \pi}{\partial p}\big|_{p=s\underline{\theta}} = \overline{\theta} + s - 2\underline{\theta} \leqslant 0 \Leftrightarrow \underline{\theta} \geqslant 1 + s \qquad (3\text{-}2)$$

$$\max_{s} \ \pi = (p - s^2)(\overline{\theta} - \underline{\theta})$$

$$\text{s.t.} \quad p = \underline{\theta} s$$

得出：

$$s^* = \frac{\underline{\theta}}{2} = \frac{\overline{\theta}-1}{2}, \quad p^* = \frac{\underline{\theta}^2}{2} = \frac{(\overline{\theta}-1)^2}{2}, \quad \pi^* = \frac{\underline{\theta}^2}{4} = \frac{(\overline{\theta}-1)^2}{4}$$

根据 $\underline{\theta} \geqslant 1 + s$ 可求出 $\underline{\theta} \geqslant 2$ 或 $\overline{\theta} \geqslant 3$。

在没有进入的情况下，垄断企业在保证市场覆盖的情况下，自由选择质量，从而获得最大利润。

三、在位者和进入者的质量选择

在进入情况下，由于进入者如果采取和在位者一样的质量，就会展开 Betrand 竞争，从而利润为零。进入者会选择生产和在位者不一样的质量，那么市场中就存在两种质量。

现在假定 $s_2(s_1)$ 是企业 2 对企业 1 生产质量为 s_1 的最优进入反应。我们假定无论什么时候，$s_1^h > s_2(s_1^h)$，$s_1^l < s_2(s_1^l)$，先求出双寡头市场均衡，从而得出企业 1 和企业 2 的质量反应函数。

（一）双寡头市场均衡

在一个覆盖的双寡头市场，高质量企业和低质量企业的利润，分别是：

$$\pi_h = (p_h - s_h^2)\left(\overline{\theta} - \frac{p_h - p_l}{s_h - s_l}\right) \qquad (3\text{-}3)$$

$$\pi_l = (p_l - s_l^2)\left(\frac{p_h - p_l}{s_h - s_l} - \underline{\theta}\right) \qquad (3\text{-}4)$$

在给定质量水平上，企业各自选择价格，得出纳什均衡价格：

$$p_h^* = \frac{1}{3}\left\{(s_l^2 + 2s_h^2) + (1 + \overline{\theta})(s_h - s_l)\right\} \qquad (3\text{-}5)$$

$$p_l^* = \frac{1}{3}\left\{(2s_l^2 + s_h^2) + (2 - \overline{\theta})(s_h - s_l)\right\} \tag{3-6}$$

相应的均衡利润为：

$$\pi_h^* = \frac{1}{9}(s_h - s_l)\left\{-(s_h + s_l) + (1 + \overline{\theta})\right\}^2 \tag{3-7}$$

$$\pi_l^* = \frac{1}{9}(s_h - s_l)\left\{(s_h + s_l) + (2 - \overline{\theta})\right\}^2 \tag{3-8}$$

为了保证这个市场被完全覆盖，需要满足两个企业的需求都为正值，即 $s_h + s_l - 1 \leqslant \overline{\theta} \leqslant s_h + s_l + 2$ 或 $s_h + s_l - 2 \leqslant \underline{\theta} \leqslant s_h + s_l + 1$。令 $\frac{\partial \pi_h^*}{\partial s_h} = 0$，$\frac{\partial \pi_l^*}{\partial s_l} = 0$，可得出相应的高质量企业质量及低质量企业质量的反应函数，即高质量企业对低质量企业质量的反应函数为：

$$s_h = \frac{s_l + \overline{\theta} + 1}{3} \tag{3-9}$$

低质量企业对高质量企业质量的反应函数为：

$$s_l = \frac{s_h + \overline{\theta} - 2}{3} \tag{3-10}$$

在均衡时，$s_h^* = \frac{4\overline{\theta} + 1}{8}$，$s_l^* = \frac{4\overline{\theta} - 5}{8}$，$p_h^* = \frac{49}{64}$，$p_l^* = \frac{25}{64}$。具有最低支付意愿的购买者购买一单位低质量产品时，能够获得非负的剩余。即 $\underline{\theta}s_l - p_l^* \geqslant 0$，则 $\overline{\theta} \geqslant 2.0177$。高质量企业利润和低质量企业利润分别为：$\pi_h^* = \pi_l^* = \frac{3}{16}$

（二）在位者与进入者的博弈行为分析

1. 在位者是高质量企业

当在位者是高质量企业，企业2作为进入者只能选择低质量进入。高质量企业在第1阶段所面临的选择问题是：

$$\max_{s_{1h}} \pi_{1h} = (p_{1h} - s_{1h}^2)\left(\overline{\theta} - \frac{p_{1h} - p_{2l}}{s_{1h} - s_{2l}}\right) \tag{3-11}$$

$$\text{s.t.} \quad s_{2l} = \frac{s_{1h} + \overline{\theta} - 2}{3}$$

由式（3-6）、（3-7）可得：

$$p_{1h} = \frac{1}{3}\left\{(s_{2l}^2 + 2s_{1h}^2) + (1+\overline{\theta})(s_{1h} - s_{2l})\right\}, \quad p_{1l} = \frac{1}{3}\left\{(2s_{1l}^2 + s_{2h}^2) + (2-\overline{\theta})(s_{1l} - s_{2h})\right\}$$

故可求得均衡的质量为：$s_{1h}^* = \dfrac{2\overline{\theta}-1}{4}$，$s_{2l}^* = \dfrac{2\overline{\theta}-3}{4}$，相应的均衡价格分别为：

$$p_{1h}^* = \frac{12\overline{\theta}^2 - 12\overline{\theta} + 19}{48}, \quad p_{2l}^* = \frac{12\overline{\theta}^2 - 36\overline{\theta} + 35}{48}$$。利润分别为 $\pi_{1h}^* = \dfrac{2}{9}$，$\pi_{2l}^* = \dfrac{1}{18} - f$（企

业 2 作为进入者，还要考虑支付进入所发生的固定成本 f），市场被覆盖的条件为 $\overline{\theta} \geqslant 2.2138$。

由此可见，只有在 $\pi_{2l}^* = \dfrac{1}{18} - f > 0$ 情况下，企业 2 才有可能考虑进入，即

$f < \dfrac{1}{18}$，就会存在容纳进入的情形。

另外，进入者企业 2 是低质量企业，则其利润函数为：

$$\pi_{2l} = \pi_l^* - f = \frac{1}{9}(s_{1h} - s_{2l})\left\{(s_{1h} + s_{2l}) + (2-\overline{\theta})\right\}^2 - f$$

把 $s_{2l} = \dfrac{s_{1h} + \overline{\theta} - 2}{3}$ 代入，可得：

$$\pi_{2l} = \frac{1}{9}\left(s_{1h} - \frac{s_{1h} - 2 + \overline{\theta}}{3}\right)\left\{s_{1h} + \frac{s_{1h} - 2 + \overline{\theta}}{3} + 2 - \overline{\theta})\right\}^2 - f = \frac{4}{9}\left(\frac{2s_{1h} + 2 - \overline{\theta}}{3}\right)^3 - f$$

能求出当 $\pi_{2l} = 0$ 时，企业 1 的质量为 $s_{1h}^d = \dfrac{\overline{\theta}}{2} - 1 + \left(\dfrac{3}{2}\right)^{\frac{5}{3}} f^{\frac{1}{3}}$（$s_{1h}^d$ 表示在位者企

业 1 阻止企业 2 进入的最低临界质量水平，下标 $1h$ 表示企业 1 为高质量情况）。

因为 $\dfrac{\partial \pi_{2l}}{\partial s_{1h}} > 0$，所以只要 $s_{1h} > s_{1h}^d$，企业 2 就会进入。

2. 在位者是低质量企业

当在位者企业 1 是低质量企业，进入者企业 2 选择以高质量进入。企业 1 在第 1 阶段所面临的选择问题是：

$$\max_{s_{1l}} \quad \pi_{1l} = (p_{1l} - s_{1l}^2)\left(\frac{p_{2h} - p_{1l}}{s_{2h} - s_{1l}} - \underline{\theta}\right) \tag{3-12}$$

$$\text{s.t.} \quad s_{2h} = \frac{s_{1l} + \overline{\theta} + 1}{3}$$

又因为： $p_{2h} = \frac{1}{3}\left\{(s_{1l}^2 + 2s_{2h}^2) + (1 + \overline{\theta})(s_{2h} - s_{1l})\right\}$ ，代入可得 $s_{1l}^* = \frac{2\overline{\theta} - 1}{4}$ ，

$s_{2h}^* = \frac{2\overline{\theta} + 1}{4}$ ， $p_{1l}^* = \frac{12\overline{\theta}^2 - 12\overline{\theta} + 19}{48}$ ， $p_{2h}^* = \frac{12\overline{\theta}^2 + 12\overline{\theta} + 11}{48}$ 。这里保证收入最低的

消费者被提供的条件为： $\theta \geq 2.2583$ 。由于模型的对称性，均衡利润和产出为：

$\pi_{1l}^* = \frac{2}{9}$ ， $\pi_{2h}^* = \frac{1}{18} - f$ 。

由此可见，当 $\pi_{2h} = \frac{1}{18} - f > 0$ 时，企业 2 在第 2 阶段就会进入，即存在低固

定进入成本 $f < \frac{1}{18}$ ，就会存在容纳进入的情形。当进入者是高质量、在位者是低

质量时，均衡的质量选择为： $s_{1l}^* = \frac{2\overline{\theta} - 1}{4}$ ， $s_{2h}^* = \frac{2\overline{\theta} + 1}{4}$ ，利润为 $\pi_{1l}^* = \frac{2}{9}$ ，

$\pi_{2h}^* = \frac{1}{18} - f$ 。

另外，当企业 2 进入市场时，企业 2 的利润函数为：

$$\pi_{2h} = \pi_h^* - f = \frac{1}{9}(s_{2h} - s_{1l})\left\{-(s_{2h} + s_{1l}) + (1 + \overline{\theta})\right\}^2 - f$$

把 $s_{2h} = \frac{s_{1l} + \overline{\theta} + 1}{3}$ 代入可得当

$$\pi_{2h} = \frac{1}{9}\left(\frac{s_{1l} + \overline{\theta} + 1}{3} - s_l\right)\left\{-\left(\frac{s_{1l} + \overline{\theta} + 1}{3} + s_{1l}\right) + 1 + \overline{\theta}\right\}^2 - f = -\frac{4}{9}\left(\frac{2s_{1l} - \overline{\theta} - 1}{3}\right)^3 - f = 0$$

时，企业 1 的质量为 $s_{1l}^d = \frac{\overline{\theta} + 1}{2} - \left(\frac{3}{2}\right)^{\frac{5}{3}} f^{\frac{1}{3}}$ 。因为： $\frac{\partial \pi_{2h}}{\partial s_{1l}} < 0$ ，故只要 $s_{1l} < s_{1l}^d$ ，企

业 2 就可能进入。

3. 在位者的进入阻止策略

为保证市场完全覆盖和简化分析，我们考虑 $\overline{\theta} \geqslant 3$ 的情况。

（1）低的固定成本和容纳进入。当进入成本足够低，$f < \dfrac{1}{18}$，企业 1 会采取进入容纳的策略，实行质量上的斯塔伯格领导博弈。不管企业 1 是低质量企业还是高质量企业，总是会获得 $\dfrac{2}{9}$ 的利润。

（2）高的固定成本和遏制进入。如果 f 足够的大，以至于即使在位者选择垄断质量水平，潜在进入者也不能获得正的利润，在这种情况下，进入是 Bain 意义上的"遏制进入"，在位者的选择并不受进入的威胁所约束。由上可知，在位者所自由选择的质量水平为 $s_1^d \in [s_{1l}^d, s_{1h}^d]$，即 $s_1 \in \left[\dfrac{\overline{\theta}+1}{2} - \left(\dfrac{3}{2}\right)^{\frac{5}{3}} f^{\frac{1}{3}}, \dfrac{\overline{\theta}}{2} - 1 + \left(\dfrac{3}{2}\right)^{\frac{5}{3}} f^{\frac{1}{3}} \right]$，当不存在进入时垄断者的质量选择为 $s^* = \dfrac{\theta}{2} = \dfrac{\overline{\theta}-1}{2} \geqslant s_{1l}^d$，即 $f \geqslant \left(\dfrac{2}{3}\right)^5$。

（3）温和的固定成本和阻止进入。当 $f < \left(\dfrac{2}{3}\right)^5$，进入成本不足以高的遏制进入，在位者有两种选择：或者容纳进入，或者选择质量水平，从而阻止进入。

当 $f = \dfrac{1}{18}$ 时，如果进入被容纳，则在位者能从容纳进入中所获得的利润最大化为 $\lim\limits_{s_1} \pi_1^a(s_1, s_2(s_1)) = \dfrac{2}{9}$（上标 a 表示"容纳"的情形）。当利润为 $\dfrac{2}{9}$ 时，在位者所能选择的质量为 $s_1^a = \dfrac{2\overline{\theta}-1}{4}$，而在位者选择质量为 s_1^a 的情况下，进入者所获得的利润为零，可以阻止进入。即如果市场是覆盖的，可以获得的最大利润为：$\pi_1^{a*} = \dfrac{(2\overline{\theta}-3)(2\overline{\theta}-1)}{16} > \dfrac{2}{9}$，市场覆盖所需要满足的条件为：$\overline{\theta} \geqslant \dfrac{7}{2}$。故在市场覆盖下，当 $f = \dfrac{1}{18}$ 时，进入被阻止，在位者的质量选择为 $s_1^a = \dfrac{2\overline{\theta}-1}{4}$，$p_1^a = \dfrac{2\overline{\theta}^2 - 3\overline{\theta} + 1}{4}$，

利润为 $\pi_1^{a*} = \dfrac{(2\bar{\theta}-3)(2\bar{\theta}-1)}{16}$ 。

当 $\dfrac{1}{18} < f < \left(\dfrac{2}{3}\right)^5$ ，进入成本比较大但没有被遏制的情况，在垄断条件下质量选择的最优解为：$\dfrac{\partial \pi_1}{\partial s_1} = \underline{\theta} - 2s_1 = 0$ 。当 $s_1 < \dfrac{\theta}{2}$ ，$\dfrac{\partial \pi_1}{\partial s_1} > 0$ ，利润 π_1 随着 s_1 的增加而增加；当 $s_1 > \dfrac{\theta}{2}$ ，$\dfrac{\partial \pi_1}{\partial s_1} < 0$ ，利润 π_1 随着 s_1 的增加而减少。因为进入阻止下在位者的质量选择集合 $s_1^d \in \left[\dfrac{\bar{\theta}+1}{2} - \left(\dfrac{3}{2}\right)^{\frac{5}{3}} f^{\frac{1}{3}}, \dfrac{\bar{\theta}}{2} - 1 + \left(\dfrac{3}{2}\right)^{\frac{5}{3}} f^{\frac{1}{3}}\right] > \dfrac{\theta}{2}$ ，所以当 $\dfrac{1}{18} < f < \left(\dfrac{2}{3}\right)^5$ 时，在位者的最优阻止进入的质量选择是 $s_{1d}^* = s_{1l}^d = \dfrac{\bar{\theta}+1}{2} - \left(\dfrac{3}{2}\right)^{\frac{5}{3}} f^{\frac{1}{3}}$ ，即以低质量进入，且在市场覆盖下获得利润为：$\pi_{1d}^* = \underline{\theta} s_{1d}^* - (s_{1d}^*)^2$ 。

所以在 $\dfrac{1}{18} < f < \left(\dfrac{2}{3}\right)^5$ 下，在位者的进入阻止策略为 $s_{1d} = s_{1l}^d = \dfrac{\bar{\theta}+1}{2} - \left(\dfrac{3}{2}\right)^{\frac{5}{3}} f^{\frac{1}{3}}$ ，

所获得的垄断利润为 $\pi_{1d}^* = \underline{\theta} s_{1d}^* - (s_{1d}^*)^2 = \left[\dfrac{\bar{\theta}+1}{2} - \left(\dfrac{3}{2}\right)^{\frac{5}{3}} f^{\frac{1}{3}}\right]\left[\dfrac{\bar{\theta}}{2} - 2 + \left(\dfrac{3}{2}\right)^{\frac{5}{3}} f^{\frac{1}{3}}\right]$ 。

（三）消费者剩余和社会福利分析

1. 消费者剩余分析

（1）在完全垄断情况下，消费者剩余为：$cs_1 = \int_{\underline{\theta}}^{\bar{\theta}} (\theta s - p)\mathrm{d}\theta$ 。$s^* = \dfrac{\theta}{2} = \dfrac{\bar{\theta}-1}{2}$ ，

$p^* = \dfrac{\theta^2}{2} = \dfrac{(\bar{\theta}-1)^2}{2}$ 代入可得 $cs_1^* = \dfrac{\bar{\theta}-1}{4}$ 。

（2）在高的进入成本 $f \geqslant \left(\dfrac{2}{3}\right)^5$ ，但不发生进入的情况下，因为在位者的选择不受进入的影响，故消费者剩余仍为：$cs_1^* = \dfrac{\bar{\theta}-1}{4}$ 。

（3）在 $f < \dfrac{1}{18}$ ，容纳进入的情况下，消费者剩余为：

$$cs = \int_{\theta_{hl}}^{\bar{\theta}} (\theta s_h - p_h)\mathrm{d}\theta + \int_{\underline{\theta}}^{\theta_{hl}} (\theta s_l - p_l)\mathrm{d}\theta$$

把 $s_{1h}^* = \dfrac{2\bar{\theta}-1}{4}$ ， $s_{2l}^* = \dfrac{2\bar{\theta}-3}{4}$ 和 $s_{1l}^* = \dfrac{2\bar{\theta}-1}{4}$ ， $s_{2h}^* = \dfrac{2\bar{\theta}+1}{4}$ 分别代入，可得消费者剩

余为 $cs_{1h2l}^* = cs_{1l2h}^* = \dfrac{36\bar{\theta}^2 - 36\bar{\theta} - 35}{144}$ （下标1h2l、1l2h 分别表示企业 1 和企业 2 的

高质量 h 和低质量 l 的情况）。

（4）当 $f = \dfrac{1}{18}$ 时，消费者剩余为 $cs = \int_{\underline{\theta}}^{\bar{\theta}} (\theta s - p)\mathrm{d}\theta$ 。把 $s_1^a = \dfrac{2\bar{\theta}-1}{4}$ ，

$p_1^a = \dfrac{2\bar{\theta}^2 - 3\bar{\theta} + 1}{4}$ ，可得 $cs_1^{a*} = \dfrac{2\bar{\theta}-1}{8}$ 。

2. 社会福利分析

（1）在完全垄断情况下，社会福利为： $w_1 = \int_{\underline{\theta}}^{\bar{\theta}} (\theta s_1 - s_1^2)\mathrm{d}\theta$ ，把 $s^* = \dfrac{\theta}{2}$ 代入可

得： $w_1^* = \dfrac{\bar{\theta}^2 - \bar{\theta}}{4}$ 。

（2）在高的进入成本， $f \geqslant \left(\dfrac{2}{3}\right)^5$ ，不发生进入的情况下，因为在位者的选

择不受进入的影响，故社会福利仍为： $w_1^* = \dfrac{\bar{\theta}^2 - \bar{\theta}}{4}$ 。

（3）在 $f < \dfrac{1}{18}$ ，容纳进入的情况下，社会福利为： $w = \int_{\theta_{hl}}^{\bar{\theta}} (\theta s_h - s_h^2)\mathrm{d}\theta$

$+ \int_{\underline{\theta}}^{\theta_{hl}} (\theta s_l - s_l^2)\mathrm{d}\theta - f$ ，把 $s_{1h}^* = \dfrac{2\bar{\theta}-1}{4}$ ， $s_{2l}^* = \dfrac{2\bar{\theta}-3}{4}$ 和 $s_{1l}^* = \dfrac{2\bar{\theta}-1}{4}$ ， $s_{2h}^* = \dfrac{2\bar{\theta}+1}{4}$ 分

别代入，可得均衡社会福利 $w_{1h2l}^* = w_{1l2h}^* = \dfrac{36\bar{\theta}^2 - 36\bar{\theta} + 5}{144} - f$ 。

（4）当 $f = \dfrac{1}{18}$ 时，社会福利为：$w_1^a = \displaystyle\int_{\underline{\theta}}^{\overline{\theta}} (\theta s_1 - s_1^2) \mathrm{d}\theta$，把 $s_1^a = \dfrac{2\overline{\theta} - 1}{4}$ 代入，

可得 $w_1^{a*} = \dfrac{(2\overline{\theta} - 1)^2}{4}$。

（5）在 $\dfrac{1}{18} < f < \left(\dfrac{2}{3}\right)^5$，进入阻止情况下，社会福利为：$w_{1d} = \displaystyle\int_{\underline{\theta}}^{\overline{\theta}} (\theta s_1 - s_1^2) \mathrm{d}\theta$，

把 $s_1 = s_{1d}^*$ 代入可得，社会福利为：

$$w_{1d}^* = s_{1d}^* \left(\overline{\theta} - \frac{1}{2} - s_{1d}^*\right) = \frac{\overline{\theta}^2}{4} - \frac{\overline{\theta}}{4} - \frac{1}{2} + \left(\frac{3}{2} - \frac{\overline{\theta}}{4}\right)\left(\frac{3}{2}\right)^{\frac{5}{3}} f^{\frac{1}{3}} - \left[\left(\frac{3}{2}\right)^{\frac{5}{3}} f^{\frac{1}{3}}\right]^2$$

四、基本结论和相关启示

（一）基本结论

由上面的推导可得出如下结论：

（1）在不存在进入阻止，且保证市场被覆盖的情况下，垄断者可以自由选择质量。

（2）当存在潜在进入者时，不管是选择高质量进入，还是低质量进入，进入者在均衡情况下所获得的利润相同。

（3）当在位者属于高质量或者属于低质量时，分别存在一个最低质量和最高质量，能够有效阻止进入。

（4）在位者是否选择进入阻止策略，取决于进入者的进入成本和利润的比较。在低的固定成本、高的固定成本、温和的固定成本下分别采取容纳进入、遏制进入和阻止进入的策略。

（5）以我们的模型为例，在 $f = \dfrac{1}{18}$ 时，消费者所获得的消费者剩余最高。

其他情况下的消费者剩余比较，取决于 $\overline{\theta}$ 值的大小。不同情况下所获得的社会福利，取决于进入者进入成本的大小。

（二）进入阻止策略选择的相关启示

1. 产品差异化形成的进入阻止

Bain（1956）认为，产品差异化会从三个方面阻止进入。首先，在具有产品差异化的市场中，可以预料到相对于新进入的企业，买者对在位企业的品牌更为熟悉。为克服这一偏好，新进入者每销售一美元必须比在位企业付出更多的销售努力。如果新进入者只是简单地与在位企业进行广告竞赛，它就不得不接受更低的价格以吸引消费者。在这两种情况下，在位企业就创造了限价的差额：在位企业既具有一定的提价空间又可以使得进入变成无利可图，产品差异化成为企业用来获得或维持主导性地位的策略。因此，为了使得进入变得更加困难，企业往往倾向于通过做广告来培育消费者对自己品牌的偏好度和忠诚度。其次，如果在销售中也存在大规模的经济性，那么做广告的需要可能会增加最小最优规模。第三，由于促销活动能否成功具有很大的不确定性，利用金融市场就会面临很高的资本成本。在创建品牌对新企业来说非常重要的产业中，这是一种额外的风险成本。

2. 差异化企业的策略性行为形成的进入阻止

策略性行为是在位企业面临进入威胁时，可能采取封锁、进入遏制的办法阻止进入。如同第一节分析的那样，可以采取抢先进入、掠夺行为、信号传递等策略，通过广告宣传、增加产量、降低价格、增加对生产能力投资、强强合作与兼并等行为来阻止新企业的进入，其直接影响进入者的进入决策和在位者的竞争战略。因为在位企业不仅生产了更多的产品，增加了产量，而且也给欲投资该行业的企业构成一些心理压力。在市场容量既定的情况下，这种大企业迅速增加产量和新增投资的市场行为无疑给潜在的欲进入该行业的其他企业造成一定的进入障碍。

第三节 最小质量标准下在位者与进入者的质量选择

对于消费者愿意为较高质量的产品支付较高价格的产业的规制经常采用最小质量标准形式。通过提高产业中所提供的产品的质量增加了社会福利，这些干预或者由于管理者的原因，或者由于外部性的存在，总是认为企业所提供的质量太低。为什么要设置最低质量标准（MQS）[①]？能否通过市场竞争自发形成最小质量标准？这是质量标准规制探讨所无法回避的基本问题。在传统的市场经济理论中，竞争性市场上出售的产品被假定为同质，换句话说，企业提供的产品是"完全标准化"的，而且，这种质量标准可以无成本地为购买者（消费者）所知晓。但是，经济学的进展告诉我们，市场上出售的产品并不完全同质，消费者对于产品质量信息的获得并不是无成本的。差异化的产品竞争是现代市场竞争的主流形态，不管是横向的产品多样化还是纵向的产品质量差异，均意味着市场并没有直接"告诉"消费者产品的品质水平，而是消费者需要花费成本去获取。有时候这种成本是如此之高，以至于消费者根本就不知道其所购买（消费）产品的确切质量水平，这样的市场就蜕化为一个充斥着次品的市场。这显然并不是一个有效率的市场结果。尽管大量研究揭示，长期的市场收益贴水将鼓励企业提供货真价实的商品，从而缓解"次品市场"问题。但是长期市场收益的贴水仅仅为市场竞争形成分离均衡提供了可能性，并不能必然保证市场上高质量的产品替代低质量的产品（鲁文龙，陈宏民，2008）。

以上我们考虑了没有任何政府规制下的双寡头均衡和在位者的进入阻止行为。关于纵向差异化的外生的最小质量标准的文献已经很多[②]，在此不再加以重复叙述。下面我们延伸考虑存在最小质量标准，并且最低质量标准为内生情况（社会计划者属于社会利益最大化者，最小质量标准为内生的质量选择行为）时在位者与进入者的博弈行为并对之进行分析，看看结论有什么不同。

一、在位者是高质量企业

政府选择为了最大化社会福利的最小质量标准，在位者是高质量产品企业时受政府选择最小质量标准的约束，即在政府设立最小质量标准时，考虑了在位者

[①] 最小质量标准，英文 Minimum Quality Standard，简称 MQS。在文中，有时用 MQS 代指最小质量标准。

[②] Boom(1995)，Crampes&Hollander(1995)，Scarpa(1998)，Maxwell(1998)，Valletti(2000)，Ecchia&Lambertini(2001)，Garella(2003)，Liao&Wong(2005)，Pezzino(2006)，Garella(2006)对外生最低质量标准的描述和分析。

的最优反应。

在位者的利润最大化问题为：

$$\max_{s_1}\ \pi_1 = \pi_h^* = \frac{1}{9}(s_h - s_l)\left\{-(s_h + s_l) + (1+\overline{\theta})\right\}^2 \tag{3-13}$$

$$\text{s.t.}\ \ \frac{\partial \mathrm{w}}{\partial s_2} = \frac{\partial\left(\int_{\theta_{12}}^{\overline{\theta}}(\theta s_1 - s_1^2)\mathrm{d}\theta + \int_{\underline{\theta}}^{\theta_{12}}(\theta s_2 - s_2^2)\mathrm{d}\theta\right)}{\partial s_2} = 0$$

求出式（3-13），可得 $\dfrac{\partial \mathrm{w}}{\partial s_2} = \dfrac{5s_1^2 - 15s_2^2 - 28s_2 - 10s_1s_2 + 20\overline{\theta}s_2 - 5\overline{\theta}^2 + 14\overline{\theta} - 8}{18} = 0$

得出： $s_2 = \dfrac{10\overline{\theta} - 5s_1 - 14 \pm \sqrt{100s_1^2 + 140s_1 - 100\overline{\theta}s_1 + 25\overline{\theta}^2 - 70\overline{\theta} + 76}}{15}$

通过检验二阶条件，很容易证明规制者的最优反应是得出两个解中最大的一个，将最大值代入解出在位者的最优反应可得： $s_{1h}^q = \dfrac{\overline{\theta}}{2} + 0.068811$，

$s_{2l}^q = \dfrac{\overline{\theta}}{2} - 0.337644$（上标 q 表示存在最小质量标准下的最优反应，下标 $1h$ 表示企业 1 是高质量产品企业，$2l$ 表示企业 2 是低质量产品企业）。

注意 $s_{2l}^q > s_{2l}^*$，故最小质量标准影响了低质量企业的选择。市场覆盖的条件为：$\overline{\theta} \geqslant 2.0206$，均衡的质量选择是可接受的。均衡价格分别为：$p_{1h}^q = \dfrac{\overline{\theta}^2}{4} + 0.068811\overline{\theta} + 0.176642$，$p_{2l}^q = \dfrac{\overline{\theta}^2}{4} - 0.337644\overline{\theta} + 0.348551$。利润为：$\pi_{1h}^q = 0.072662$，$\pi_{2l}^q = 0.135004 - f$。消费者剩余为：$cs_{1h2l}^q = \dfrac{\overline{\theta}(\overline{\theta}-1)}{4} - 0.142898$，

社会福利为：$w_{1h2l}^q = 0.064768 + \dfrac{\overline{\theta}(\overline{\theta}-1)}{4} - f$。

由此总结出在位者的进入阻止行为分别为：

（1）低的固定成本和容纳进入。在最小质量标准下，当企业 1 是高质量产品企业，且 $f < 0.135004$，企业 1 会容纳企业 2 的进入，并获得 $\pi_{1h}^q = 0.072662$ 的利润。

（2）高的固定成本和阻止进入的情况。首先，当 $f = 0.135004$ 时，当在位者

容纳进入，在最低质量标准的限制下，在位者所能采用的利润最大化的质量选择为：$s_{1h}^q = \dfrac{\overline{\theta}}{2} + 0.068811$，所能获得的最大利润为 $\pi_{1h}^q = 0.072662$。而在 $s_{1h}^q = \dfrac{\overline{\theta}}{2} + 0.068811$ 下，进入者所能获得的利润为零，在位者将垄断整个市场，所获得的利润为：

$$\pi_{1h}^{qm} = (\overline{\theta} - 1)s_{1h}^q - (s_{1h}^q)^2 = \dfrac{\overline{\theta}^2}{4} - \dfrac{\overline{\theta}}{2} - 0.073545$$。很容易证明，$\pi_{1h}^{qm} > \pi_{1h}^q$，故在 $f = 0.135004$ 时，企业 2 选择不进入，企业 1 则在最低质量标准的约束下选择 $s_{1h}^{qm} = \dfrac{\overline{\theta}}{2} + 0.068811$，价格为 $p_{1h}^{qm} = \dfrac{\overline{\theta}^2}{2} - 0.431189\overline{\theta} - 0.068811$，并且获得覆盖市场的垄断利润为 $\pi_{1h}^{qm} = \dfrac{\overline{\theta}^2}{4} - \dfrac{\overline{\theta}}{2} - 0.073545$（市场覆盖下 $\overline{\theta} \geqslant 2.137622$），消费者剩余为 $cs_{1h}^{qm} = \dfrac{\overline{\theta}^2}{2} + 0.387622\overline{\theta} + 0.043875$，社会福利为 $w_{1h}^{qm} = \dfrac{3\overline{\theta}^2}{4} - 0.112378\overline{\theta} - 0.02967$。

其次，当 $f > 0.135004$，在位者可以阻止进入的垄断选择为 $s_1 < s_{1h}^d$，即 $s_1 < \dfrac{\overline{\theta}}{2} - 1 + (\dfrac{3}{2})^{\frac{5}{3}} f^{\frac{1}{3}}$。而垄断者在不存在进入下的垄断质量选择为 $s_1 = \dfrac{\overline{\theta} - 1}{2} < \dfrac{\overline{\theta}}{2} - 0.337644 < \dfrac{\overline{\theta}}{2} - 1 + (\dfrac{3}{2})^{\frac{5}{3}} f^{\frac{1}{3}}$。故在 $f > 0.135004$ 及最低质量标准为 $s_{\min} = \dfrac{\overline{\theta}}{2} - 0.337644$ 下，在位者阻止进入的质量选择为 $s_{1h}^{qd} = s_{\min} = \dfrac{\overline{\theta}}{2} - 0.337644$，价格为 $p_{1h}^{qd} = \dfrac{\overline{\theta}^2}{2} - 0.837644\overline{\theta} + 0.337644$，在市场覆盖下（$\overline{\theta} \geqslant 3.324712$）所获得的利润为 $\pi_{1h}^{qd} = \dfrac{\overline{\theta}^2}{4} - \dfrac{\overline{\theta}}{2} + 0.22364$，消费者剩余 $cs_{1h}^{qd} = \dfrac{\overline{\theta}^2}{2} - 0.42528\overline{\theta} + 0.059218$，社会福利 $w_{1h}^{qd} = \dfrac{3\overline{\theta}^2}{4} - 0.92528\overline{\theta} + 0.282825$。

二、在位者是低质量企业

如果在位者是低质量产品企业，这相当于规制者在质量选择阶段是个领导者，其目的在于实现社会福利最大化，即：

$$\max_{s_1} \text{ w} = \int_{\theta_{12}}^{\bar{\theta}} (\theta s_2 - s_2^2)\mathrm{d}\theta + \int_{\underline{\theta}}^{\theta_{12}} (\theta s_1 - s_1^2)\mathrm{d}\theta - f \qquad (3\text{-}14)$$

$$\text{s.t.} \quad \frac{\partial \pi_2}{\partial s_2} = \frac{\partial \pi_h^*}{\partial s_h} = \frac{3s_2^2 + 2s_1 s_2 - s_2^2 - 4s_2(1 + \bar{\theta}) + \bar{\theta}^2 + 2\bar{\theta} + 1}{9}$$

式（3-14）的解为 $s_2 = 1 + \bar{\theta} - s_1$ 或者 $s_2 = \dfrac{1 + \bar{\theta} + s_1}{3}$。考虑到质量的策略互补性，可接受的解为第 2 个。求出（3-3）的最优解，可得：

$$s_{1l}^q = \frac{40\bar{\theta} - 65 + 3\sqrt{145}}{80}, \quad s_{2h}^q = \frac{40\bar{\theta} + 5 - \sqrt{145}}{80}$$

市场覆盖的条件为 $\bar{\theta} \geqslant 2.22258$，均衡利润为 $\pi_{1l}^q = 0.218755$，$\pi_{2h}^q =$ 0.0840355 $- f$。社会福利等于 $w_{1l2h}^q = 0.0406608 + \dfrac{\bar{\theta}(\bar{\theta} - 1)}{4} - f$。注意 $w_{1l2h}^q > w_{12}^*$，但是 $s_{1l}^q < s_{1l}^*$，因此，在位者是低质量产品企业的情况下，社会福利标准的设定是无效的，并不影响在位者和进入者的质量选择。但是如果在位者和进入者降低质量水平，将是社会福利改进的。因此，在在位者是低质量产品企业的情况下，进入行为和无质量规制下的进入行为分析一样，最小质量标准的设定并不影响在位者和进入者的行为选择。

三、基本结论与研究局限

经过以上分析，我们可以总结得出：

（1）当存在最小质量标准，且最小质量标准内生确定时，在位者和进入者因为所选择质量的不同，达到竞争均衡时利润有很大的差异。当在位者是高质量企业时，由于最小质量标准限制了进入者的质量选择范围，从而提高了进入者的利润。在最小质量标准下，进入者要进入需要满足的进入成本会更大一些。同时，在最小质量标准的限制下，即使进入者的进入成本较大，最小质量标准也限制了在位者自由选择质量的范围，从而不能达到垄断利润。

（2）当在位者是高质量产品企业时，社会福利最大化所产生的最小质量标准，提高了消费者的效用，增加了社会福利。而当在位者是低质量产品企业时，最小质量标准并没有改变在位者和进入者的质量选择，在位者和进入者的进入阻止行为和进入行为与无最小质量标准一样。但是如果在位者和进入者降低自己的质量水平，将会增加社会福利。因此，当在位者是高质量产品企业时，政府应设立最小质量标准提高社会福利，而当在位者是低质量产品企业时，政府是否设立最小质量标准对社会福利并没有大的影响。

（3）经过比较可以看出，在无最小质量标准的限制下，进入成本较小时，进入者无论是以高质量进入还是以低质量进入，所获得的利润是一样的。而在质量标准是内生的情况下，因为符合社会福利最优的最小质量标准缩小了在位者和进入者之间可选择的质量差异，在位者是高质量产品企业所获得的利润小于在位者是低质量产品企业时所获得的利润，而进入者是低质量产品企业所获得的利润要大于进入者是高质量产品企业所获得的利润。因此，在进入成本较小的情况下，如果在位者能够自主选择，在位者会选择生产低质量产品。

以上分析的内容集中于最小质量标准是内生的情况，在现实经济中，也存在最小质量标准外生的情况。质量标准外生的情况更容易分析，因为最小质量标准外生设定，这为在位者直接提供了质量选择的参考，以往文献已经做了详细分析，在这里不再重复。

另外，在差异化产品企业行为中，进入阻止的行为选择不仅仅局限于垂直差异化的企业中，限于时间和精力，本书不再作详细地分析。

四、相关政策启示

最小质量标准设置的动因是通过加强市场竞争，改善消费者福利，从而提高社会的整体福利。在具体的实践操作中，主要体现为质量认证、项目审批等进入限制和竞争影响方面。在经济实践中，质量认证主要起着贯彻质量标准、减少人身伤害和财产损失、指导消费者购买安全可靠产品、提高产品在国际市场上的竞争力、消除贸易中技术壁垒的有效手段、提高产品质量管理水平等作用。据有关认证评审中心对 56 家认证企业进行认证效果调查（薛福连，2007），其结果表明获得认证的企业显现出如下成效：六成以上企业增加了投资，扩大了生产；七成以上企业市场占有率明显提高；七成以上企业销售额显著增加；五成以上企业实现利税提高；八成以上企业顾客反馈的质量问题明显下降，近七成企业生产成本下降；管理水平 100%提高等。因此，从这个角度讲，最小质量标准对消费者和企业都是有利的。

另外，在完全竞争的条件下，企业对某一行业的进入会一直持续到行业内的企业除了获得正常的投资收益外没有别的利润为止。当存在最小质量标准且质量标准内生确定时，在位者有可能选择生产低质量产品，进入者可选择生产高质量产品进入市场，这导致产品市场的竞争不足。所以，在市场需求充分的条件下，应该鼓励竞争，为企业创造开放与竞争的市场环境和政策导向。

本章小结

本章的分析主要包括三个方面：差异化产品企业进入阻止策略与理论拓展、差异化产品企业进入阻止的质量选择策略、最小质量标准下在位者与进入者的质量选择。主要内容和结论包括以下两个方面：

第一，进入阻止策略主要包括：抢先进入、信号传递和掠夺行为。进入阻止行为体现在差异化产品的行业中，企业之间不但可以通过定价策略、产量策略等阻止进入，还可以通过差异化各自产品来进行竞争。差异化产品企业进入阻止的策略分析，又存在两点竞争的差异：一种是产品质量选择的竞争；一种是产品多样化或者位置选择的竞争。

第二，由于关于水平差异化产品和定位选择的进入阻止行为的文献研究已经很多，本章的模型构建集中于分析垂直差异化企业的进入阻止策略分析，并在以往文献的基础上，引入最小质量标准对在位者进入阻止策略进行了修正。结论表明：

（1）当不存在进入阻止，且保证市场被覆盖的情况下，垄断者可以自由选择质量。

（2）当存在进入时，进入者不管是选择生产高质量产品进入，还是生产低质量产品进入，在均衡情况下所获得的利润相同。

（3）当在位者属于高质量产品企业或者属于低质量产品企业时，分别存在一个最低质量和最高质量，能够有效阻止进入。

（4）在位者是否选择进入阻止策略，取决于进入者的进入成本和利润的比较，在低的固定成本、高的固定成本、温和的固定成本下分别采取容纳进入、遏制进入和阻止进入的策略。在引入内生的最小质量标准后，结论略有改变：当在位者是高质量产品企业时，最小质量标准提高了进入者的利润，也提高了社会福利。当在位者是低质量产品企业时，最小质量标准并没有改变在位者和进入者的质量选择，对社会福利影响不大。

因此，除了产品差异化本身形成的进入阻止之外，也可以从掠夺行为、抢先进入、信号传递三方面有效阻止潜在进入者的进入。由于引入最小质量标准会对行业内企业的竞争行为产生影响，政府对行业的规制就存在合理的逻辑基础。

第四章　产品差异化与企业合谋策略及稳定性分析

第一节　差异化企业合谋策略与理论拓展

除了单一企业垄断市场之外，市场竞争还受两种情况威胁：第一种是市场集中度足够高，导致个体利润最大化的非竞争性结果形成了市场结果（即"个体竞争"）。在这样一种情况中，即使没有一个企业被认为是个体占优的，企业也可能具有一定的市场势力。第二种是当企业参与经济学家所谓的"默契合谋"[①]时竞争也会受到威胁，他们的行为类似于一个占优企业。

合谋可以采取多种形式——明显的、默契的、或者任何这两者的结合。因为明显的合谋通常被反垄断法所禁止，所以现实中的合谋多以默契合谋的形式出现。市场行为中的默契合谋能使企业获得超额利润。一般认为寡头产业多涉及默契的合谋，现存的关于生产同质品的寡头企业的经验性研究也经常能发现默契合谋的证据。

作为对企业中期策略之一的合谋行为的研究也是产业组织理论中一个由来已久的话题，这方面的理论模型和实证研究也层出不穷。一个基本的分析框架是企业之间之所以能够形成合谋，原因在于企业看重长期收益。正如重复博弈能够打破囚徒困境一样，只要企业对长期收益的贴现因子高于某个临界点，合谋就能够实现。在很多产业中，报复的多样性和合谋机制为合谋创造了动机。主要的问题

[①]　"默契合谋"不需要涉及任何法律意义上的"合谋"，具体而言，不需要涉及成员间的任何交流，它被称为是默契合谋仅仅因为结果（比如设定的价格或者生产的数量）类似于明显的合谋或者政府所界定的卡特尔，法律视角上一个较好的术语可能是"默契的协调"，在本书中余下的部分继续把"默契的合谋"作为经济文献中较好的术语，但是绝没预先假定合谋是明显的。"默契合谋"在很多重要的法律文书中以集体占优的概念出现，在美国被称为"协调效应"。

是这种动机有多大，也就是说，合谋机制可信度有多高，什么程度上可能会出现合谋。而以往的经济理论为默契的合谋行为提供了很多启发，虽然它并没有指出具体哪一个产业会出现协调合谋的均衡。

对于合谋行为的最早经济学研究来源于卡特尔。这一时期的合谋理论主要用来解释企业的价格竞争中出现的默契合谋。Chamberlin（1933）在对生产同类产品的寡头垄断企业的研究中，指出企业会意识到它们之间的相互依赖性——残酷的价格战的威胁足以阻挡削价的诱惑，因而寡头垄断企业能够以一种纯粹非合作的方式进行勾结，达成默契合谋，从而维持垄断价格。最初的企业合谋模型，从静态合谋、到超级博弈的合谋分析、再到超级博弈的触发策略、"胡萝卜加大棒"策略等等，都是基于产品同质性的分析。主要原因是同质产品的需求函数比较容易刻画，而刻画差异化产品的需求函数则困难得多。关于差异化产品企业合谋模型，基本上都是建立在多期的超级博弈以及 Friedman（1971）的触发策略基础之上的，在此基础上又可以分为几个方面。

一、企业区位选择的合谋行为

Gross&Holahan（2003）分析了两个城市环境下价格设定的双寡头的合谋稳定性问题。其中，每一个企业位于不同的城市，这样企业的位置就被固定下来。不管产业中企业总数量是多少，企业改变价格要比改变产品特征或者企业位置要容易得多，距离产生了市场势力。结论为：对于较大范围的运输成本而言，是能够维持企业合谋的稳定性的；运输成本的增加倾向于使串谋变得不稳定。

Tomé&Rivas（2007）用 Anderson&Neven（1991）的框架研究了空间竞争对在歧视性定价下生产同质产品的双寡头者合谋的效应，认为超博弈理论为估计影响串谋的要素提供了一个框架。Anderson&Neven（1991）研究了第一阶段位置选择的子博弈完美均衡和第二阶段的古诺竞争，并且证明了企业之间的竞争能够产生空间积聚。而 Tomé&Rivas 把 Anderson&Neven 的模型从一次性博弈扩展到无限重复博弈。通过考虑触发策略，Tomé&Rivas 发现企业之间的合谋协定和空间中的离散在均衡中能够维持。因为存在重复的互动作用，当决定是否要改变给定产出时，企业不仅必须要考虑当前利润可能的增加，还要考虑价格战和长期损失的可能性，激烈价格战的威胁会阻止企业改变产出的诱惑。因此，双寡头者能够维持合谋。并且证明，企业在空间上的事前定位，决定了企业在无限重复古诺博弈中的运输成本，空间竞争下的合谋行为比在外生给定位置的条件下更难获得。因此，空间竞争消减了合谋的稳定性。论文中指出，影响企业串谋的因素包括企业的目标、竞争者的数量、竞争类型、能力约束、产品差异化和运输成本等。

二、产品特征差异化企业的合谋行为

Powers（2002）分别把两个额外的要素——消费者对产品特征的不完全信息和价格合谋——包括在水平产品差异化的标准模型中并估计了他们对企业定价行为的效应。消费者不知道产品的特征使得企业的定价行为变得复杂。企业对忠诚的有信息的消费者设定一个高的价格获得利润，对无信息的消费者设定一个低的价格从而与竞争者争夺消费者。和消费者对同质品的价格具有不完全信息的效应成对比，关于产品差异化的不完全信息加剧了价格竞争，因为企业要争取无信息的消费者（仅从价格水平决定购买与否）。总体上，消费者能从不完全信息中受益，因为日渐激烈的价格竞争平衡了来自无信息消费者偏好错误搭配所引起的产品负效用。

Chang&Myong-Hun（1988）分析了以水平差异化为特征的市场中的合谋行为。在差异化产品产业中，企业提供相似产品，并有较强的动机协调它们的定价决策以避免激烈的价格竞争。尽管如此，因为产品之间存在较强的替代性，价格轻微的消减会导致企业需求的极大增加，背离合谋的诱惑也相当强。因此，产品差异化程度在维持合谋协定上也是相当重要的。

Chang（1991）研究了差异化程度和企业维持合谋能力之间的关系，发现合谋定价更容易发生在较具有差异化的产品企业中。Chang（1992）允许企业随着时间的改变重新设计产品，他认为这个假设强化了 Chang（1991）的结果，认为产品替代性越强，合谋越难以发生，因为当产品的替代性越强，来自于背离合谋的收益也越大。Ross（1992）认为当企业在价格上竞争，随着产品同质性程度的增加，卡特尔稳定性的在开始阶段递减，但是随后递增。Hackner（1994）认为在垂直差异化中，产品越相似，合谋越容易维持。Hackner（1995）认为，较大的差异化有利于弱化竞争，并且有利于合谋的维持。Tyagi（1999）证明了需求曲线的形状决定了在数量竞争的同质品和异质品市场中合谋更加容易维持的结论。

三、差异化寡头企业威胁策略有效性分析

在相同的差异化环境（水平或者垂直）下，企业参与竞争的竞争类型对企业合谋稳定性也具有短期的策略性效应。如 Deneckere（1983）认为企业除了运用价格作为首要的策略性变量之外，也可能会调整产出。当产品是完全替代品时，合谋在价格环境博弈中比数量博弈中更可能发生；而当替代性较低时，情况则相反。Lambertini（1996）比较了同质品的古诺和伯川德双寡头合谋的稳定性，并且证明如果需求是足够的凸，古诺型的双寡头比伯川德双寡头更容易维持合谋。Martin（2002）认为在所有其他条件相同并采用触发策略的情况下，在设定价格的市场中，维持合谋的临界贴现因子水平要低于设定产量的市场。Rothschild（1992）和Albak& Lambertini（1998）研究了水平差异化的情形，证明了当产品间的替代性较高时，合谋在价格竞争博弈中比在数量竞争博弈中更容易维持，当产品间替代性较小时则相反。Majerus（1988）把这个分析延伸到自然寡头中，并且证明当超过两个企业时，古诺寡头比伯川德寡头更容易维持合谋。Lambertini（2000）认为在垂直差异化框架下，在价格或数量竞争中，为了更好地维持合谋，企业总是偏好古诺型的数量竞争，并提供非合作性的质量产品。David（2006）分析了线性边际成本下的古诺和伯川德双寡头的稳定性问题，认为如果边际成本在产出上是递增的，对于任意程度的产品替代性，古诺型的双寡头比伯川德型的双寡头更容易维持合谋。Wernerfelt（1989）和 Østerdal（2003）则延伸差异化产品的古诺双寡头的合谋分析 Abreu（1986）的最优惩罚行为。

四、简要述评

总之，在理论上都认为产品差异化和合谋的稳定性取决于所用的产品差异化的具体模型。这个问题的中心存在一个简单的平衡：当企业销售同质品时，其从默契的合谋中获益最多，也从背离合谋协定中获益最多。这种结果就是精确的需求假定规定了哪一种效应占优（Tyagi，1999）。尽管在理论上产品差异化到底是

有利于还是不利于合谋存在一定的模糊性，经验研究则持续地发现合谋在同质品企业中更容易发生。例如 Levenstein&Suslow（2006）研究了卡特尔文献并且得出结论为价格设定在同质品市场更容易发生。这种观察和经验性论文对合谋的一般性发现是一致的：同质品产业中经常发现默契的合谋，例如咖啡烹制业（Gollop&Roberts，1979）、银行业（Spiller&Favaro，1984）、汽油零售业（Slade，1992）、电业（Wolfram，1999），合谋并没有在谷物业（Nevo，2001）和啤酒业（Slade，2004）中发现。为了看清这些背后的机理，Thomadsen&Rhee（2007）指出，合谋是建立在来自欺骗的短期收益和来自合谋的长期收益之间平衡的基础之上的，引入合谋的成本（假定存在协调和维持合谋的成本，这些成本包括协调合谋结果的成本、建立维持合谋的社会和制度结果的成本、监督企业行为的成本以及来自被检举的风险的成本，很多学者认为，一旦确定了合谋，就需要频繁的交流和会议去协调每个阶段的行为）增加了来自欺骗的短期收益（因为不合谋就不再有合谋成本）和消减了来自合谋的长期收益（由于合谋成本），使得合谋更难维持。当产品更加具有差异化时合谋更难维持，因为来自欺骗的短期收益和来自合谋的长期收益都会更小，因此来自合谋成本的每一种效应的百分比变化都会更大一些，这些成本效应如此的强以至于当产品更加异质性时合谋就变得很难去维持。

第二节　垂直差异化、竞争类型与企业合谋行为分析

上一节我们简要回顾了差异化产品企业合谋行为的文献分析，这一节和下一节我们用一个简单的模型分析一下差异化产品的合谋行为稳定性，以弥补现有文献某些方面的不足。

企业的合谋行为，往往是以寡头的市场结构为条件的。在这种市场上，几家企业的产量在该行业的总供给中占了较大的比例。每家企业的产量都占有相当大的份额，从而每家企业对整个行业价格与产量的决定都有举足轻重的影响。同时，寡头市场在中国经济中也是一种较为普遍的现象并占有重要地位，如汽车、钢铁、彩电、移动电话等行业都是或比较接近寡头市场。本节及下一节的模型构建都是

以寡头市场为基础的。为简化分析，以双寡头市场分析为代表。

以往关于差异化产品的合谋稳定性分析都是集中在同类差异化同一种成本结构，对不同差异化程度不同成本结构互动影响的合谋稳定性分析却很少。而在现实经济的默契合谋行为中，不同的成本结构适用于不同的经济环境或者不同的行业、产业分析，也直接影响着合谋和背离合谋所得的利润，对合谋稳定性有着重要的影响。这一节通过在垂直差异化①下比较固定成本结构和可变成本结构下古诺竞争和伯川德竞争下的合谋稳定性，修正了以往单一成本结构下对差异化产品合谋稳定性的认识，并得出了一些有效的结论。

一、基本模型

同上一章一样，考虑一个垂直差异化产品的标准双寡头市场，市场上存在很多消费者，消费者按照各自的偏好变量 θ 均匀分布在[0,1]②中，消费者 θ 对产品只有单位需求。按照 Mussa&Rosen（1978），我们定义消费者的效用函数为：$U = \theta s_i - p_i$，$s_h > s_l \geqslant 0$。假定两个企业销售相同的产品，只在提供的质量上有差异。在一个两阶段模型中，企业同时竞争，第一阶段企业在质量上竞争；第二阶段，企业选择竞争策略变量：在数量上竞争（古诺竞争）或是在价格上竞争（伯川德竞争）。其中，无差异的消费者发现两企业所提供的两种质量的商品是相同的，而边际消费者则发现在购买商品 l 和不做任何购买之间是无差异的。市场不完全覆盖，处于均衡时这两类消费者分别等于：$\theta_{hl} = \dfrac{p_h - p_l}{s_h - s_l}$，$\theta_l = \dfrac{p_l}{s_l}$。则位于 $[0, \theta_l]$ 的消费者不做任何购买，位于 $[\theta_l, \theta_{hl}]$ 的消费者选择从企业 l 中购买，$[\theta_{hl}, 1]$ 的消费者选择从企业 h 中购买，则企业 h 的需求数量为：$q_h = 1 - \theta_{hl}$，企业 l 的需求数

---

① 水平差异化下不同成本结构：如常数边际成本和线性边际成本下不同竞争类型的合谋稳定性已经被研究过，这在本章第一节的内容中有所涉及。

② 为了便于比较古诺竞争和伯川德竞争下合谋稳定性，我们做出了这样的假设，这样假设可以回避伯川德竞争下可以完全覆盖也可以不完全覆盖，而古诺竞争下只能不完全覆盖的不对称的均衡结果的问题分析，如 Motta（1993）曾指出古诺竞争只能在部分市场覆盖下分析，因为在完全市场覆盖下，需求函数是不可逆的。假设消费者均匀分布在区间[0,1]，市场就意味着是不完全覆盖，一些消费者将总是选择不购买产品。

量为：$q_l = \theta_{hl} - \theta_l$，质量差异用 $\dfrac{s_h}{s_l} = \lambda$ 来表示。文中，下标 C，B 分别表示古诺和伯川德竞争假设，上标 C 表示合谋假设。

二、固定成本结构的企业合谋行为

按照 Motta（1993）的分析，我们假定企业的成本函数为 $C_i = \dfrac{1}{2} s_i^n$。n 代表固定成本在产品质量上的凸性程度，n 越大，凸性程度越大，提升 1 单位质量所需要支付的固定成本也越小[①]。通常情况下，质量的改善需要投入研发、培训员工等费用，即固定成本。对于知识密集、技术密集等类型的产业（如信息产业），生产的物质固定成本和边际成本都较小，但知识固定成本（研发成本）将很大，同时由于产品生产过程中的人力、物力需求较小，平均成本表现为下降趋势。在极端情形中，产品（如软件产品）完全由知识成本构成，增加产量的过程（复制、通过网络下载）则无须投入要素的任何变动。因而可以假定生产的边际成本为零。n 的大小，则从另外一个角度反映了提升产品质量所需要付出的固定成本递增的程度。在古诺竞争假设下，通过逆向推导可得：

$$p_h = s_h(1 - q_h) - s_l q_l, \quad p_l = s_l(1 - q_h - q_l) \tag{4-1}$$

在伯川德竞争假设下，

$$q_h = 1 - \frac{p_h - p_l}{s_h - s_l}, \quad q_l = \frac{p_h - p_l}{s_h - s_l} - \frac{p_l}{s_l} \tag{4-2}$$

纳什均衡：通过逆向推导的方法求出子博弈完美纳什均衡。在古诺竞争的假设下，企业在第二阶段的利润函数各自为：

$$\pi_h = [s_h(1 - q_h) - s_l q_l]q_h - \frac{1}{2} s_h^n, \quad \pi_l = [s_l(1 - q_h - q_l)]q_l - \frac{1}{2} s_l^n \tag{4-3}$$

则利润最大化的数量最优反应为：

$$\frac{\partial \pi_h}{\partial q_h} = 0 \Rightarrow q_h = \frac{s_h - s_l q_l}{2 s_h} ; \quad \frac{\partial \pi_l}{\partial q_l} = 0 \Rightarrow q_l = \frac{1 - q_h}{2} \tag{4-4}$$

---

① 因为消费者偏好分布为 $\theta \in [0,1]$，故均衡中 $s_i \in [0,1]$，见表 4-1 和表 4-2。

对式（4-4）求解可得出：

$$q_h = \frac{2s_h - s_l}{4s_h - s_l}, \quad q_l = \frac{s_h}{4s_h - s_l} \tag{4-5}$$

均衡数量是市场中所有质量的反应函数。因此，第一阶段的支付函数也是市场中所有质量的函数。把式（4-5）代入到利润的表达式中，可以获得第一阶段关于质量选择的支付函数。两企业各自的利润函数为：

$$\pi_h = \left[s_h\left(1 - \frac{2s_h - s_l}{4s_h - s_l}\right) - s_l\frac{s_h}{4s_h - s_l} \right]\frac{2s_h - s_l}{4s_h - s_l} - \frac{1}{2}s_h^n$$

$$\pi_l = \left[s_l\left(1 - \frac{2s_h - s_l}{4s_h - s_l} - \frac{s_h}{4s_h - s_l}\right) \right]\frac{s_h}{4s_h - s_l} - \frac{1}{2}s_l^n \tag{4-6}$$

那么第一阶段利润函数最大化的一阶条件为：

$$\frac{\partial \pi_h}{\partial s_h} = 0 \Rightarrow \frac{n}{2}s_h^{n-1} = \frac{(16s_h^3 - 12s_h^2 s_l + 4s_h s_l^2 - s_l^3)}{(4s_h - s_l)^3}$$

$$\frac{\partial \pi_l}{\partial s_l} = 0 \Rightarrow \frac{n}{2}s_l^{n-1} = \frac{4s_h^3 + s_h^2 s_l}{(4s_h - s_l)^3} \tag{4-7}$$

当 n 取不同值时，高低质量企业各自的纳什均衡质量可见表 4-1[①]。

在伯川德竞争的假设下，把式（4-2）代入企业 i 的利润函数 $\pi_i = p_i q_i - \frac{1}{2}s_i^2$，可得出关于一阶条件的价格最优反应函数为：

$$p_h = \frac{1}{2}(p_l + (s_h - s_l)), p_l = \left(\frac{s_l}{2s_h}\right)p_h \tag{4-8}$$

解出：

$$p_h = \frac{2s_h(s_h - s_l)}{4s_h - s_l}, p_l = \frac{s_l(s_h - s_l)}{4s_h - s_l} \tag{4-9}$$

两企业的利润函数可以表示为：

$$\pi_h = \frac{4s_h^2(s_h - s_l)}{(4s_h - s_l)^2} - \frac{1}{2}s_h^n, \pi_l = \frac{s_h s_l(s_h - s_l)}{(4s_h - s_l)^2} - \frac{1}{2}s_l^n \tag{4-10}$$

---

① 具体数值用 Mathematica 算出，下同。

分别对 s_h、s_l 求导可得：

$$\frac{\partial \pi_h}{\partial s_h} = 0 \Rightarrow \frac{n}{2} s_h^{n-1} = \frac{(16s_h^3 - 12s_h^2 s_l + 8s_h s_l^2)}{(4s_h - s_l)^3}$$

$$\frac{\partial \pi_l}{\partial s_l} = 0 \Rightarrow \frac{n}{2} s_l^{n-1} = \frac{(4s_h^3 - 7s_h^2 s_l)}{(4s_h - s_l)^3}$$

(4-11)

n 取不同值时，均衡的质量选择见表 4-1。

合谋均衡：假定两个企业发生默契的合谋行为，两个企业作为一个垄断者会

选择总的利润最大化，利润界定为：$\Pi^C = p_h q_h + p_l q_l - \frac{1}{2} s_h^n - \frac{1}{2} s_l^n$。在古诺竞争假

设下，把式（4-1）代入 Π^C 并对 q_h、q_l 分别求导为：

$$\frac{\partial \Pi^C}{\partial q_h} = 0 \Rightarrow s_h - 2s_h q_h - 2s_l q_l = 0 \Rightarrow q_h = \frac{s_h - 2s_l q_l}{2s_h}$$

$$\frac{\partial \Pi^C}{\partial q_l} = 0 \Rightarrow s_l - 2s_l q_h - 2s_l q_l = 0 \Rightarrow q_l = \frac{1 - 2q_h}{2}$$

(4-12)

解方程（4-12），可得：

$$q_h^C = \frac{1}{2}, \quad q_l^C = 0$$

(4-13)

在伯川德竞争假设下，把式（4-2）代入 Π^C 并对 p_h、p_l 求导可得：

$$\frac{\partial \Pi^C}{\partial p_h} = 0 \Rightarrow p_h = \frac{s_h - s_l + 2p_l}{2}$$

$$\frac{\partial \Pi^C}{\partial p_l} = 0 \Rightarrow p_l = \frac{p_h s_l}{s_h}$$

(4-14)

解出方程（4-14）可得：$p_h^C = \frac{s_h}{2}, p_l^C = \frac{s_l}{2}$，把其代入（4-2）中，可得：$q_h^C = \frac{1}{2}$，

$q_l^C = 0$，所以在伯川德竞争和古诺竞争中合谋的均衡结果是一样的。原因也很简
单，对于任意给定的质量组合，垄断者为了利润最大化，设定价格和设定数量的
竞争策略是无差异的。即无论固定成本凸性大小，两企业不再生产低质量产品，

而统一生产高质量产品，且生产的高质量产品数量为 $q_h^C = \dfrac{1}{2}$。代入可求得质量的最优反应函数为：

$$\frac{\partial \prod^C}{\partial s_h} = \frac{1}{4}s_h - \frac{n}{2}s_h^{n-1} = 0 \tag{4-15}$$

当 n 取不同值时质量的均衡选择见表 4-1。由于合谋情况下低质量产品不再生产，低质量企业必须获得相应的利润才会同意默契的合谋行为，两企业默契合谋的利润界定按照 Albak&Lambertini（1998）的利润分配方式界定如下：

$$\pi_{iC}^C = \pi_{iC}^N + \frac{\prod^C - \pi_{hC}^N - \pi_{lC}^N}{2} \tag{4-16}$$

背离合谋：由于企业在数量上或者价格上合谋，低质量企业坚持合谋数量或价格，而高质量企业背离合谋；或者高质量企业坚持合谋数量或价格，而低质量企业背离合谋数量或价格。在高质量企业背离合谋情况下，高质量企业不再与低质量企业分享利润，获得因背离利润所得的全部收益 $\prod^C$，低质量企业所获得的利润为零。在合谋情况下，由于低质量企业在第一阶段已经选择不生产，背离合谋的任何情况只会导致利润分享为零。所以，低质量企业总是会选择合谋。

合谋的条件：两企业合谋的博弈阶段可以无限重复。两企业在面临相同的贴现因子 ρ 下最大化各自利润。按照 Friedman（1971），联合利润最大化上的合谋可以通过用纳什触发策略的报复得以维持，并形成子博弈完美均衡。纳什触发策略即如果任何一个参与者偏离合作路径，那么其他参与人将永远放弃合谋利益，即转向静态均衡策略来惩罚背叛者。如果来自合谋的利润（π^C）折现值大于来自背离合谋所得到的利润（π^D）以及以后的纳什均衡利润（π^N）折现值（$\pi^D > \pi^C > \pi^N$），联合利润最大化的合谋行为就是可维持的。即：

$$\frac{\pi^C}{1-\rho} \geqslant \pi^D + \frac{\rho\pi^N}{1-\rho} \Rightarrow \rho \geqslant \rho^* \equiv \frac{\pi^D - \pi^C}{\pi^D - \pi^N} \text{①} \tag{4-17}$$

固定成本下不同的临界值见表 4-1，由表 4-1 可得出结论 1。

---

① 其中 ρ^* 为维持合谋的临界贴现因子，所需要的 ρ 越小，合谋越是稳定的。

表 4-1　固定成本下不同竞争类型的质量选择均衡和合谋稳定性

n	古诺竞争均衡			合谋均衡		伯川德均衡			合谋临界值（古诺竞争）		合谋临界值（伯川德竞争）	
	λ_C	s_{hC}^N	s_{lC}^N	s_h^C	s_l^C	λ_B	s_{hB}^N	s_{lB}^N	ρ_{hC}	ρ_{lC}	ρ_{hB}	ρ_{lB}
2	2.7924	0.0902	0.2519	0.2500	0	5.2512	0.2533	0.0482	0.6160	0	0.6121	0
3	1.2060	0.3178	0.3832	0.4083	0	2.8660	0.4187	0.1461	0.6771	0	0.6215	0
5	1.1231	0.5050	0.5672	0.5623	0	2.0838	0.5770	0.2769	0.7572	0	0.6136	0
10	1.0439	0.6895	0.7198	0.7169	0	1.7793	0.7287	0.4096	0.8265	0	0.6015	0
15	1.0266	0.7660	0.7864	0.7843	0	1.7520	0.7931	0.4527	0.8507	0	0.5999	0
20	1.0191	0.8097	0.8251	0.8235	0	1.7501	0.8289	0.4736	0.8629	0	0.6000	0
30	1.0122	0.8590	0.8694	0.8683	0	-	0.8694	-	0.8752	0		
40	1.0089	0.8866	0.8946	0.8937	0	-	0.8946	-	0.8814	0		
50	1.0071	0.9045	0.9109	0.9103	0	-	0.9109	-	0.8852	0		
60	1.0058	0.9172	0.9225	0.9221	0	-	0.9225	-	0.8876	0		
80	1.0043	0.9342	0.9382	0.9378	0	-	0.9382	-	0.8907	0		
100	1.0035	0.9450	0.9482	0.9479	0	-	0.9482	-	0.8925	0		

结论 1：在固定成本结构 $C_i = \frac{1}{2}s_i^n$ 下，i）由于伯川德价格竞争使得企业之间竞争更加激烈，为了释放价格竞争，均衡中企业总是会选择更大的质量差异，即 $\lambda_B > \lambda_C$（$2 \leqslant n \leqslant 20$）。当 $n \geqslant 30$ 时，由于固定成本差异的减少和价格竞争的激烈，均衡中市场上只存在一个企业，即高质量企业生产高质量产品，并获得垄断价格；ii）由于激烈的价格竞争，无论 n 取何值，伯川德竞争下的高质量企业总是比古诺竞争下的高质量企业更加容易维持合谋；iii）随着 n 值的增加，质量差异越来越小，古诺竞争中高质量企业越来越难以维持合谋，而伯川德竞争中高质量企业的合谋稳定性变化方向则不确定，变化方向取决于价格竞争和降低成本的平衡效应。

三、可变成本结构的企业合谋行为

对于劳动密集型、物质要素密集型等类型的产业（多数传统产业），研发成本和生产的固定成本很小，而可变成本的上升非常迅速，因此，可设固定成本为零。可变成本上升的速度随着质量的改变，可反映在 n 值上。n 越大，凸性程度越高，可变成本随着质量改进上升的越慢。在可变成本结构下，企业的利润函数变为：

$\pi_i = (p_i - s_i^n)q_i$。同上，在古诺竞争下，企业利润函数分别对数量求导，原来的式（4-5）变为：

$$q_h = \frac{2s_h - 2s_h^n - s_l + s_l^n}{4s_h - s_l}, \quad q_l = \frac{s_h + s_h^n - 2s_h s_l^{n-1}}{4s_h - s_l} \tag{4-18}$$

原来的式（4-6）变为：

$$\pi_{hC}^N = \frac{s_h(2s_h - 2s_h^n - s_l + s_l^n)^2}{(4s_h - s_l)^2}, \quad \pi_{lC}^N = \frac{(s_h^n s_l + s_h(s_l - 2s_l^n))^2}{s_l(4s_h - s_l)^2} \tag{4-19}$$

纳什均衡的质量最优选择由原来的式（4-7）变为：

$$\frac{\partial \pi_{hC}^N}{\partial s_h} = (2s_h - 2s_h^n - s_l + s_l^n)(8s_h^2 + (8 - 16n)s_h^{1+n} + 2(1 + 2n)s_h^n s_l + s_l(s_l - s_l^n) - 2s_h(s_l + 2s_l^n))/(4s_h - s_l)^3$$

$$\frac{\partial \pi_{lC}^N}{\partial s_l} = (s_h^n + s_h - 2s_h s_l^{n-1})[4s_h^{1+n} + s_h^n s_l + 4s_h^2 + (8 - 16n)s_h^2 s_l^{n-1} + s_h s_l + (4n - 6)s_h s_l^n]/(4s_h - s_l)^3$$

$$\tag{4-20}$$

在伯川德竞争下，企业利润函数分别对价格求导，原来的式（4-10）变为：

$$p_h = \frac{s_h(2s_h + 2s_h^n - 2s_l + s_l^n)}{4s_h - s_l}, \quad p_l = \frac{s_h s_l + s_h^n s_l - s_l^2 + 2s_h s_l^n}{4s_h - s_l} \tag{4-21}$$

纳什利润由原来的式（4-11）变为：

$$\pi_{hB}^N = \frac{(2s_h^2 - 2s_h^{1+n} + s_h^n s_l + s_h(s_l^n - 2s_l))^2}{(s_h - s_l)(4s_h - s_l)^2}, \quad \pi_{lB}^N = \frac{s_h(s_h^n s_l + s_h(s_l - 2s_l^n) + s_l(s_l^n - s_l))^2}{(s_h - s_l)s_l(4s_h - s_l)^2}$$

$$\tag{4-22}$$

纳什均衡的质量选择由原来的式（4-12）变为：

$$\frac{\partial \pi_{hB}^N}{\partial s_h} = (2s_h^2 - 2s_h^{1+n} + s_h^n s_l + s_h s_l^n - 2s_h s_l)(8s_h^3 + 8s_h^{2+n} - 16ns_h^{2+n} - 14s_h^2 s_l$$

$$- 10s_h^{1+n} s_l + 28ns_h^{1+n} s_l + 10s_h s_l^2 + 5s_h^n s_l^2 - 14ns_h^n s_l^2 - 4s_h^3 + 2ns_h^{n-1} s_l^3$$

$$- 4s_h^2 s_l^n - s_h s_l^{1+n} + 2s_l^{2+n})/[(s_h - s_l)^2(4s_h - s_l)^3]$$

$$\tag{4-23}$$

$$\frac{\partial \pi_{lB}^N}{\partial s_l} = s_h(s_h^n s_l + s_h s_l - 2s_h s_l^n - s_l^2 + s_l^{1+n})(4s_h^3 s_l + 4s_h^{2+n} s_l - 11s_h^2 s_l^2 + s_h^{1+n} s_l^2$$

$$+ 7s_h s_l^3 - 2s_h^n s_l^3 + 8s_h^3 s_l^n - 16ns_h^3 s_l^n - 18s_h^2 s_l^{1+n} + 28ns_h^2 s_l^{1+n} + 9s_h s_l^{2+n}$$

$$- 14ns_h s_l^{2+n} - 2s_l^{3+n} + 2ns_l^{3+n})/[(s_h - s_l)^2 s_l^2(4s_h - s_l)^3]$$

和固定成本结构一样，无论在伯川德竞争下进行价格合谋，还是在古诺竞争下进行数量合谋，在均衡中，企业合谋利润是相同的，即

$$\max_{p_i, q_i} \prod^C = (p_h - s_h^n)q_h + (p_l - s_l^n)q_l$$

合谋利润分别对价格和数量求导可得：

$$p_h^C = \frac{s_h^n + s_h}{2}, p_l^C = \frac{s_l^n + s_l}{2}, \quad q_h^C = \frac{s_h - s_h^n - s_l + s_l^n}{2(s_h - s_l)}, \quad q_l^C = \frac{s_h^n - s_h s_l^{n-1}}{2(s_h - s_l)} \quad (4\text{-}24)$$

在合谋情况下，均衡的质量选择为：

$$\frac{\partial \prod^C}{\partial s_h} = \frac{(s_h - s_h^n + s_l^n - s_l)(s_h^n + s_h - s_l - s_l^n - 2ns_h^n + 2ns_h^{n-1}s_l)}{4(s_h - s_l)^2}$$

$$\frac{\partial \prod^C}{\partial s_l} = \frac{(s_h^n - s_h s_l^{n-1})(s_h s_l^{n-1} + s_h^n - 2s_l^n - 2ns_l^{n-1}(s_h - s_l))}{4(s_h - s_l)^2} \quad (4\text{-}25)$$

因此，在古诺竞争背离合谋情况下，高低质量企业背离合谋的数量选择和利润分别为：

$$q_{hC}^D = \frac{2s_h - 2s_h^n - 2s_l + s_h^{n-1}s_l + s_l^n}{4(s_h - s_l)}, \quad q_{lC}^D = \frac{s_h + s_h^n - s_l - 2s_h s_l^{n-1} + s_l^n}{4(s_h - s_l)} \quad (4\text{-}26)$$

在伯川德竞争背离合谋情况下，高低质量企业背离合谋的价格选择和利润分别为：

$$p_{hB}^D = \frac{2s_h + 2s_h^n - s_l + s_l^n}{4}, \quad p_{lB}^D = \frac{s_h^{n-1}s_l + 2s_l^n + s_l}{4} \quad (4\text{-}27)$$

$$\pi_{hB}^D = \frac{(2s_h - 2s_h^n - s_l + s_l^n)}{16(s_h - s_l)}, \quad \pi_{lB}^D = \frac{(s_h^n s_l + s_h(s_l - 2s_l^n))^2}{16 s_h s_l(s_h - s_l)}$$

解方程式（4-20）、（4-23）、（4-25）可求出不同竞争类型的均衡质量选择，把均衡质量代入式（4-19）、（4-22）、（4-26）、（4-27）可求出不同竞争类型下不同情况的利润，并根据式（4-16）、（4-17）求出不同竞争类型下的合谋临界值。对于不同的 *n* 值所求得的均衡质量选择以及合谋临界值如表 4-2 所示，由表 4-2 可得出结论 2。

表 4-2　可变成本下不同竞争类型的质量选择均衡和合谋稳定性

n	古诺竞争均衡			合谋均衡			伯川德均衡			合谋临界值（古诺竞争）		合谋临界值（伯川德竞争）	
	λ_C	s_{hC}^N	s_{lC}^N	λ^C	s_h^C	s_l^C	λ_B	s_{hB}^N	s_{lB}^N	ρ_{hC}	ρ_{lC}	ρ_{hB}	ρ_{lB}
2	1.2602	0.369	0.2928	2.0000	0.4000	0.2000	2.0547	0.4097	0.1994	0.6680	0	0.6133	0.5479
3	1.1474	0.4756	0.4145	1.5618	0.5032	0.3222	1.7695	0.5158	0.2915	0.6834	0	0.6430	0.5649
5	1.0787	0.5975	0.5539	1.2976	0.6187	0.4768	1.5728	0.6296	0.4003	0.6968	0	0.6782	0.5788
10	1.2952	0.9512	0.7344	1.1363	0.7459	0.6564	1.5020	0.7483	0.4982	0.9873	0	0.7109	0.5495
15	1.2113	0.9647	0.7964	1.0885	0.8042	0.7388	1.5660	0.8021	0.5122	0.9922	0	0.7160	0.4845
20	1.1672	0.9722	0.8329	1.0654	0.8387	0.7872	1.6161	0.8355	0.517	0.9942	0	0.7177	0.4423
30	1.1207	0.9804	0.8748	1.0430	0.8786	0.8424	1.6644	0.8755	0.526	0.9960	0	0.7199	0.4025
40	1.0958	0.9848	0.8987	1.0321	0.9016	0.8736	1.6871	0.8989	0.5328	0.9963	0	0.7211	0.3841
50	1.0802	0.9876	0.9143	1.0255	0.9166	0.8938	1.7001	0.9143	0.5378	0.9972	0	0.7220	0.3735
60	1.0692	0.9895	0.9255	1.0213	0.9274	0.9081	1.7088	0.9253	0.5415	0.9971	0	0.7225	0.3665
80	1.0549	0.9920	0.9404	1.0159	0.9418	0.9271	1.7195	0.9402	0.5468	0.9989	0	0.7232	0.3579
100	1.0458	0.9935	0.9500	1.0127	0.9511	0.9392	1.7257	0.9498	0.5504	0.9982	0	0.7238	0.3518

　　结论 2：在可变成本结构 $C_i = s_i^n q_i$ 下，i）随着 n 值的增大，对于任何竞争形式，均衡中企业的质量差异都会变得更小；ii）$\lambda_B > \lambda^C > \lambda_C$（ $n \in \{2,5\}$ ），$\lambda_B > \lambda_C > \lambda^C$（ $n \in \{10,100\}$ ）。即和固定成本结构一样，伯川德竞争下，为了缓解价格竞争，企业总是会选择最大的质量差异。但是当成本随着质量改进变化的较快时，合谋时的质量差异要大于古诺竞争时的质量差异，当成本随着质量改进变化的较慢时，古诺竞争时的质量差异要大于合谋时的质量差异；iii）和以往关于垂直差异化合谋稳定性文献的结论一样，对于任何竞争形式，低质量企业总是比高质量企业更偏好合谋的稳定；iv）对于任何 n 值，伯川德竞争下高质量企业的合谋稳定性总是大于古诺竞争下高质量企业的合谋稳定性，而低质量企业在不同竞争形式下的合谋稳定性比较则相反，在古诺竞争下，由于 $\pi_{lC}^D < \pi_{lC}^C$，低质量企业永远不会背离合谋；v）随着 n 值的增加，质量差异越来越小，古诺竞争和伯川德竞争下高质量企业都更加难以维持合谋，而伯川德竞争下的低质量企业则更偏

好于维持合谋行为。

四、基本结论与研究局限

不同的成本结构适应于不同的产业分析。当仅存在固定成本时，不同的 n 值一方面反映了知识密集、技术密集类型行业的行业特征，另一方面反映了研发的难易程度。当仅存在可变成本时，不同的 n 值则反映了劳动密集型、物质要素密集型不同产业或同一产业不同企业的技术水平差异。经过以上研究，可得结论如下：

第一，无论是在固定成本还是在可变成本的成本结构下，在垂直差异化情况中，高质量企业总是比低质量企业更难以维持合谋。

第二，当成本随着质量提升的凸性程度不断增强，即随着 n 值的增大，质量差异越来越小，高质量企业也越来越难以维持合谋。

第三，由于价格竞争更加激烈，参与伯川德竞争的企业为了缓解价格竞争，竞争均衡下企业的质量差异也会更大。伯川德竞争下的高质量企业也总是比古诺竞争下的高质量企业更容易维持合谋。

第四，在固定成本结构中，无论成本如何随着质量改进而变化，伯川德竞争下的高质量企业总是比古诺竞争下的高质量企业更加容易维持合谋。在可变成本结构中，当成本随着质量改进变化得较快时，古诺竞争和伯川德竞争下高质量企业都更加难以维持合谋，而伯川德竞争下的低质量企业越来越偏好于维持合谋行为。

当然，大多数产业既存在固定成本，又存在可变成本[①]，我们所分析的成本情况，仅是不同行业的一种简化分析，反映的是不同行业质量改进成本的差异。而且，我们在文中分析合谋稳定性问题时，也仅仅考虑了企业参与竞争的竞争类型和成本结构两种因素。现实中，除了这两种因素之外，像本章第四节分析的那样，影响合谋稳定性的因素还包括竞争者的数量、市场份额的对称性、进入壁垒、频繁的交互作用、市场的透明度、商业周期和需求波动等多种因素，这些更多因素的考虑，为本书的下一步努力提供了研究的方向。

---

① 计算原理和上面两部分的分析相同，由于 mathematica 版本受限，未能模拟出既存在固定成本又存在可变成本的数值结果。

五、相关政策启示

（一）提高自主创新力度

从产品差异化角度讲，按照 Lambertini（1997）、干春晖（2006）和王皓（2007）的理论分析和实证研究，企业之间之所以频繁的发生价格战，合谋行为不断瓦解，原因之一是产品差异化[①]不足。特别是在中国现阶段，产品垂直化差异不足的主要原因在于各产业研究开发的努力不够，生产技术主要是靠引进发达国家的先进技术形成，自主创新的能力不足。

因此，为避免价格战对企业竞争效率的损害，企业应通过自主创新扩大产品差异化程度，从而有意识地避免价格竞争所带来的产业冲突问题（干春晖，2006）。企业应以新技术开发为支撑，不断推出新产品或高档产品，以产品的更新换代来转移消费者对价格的注意力。企业应加大对核心关键技术的研发，在技术能力高度化的基础上，以质量差异化为手段，不断推出高档次的新产品，在消费者心中形成档次高低不同的产品序列，刺激消费者对更高质量产品的追求。生产企业也可以通过研发和创新，提升自己的技术能力，避开同步引进技术的简单技术跟随战略，推出功能更新、性能更好的产品，促进产品档次序列的形成，使企业对恶性价格战的"防火墙"更加坚固、厚实。

（二）充分发挥差异化企业之间的竞合作用

差异化产品企业之间存在着竞合关系。这不仅体现在水平差异化市场中，也体现在垂直差异化市场中。在垂直差异化市场中，由于市场竞争的强度和低质量企业特有的竞争位置，低质量企业更偏好于合谋的稳定。在竞争更加激烈的市场，为缓解价格竞争，参与市场竞争的企业都有合作的动机，并能从合作中受益。如国内一汽汽车集团自主品牌奔腾轿车与马自达 6 共享零部件的竞争与合作，戴姆勒—克莱斯勒汽车集团的成立，通用与菲亚特集团通过相互持股，建立战略合作关系，美国三大汽车公司共建全球汽车网上交易信息系统，标志——雪铁龙汽车

[①] Lambertini（1997）、干春晖（2006）和王皓（2007）关于产品差异化的分析框架都是在垂直差异化框架下进行分析的。

集团的成立等等。企业通过有形或无形的联盟，发挥充分的竞合作用，采取多层次、跨领域的战略合作，共享资源，集成要素优势，开拓新市场，降低生产/销售成本或阻止竞争对手的市场进入，实现双赢或共赢的市场策略。

第三节　水平差异化、竞争类型与企业合谋行为分析

上一节我们分析了垂直差异化下不同成本结构的合谋稳定性。不仅成本结构不同影响着合谋稳定性，企业之间的合谋行为本身也涉及合谋成本。关于产品差异化的合谋稳定性的研究文献很多，而涉及合谋成本的合谋稳定性的分析则较少。现实经济和大量的研究表明，企业之间的合谋所涉及的合谋成本是非常大的，这种合谋成本集中在协调合谋结果的成本、建立维持合谋的社会和制度结果的成本、监督企业行为的成本、收集信息的成本以及来自被检举的风险的成本等。如一些合谋研究发现协调性的合谋要求面对面的会议，这需要花费财力、时间、努力等，因为这些会议是非法的，又面临被检举的风险。如 Connor（2001）讨论了在柠檬酸市场上建立公开合谋的困难。这一节通过在水平产品差异化[①]市场的合谋行为中引入合谋成本，并比较了无合谋成本和有合谋成本对产品差异化的不同竞争类型的合谋稳定性的影响，修正了以往不考虑合谋成本情况下对合谋稳定性的认识，并得出一些有效的结论。

一、基本模型

本书此部分所采纳的代表性消费者模型的效用函数来自 Dixit（1979）、Singh&Vives（1984）、Ross（1992），个体直接从两种替代品的消费中得到效用，两种商品各自为 q_1 和 q_2，消费者效用为：$U = aq_1 + aq_2 - \dfrac{1}{2}(q_1^2 + 2bq_1q_2 + q_2^2)$，则对商品 i 的逆需求函数为

$$p_i = U_i = a - q_i - bq_j \quad (i \neq j) \tag{4-28}$$

---

① 依照同样的思路可以验证在垂直差异化下引入合谋成本的合谋稳定性差异。

其中，$b \in (0,1]$ 测度了商品 1 和商品 2 之间的替代性，当 b 为 0 时，两种商品互不相关，当 b 为 1 时，两种商品具有完全的替代性（两种商品互为同质品），即两种产品之间的差异化程度随着 b 的增大而减小。假定每个企业面临着相同的生产成本，$C = f + cq_i$，不失一般性，设 $f = 0$。因此，企业 i 的利润函数如下：

$$\pi_i = (p_i - c)q_i \tag{4-29}$$

二、差异化企业无合谋成本下的合谋行为

两企业合谋的博弈阶段可以无限重复，两企业在面临相同的贴现因子 ρ 下最大化各自利润，按照 Friedman（1971），联合利润最大化上的合谋可以通过用纳什触发策略的报复得以维持，并形成子博弈完美均衡。纳什触发策略即如果任何一个参与者偏离合作路径，那么其他参与人将永远放弃合谋利益，即转向静态均衡策略来惩罚背叛者。如果来自合谋的利润（用 π^C 表示）的折现值大于来自背离合谋所得到的利润（用 π^D 表示）以及以后的纳什均衡利润（用 π^N 来表示）的折现值，联合利润最大化的合谋行为就是可维持的。

即 $\dfrac{\pi^C}{1-\rho} \geq \pi^D + \dfrac{\rho \pi^N}{1-\rho}$，由此可得出，只有在 $\rho \geq \rho^* \equiv \dfrac{\pi^D - \pi^C}{\pi^D - \pi^N}$（$\rho^*$ 为维持合谋的临界贴现因子，所需要的 ρ 越小，合谋越是稳定的）下，合谋才是可维持的，同时需要满足：$\pi^D > \pi^C > \pi^N$。

在古诺竞争下，单阶段非合作的纳什均衡经计算为：

$$q_{iC}^N = \frac{a-c}{2+b}, \quad p_{iC}^N = \frac{a+bc+c}{2+b}, \quad \pi_{iC}^N = \left(\frac{a-c}{2+b}\right)^2 \text{①} \tag{4-30}$$

当两个企业合谋时，两个企业作为一个垄断者从而最大化产业利润 $\pi^C = \pi_i^C + \pi_j^C$，可得：

$$q_{iC}^C = \frac{a-c}{2+2b}, \quad p_{iC}^C = \frac{a+ab+bc+c}{2+2b}, \quad \pi_{iC}^C = \frac{(a-c)^2}{4(1+b)} \tag{4-31}$$

---

① 下标 iC 表示企业 i 在古诺竞争下的均衡，下同。

在企业 i 背叛的情况下，企业 j 仍坚持合谋行为时，把 $q_j^C = \dfrac{a-c}{2+2b}$ 代入可以求出企业 i 背叛合谋的产出为：

$$q_{iC}^D = \frac{(a-c)(2+b)}{4(1+b)}, \quad p_{iC}^D = \frac{2a+ab+2c+3bc}{4(1+b)}, \quad \pi_{iC}^D = \frac{(a-c)^2(2+b)^2}{16(1+b)^2} \quad (4\text{-}32)$$

由 $\rho^* \equiv \dfrac{\pi^D - \pi^C}{\pi^D - \pi^N}$ 可得出古诺竞争下的临界折现因子为：$\rho_C^* = \dfrac{4+4b+b^2}{8+8b+b^2} > \dfrac{1}{2}$。

$\dfrac{\partial \rho_C^*}{\partial b} > 0$，因此临界折现因子在产品的替代程度上是递增的。

其次，考虑伯川德双寡头情况，单阶段非合作博弈的伯川德纳什均衡价格和利润为：

$$q_{iB}^N = \frac{a-c}{(1+b)(2-b)}, \quad p_{iB}^N = \frac{a-ab+c}{2-b}, \quad \pi_{iB}^N = \frac{(a-c)^2(1-b)}{(1+b)(2-b)^2} \text{①} \quad (4\text{-}33)$$

合谋下解出关于价格的联合利润最大化可得出

$$q_{iB}^C = \frac{a-c}{2(1+b)}, \quad p_{iB}^C = \frac{a+c}{2}, \quad \pi_{iB}^C = \frac{(a-c)^2}{4(1+b)} \quad (4\text{-}34)$$

若企业 i 背离合谋，把 $p_{jB}^C = \dfrac{a+c}{2}$ 代入企业 i 的利润函数，企业 i 均衡价格和利润为：

$$q_{iB}^D = \frac{(a-c)(2-b)}{4(1-b^2)}, \quad p_{iB}^D = \frac{2a-ab+bc+2c}{4}, \quad \pi_{iB}^D = \frac{(a-c)^2(2-b)^2}{16(1-b^2)} \quad (4\text{-}35)$$

当内部解有效时，竞争者 j 的产出 $q_j = \dfrac{(a-c)(2-2b-b^2)}{4(1-b^2)}$（$b < \sqrt{3}-1$，即 $b < 0.73205$）必须是非负的，否则就存在角点解。当 $q_j \leqslant 0$（$b \geqslant \sqrt{3}-1$，即 $b \geqslant 0.73205$）时，存在角点解，企业 i 所能获得角点解的最高价格和利润为：

$$q_{iB}^{DD} = \frac{a-c}{2b}, \quad p_{iB}^{DD} = \frac{2ab-a+c}{2b}, \quad \pi_{iB}^{DD} = \frac{(a-c)^2(2b-1)}{4b^2} \quad (4\text{-}36)$$

---

① 下标 iB 表示企业 i 在伯川德竞争下的均衡，下同。

　　故伯川德情况下的折现因子可写为：当 $b < 0.73205$ 时，$\rho_B^* = \dfrac{b^4 - 4b^3 + 4b^2}{b^4 - 8b^3 + 8b^2} > \dfrac{1}{2}$，

$\dfrac{\partial \rho_B^*}{\partial b} > 0$，合谋的稳定性随着产品替代性的增强而减少。当 $b \geqslant 0.73205$ 时，

$\rho_B^{**} = \dfrac{b^4 - 3b^3 - b^2 + 8b - 4}{2b^4 - 3b^3 - b^2 + 8b - 4} > \dfrac{1}{2}$；当 $0.73205 \leqslant b < 0.77485$ [①]时，$\dfrac{\partial \rho_B^{**}}{\partial b} > 0$，合谋的

稳定性随着产品替代性的增强而减少；当 $0.77485 < b \leqslant 1$ 时，$\dfrac{\partial \rho_B^{**}}{\partial b} < 0$。合谋的稳

定性随着产品替代性的增强而增加。

　　当 $b < 0.73205$ 时，$\rho_C^* - \rho_B^* = \dfrac{-8b^5}{(8 + 8b + b^2)(b^4 - 8b^3 + 8b^2)} < 0$；当 $b \geqslant 0.73205$

时，$\rho_C^* - \rho_B^{**} = \dfrac{b^6 + 12b^4 + 16b^3 - 28b^2 - 16b + 16}{(8 + 8b + b^2)(2b^4 - 3b^3 - b^2 + 8b - 4)}$；可求出，当 $b \leqslant 0.96155$ 时，

$\rho_C^* \leqslant \rho_B^{**}$；当 $b > 0.96155$ 时，$\rho_C^* > \rho_B^{**}$。由此可得出如下结论：

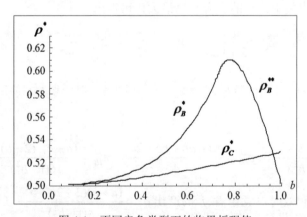

图 4-1　不同竞争类型下的临界折现值

　　结论 1：古诺数量竞争和伯川德价格竞争的双寡头合谋稳定性所需要的最低折现值都大于 $1/2$，当 $b \in (0, 0.96155]$ 时，古诺双寡头比伯川德竞争下的双寡头更容易达成合谋的稳定。而当 $b \in (0.96155, 1]$ 时，伯川德双寡头比古诺双寡头更容易

---

① 具体数值用 Mathematica 算出，下同。

达成合谋的稳定，如图 4-1 所示。

由图 4-1 可以看出，对于较高程度的差异化，古诺竞争类型的合谋稳定性更容易维持；而对于较低程度的差异化，伯川德竞争类型的合谋稳定性更容易维持。这和很多文献中相关分析的结论是一致的。

三、差异化企业存在合谋成本下的合谋行为

上面我们的分析假设企业合谋不需要任何合谋成本，在实际经济中，企业为维持合谋，总是需要付出各种各样的成本，这一部分我们集中考虑合谋成本的存在对不同竞争类型的产品差异化合谋稳定性的影响。

现在假定合谋的发生需要支付成本（合谋成本用 T 来表示），在合谋的每一阶段的利润变为 $\pi^C - T$（Thomadsen&Rhee，2007）[①]，为了保证合谋是可维持的，需要满足的条件为：$\dfrac{\pi^C - T}{1-\rho} \geqslant \pi^D + \dfrac{\rho\pi^N}{1-\rho}$，即 $\rho \geqslant \rho_T^* = \dfrac{\pi^D - \pi^C + T}{\pi^D - \pi^N}$ 下企业才有合谋的动机。

根据 $\rho_T^* = \dfrac{\pi^D - \pi^C + T}{\pi^D - \pi^N}$，可求出在古诺竞争下，

$$\rho_{TC}^* = \frac{(a-c)^2(4b^2+4b^3+b^4)+(64+192b+208b^2+96b^3+16b^4)T}{(a-c)^2(b^4+8b^3+8b^2)} \quad (4\text{-}37)$$

在伯川德竞争下：当 $b \in (0, 0.73205)$ 时，

$$\rho_{TB}^* = \frac{(a-c)^2(4b^2-4b^3+b^4)+(64-64b-48b^2+64b^3-16b^4)T}{(a-c)^2(b^4-8b^3+8b^2)} \quad (4\text{-}38)$$

当 $b \in [0.73205, 1]$ 时，

$$\rho_{TB}^{**} = \frac{(a-c)^2(b^4-3b^3-b^2+8b-4)+(4b^5-12b^4+16b^2)T}{(a-c)^2(2b^4-3b^3-b^2+8b-4)} \quad (4\text{-}39)$$

[①] 这样设置在某种程度上是合理的，很多学者也认为，一旦确定了合谋，就需要频繁的交流和会议去协调每个阶段的行为。因为这些会议是非法的，又面临被检举的风险，这需要每阶段支付成本，如 Thomadsen&Rhee (2007)。

由式（4-37）、（4-38）、（4-39）可得出结论 2。

结论 2：无论 b 取何值，在古诺竞争类型和伯川德竞争类型下，若要保证合谋是可能的，古诺竞争类型下所允许的最大合谋成本 $T_{C.\max}$ 总是小于伯川德竞争类型下所允许的最大合谋成本 $T_{B.\max}$[①]。

相对于古诺竞争，企业在伯川德竞争下合谋所获得的收益更大，因此，伯川德竞争下所允许的最大合谋成本总是大于古诺竞争下所允许的最大合谋成本。

同样，由式（4-37）、（4-38）、（4-39）可得出：当 $b \in (0, 0.73205)$ 时，

$$\rho_{TC}^* - \rho_{TB}^* = \frac{(a-c)^2(-8b^7) + 32b^3(32 + 32b - 24b^2 - 24b^3 + b^4 + b^5)T}{(a-c)^2(b^4 + 8b^3 + 8b^2)(b^4 - 8b^3 + 8b^2)} \quad (4\text{-}40)$$

当 $b \in [0.73205, 1]$ 时，

$$\rho_{TC}^* - \rho_{TB}^{**} = \frac{(a-c)^2(b^8 + 12b^6 + 16b^5 - 28b^4 - 16b^3 + 16b^2)}{(a-c)^2(2b^4 - 3b^3 - b^2 + 8b - 4)(b^4 + 8b^3 + 8b^2)}$$
$$+ \frac{(-4b^9 + 12b^8 + 208b^7 + 192b^6 - 336b^5 - 80b^4 + 896b^3 + 640b^2 - 256b - 256)T}{(a-c)^2(2b^4 - 3b^3 - b^2 + 8b - 4)(b^4 + 8b^3 + 8b^2)}$$

$$(4\text{-}41)$$

结论 3：当 $0 < b \leqslant 0.73205$ 时，当且仅当 $T > 0.00213(a-c)^2$，$\rho_{TC}^* > \rho_{TB}^*$。当

---

① 证明：在古诺竞争下，$0 < \rho_{TC}^* < 1$，则所允许的默契合谋成本 $T_C < T_{C.\max}$

$= \dfrac{(4b^3 + 4b^2)(a-c)^2}{64 + 192b + 208b^2 + 96b^3 + 16b^4}$，同样在伯川德竞争下，当 $b \in (0, 0.73205)$，$T_B < T_{B.\max}$

$= \dfrac{(4b^2 - 4b^3)(a-c)^2}{64 - 64b - 48b^2 + 64b^3 - 16b^4}$。当 $b \in [0.73205, 1]$，$T_B < T_{B.\max} = \dfrac{b^4}{4b^5 - 12b^4 + 16b^2}$。又因为当 $b \in (0, 0.73205)$ 时，

$$T_{C.\max} - T_{B.\max} = \frac{-512b^3(1 + b - b^2 - b^3)}{(64 + 192b + 208b^2 + 96b^3 + 16b^4)(64 - 64b - 48b^2 + 64b^3 - 16b^4)} < 0，当$$

$b \in [0.73205, 1]$ 时，$T_{C.\max} - T_{B.\max} = \dfrac{-128b^5(1 + b)^2}{(64 + 192b + 208b^2 + 96b^3 + 16b^4)(4b^5 - 12b^4 + 16b^2)} < 0$，

因此，无论 b 取何值，总会有 $T_{C.\max} < T_{B.\max}$，证毕。

$0.73205 < b \leqslant 1$ 时，当且仅当 $T > 0.00244(a-c)^2$，$\rho_{TC}^* > \rho_{TB}^{**}$ [①]，如图 4-2 和图 4-3 所示。

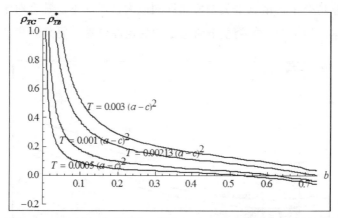

图 4-2   存在默契合谋成本下的临界值比较（$b \in (0, 0.73205)$）

从图 4-2 和图 4-3 可以看出，在引入合谋成本之后，不同竞争类型的合谋稳定性变得更加复杂。从图中可以看出，如果合谋成本足够的低，当 $0 < b < 0.73205$ 时，对于较低程度的差异化（b 值越大，差异化程度越低），古诺类型的合谋稳定性更有可能大于伯川德竞争类型的稳定性；当 $0.73205 \leqslant b \leqslant 1$ 时，对于较高程度的差异化，古诺类型的合谋稳定性更有可能大于伯川德竞争类型的稳定性，但是具体的符号确定要取决于具体的产品差异化程度，而当合谋成本高于一个临界值，

---

① 证明：（1）若要 $\rho_{TC}^* - \rho_{TB}^* > 0$，只须 $T > f(b) = \dfrac{(a-c)^2 b^4}{4(32 + 32b - 24b^2 - 24b^3 + b^4 + b^5)}$，因为

$\dfrac{\partial f(b)}{\partial b} = \dfrac{(a-c)^2 b^3 (128 + 96\,b - 48\,b^2 - 24\,b^3 - b^5)}{4(32 + 32b - 24b^2 - 24b^3 + b^4 + b^5)^2} > 0$，故只要 $T > f(0.73205) = 0.00213$

$(a-c)^2$，则 $\rho_{TC}^* > \rho_{TB}^*$。

（2）若要 $\rho_{TC}^* - \rho_{TB}^{**} > 0$，只须

$$T > g(b) = \dfrac{(a-c)^2 (b^8 + 12b^6 + 16b^5 - 28b^4 - 16b^3 + 16b^2)}{4b^9 - 12b^8 - 208b^7 - 192b^6 + 336b^5 + 80b^4 - 896b^3 - 640b^2 + 256b + 256},$$

当 $b \in (0.73205, 0.78057)$ 时，$\dfrac{\partial g(b)}{\partial b} > 0$，当 $b \in (0.78057, 1]$ 时，$\dfrac{\partial g(b)}{\partial b} < 0$，故只要 $T > g(0.78057) = 0.00244(a-c)^2$，则 $\rho_{TC}^* - \rho_{TB}^{**} > 0$，证毕。

无论差异化程度为多大，古诺竞争类型的合谋稳定性都要小于伯川德竞争类型的稳定性。原因在于结论 2，对于同样程度的差异化，伯川德竞争类型所允许的最大合谋成本总是小于古诺竞争类型所允许的最大合谋成本，那么对于较高程度的同样合谋成本，伯川德竞争类型下所达到的稳定性总是会更高一些。

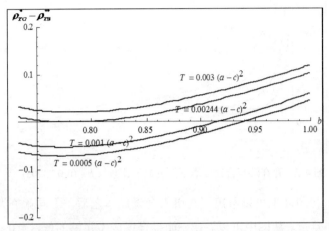

图 4-3　存在默契合谋成本下的临界值比较（$b \in [0.73205,1]$）

四、基本结论与研究局限

在合谋问题上引入合谋成本，这是比较符合现实的假设。经过以上研究，可得出基本的结论如下：

第一，在无合谋成本的情况下，当产品差异化程度较高时，古诺双寡头比伯川德竞争下的双寡头更容易达成合谋的稳定，而当产品差异化程度较低时，伯川德双寡头比古诺双寡头更容易达成合谋的稳定。当存在合谋成本时，在较低合谋成本的情况下，古诺竞争类型和伯川德竞争类型的合谋稳定性难以比较。

第二，无论差异化程度为多大，在古诺竞争类型和伯川德竞争类型下，若要保证合谋是可能的，古诺竞争所允许的最大合谋成本总是小于伯川德竞争所允许的最大合谋成本。

第三，一旦合谋成本超过临界值，无论差异化程度为多少，古诺竞争类型比伯川德竞争类型的合谋稳定性更难维持。这也从某个角度说明传统的认为古诺竞争类型的合谋比伯川德竞争类型合谋行为更容易维持的结论并不普遍成立。这为合谋参与者和决策制定者分析和辨别合谋问题提供了一个更加全面的视角。

上面分析的结论也适用于产品自身交叉价格弹性不为 1 情况[①]，在本书分析中，我们假设合谋成本对所有的差异化水平上是个常数，这可能有所失真。比如，协调成本可能随着差异化水平的增加而增加，因为如果企业之间所生产的产品越具有差异化，企业之间不对称性越强，越难以监测价格或者辨别背离行为，也增加了协调成本，而内生化这些成本超出了本书的范围，也为本书的进一步研究提出了思考的方向。

五、相关政策启示

（一）提高合谋行为的惩罚力度，增加合谋成本

要对合谋行为做好监管，提高合谋行为的惩罚力度。不管竞争强度为多大，合谋要想成为可能，合谋成本不能超过临界值。维持合谋的成本包括协调成本、交流成本和由于非法合谋而被惩罚的风险成本等。这些成本的存在使得维持合谋更加困难，尤其是对于差异化企业来说更是如此。当这些成本足够的高和产品变得更加具有异质性时，合谋会变得更加困难。因此，对待可能降低社会福利和有损于消费者福利的合谋行为，如果监管措施有力，增加针对合谋行为的惩罚力度，就会提高合谋行为的风险成本，降低合谋行为发生的机率。

（二）全方位审视可能的合谋行为

全方位审视可能的合谋行为。较弱竞争环境下的企业并不一定比激烈竞争环境下的企业更容易维持合谋。因为在激烈竞争环境下，合谋行为所产生的收益更大。由于竞争更加激烈，辨别企业的背离行为也变得较为容易。这说明决策制定者在辨别合谋问题时，要不仅关注大企业或者具有一定市场势力的企业可能发生的合谋行为，也要关注中小企业的合谋行为，按照本身违法原则制止相应的合谋行为。在 2007 年左右，粮食、食用植物油、猪肉、牛羊肉、方便面等食品制品经营者频发价格合谋行为，使得国家发改委不断发文表示要重点查处"经营者之间

---

① 如需求函数为 $p_i = a - dq_i - eq_j$（$d \neq 1, i \neq j$），感兴趣的读者可以证明一下。

串通或者通过行业协会、中介组织，以协议、决议、会议纪要、协调、口头约定等方式合谋涨价"[1]的不正当价格行为。

第四节　差异化企业合谋行为的影响因素和合谋策略

前两节着重分析了企业竞争类型和产品及质量的成本结构以及合谋成本对企业合谋行为策略稳定性的影响，不同的差异化结构决定了不同的临界折现值，这为评估合谋范围提供了一个合理的方法。事实上，除了这三种因素之外，和同质品企业一样，在差异化产品企业中，很多产业特征影响了合谋的可持续性。一个有利的因素将降低临界折现值，而使得合谋更加困难的产业特征将提高这种临界值。其他因素主要包括：首先，存在一些基本的结构性变量，比如竞争者数量、进入壁垒、企业交流的频繁性、市场透明度等。其次，关于需求方面的特征：需求增长、商业周期和需求波动等等。第三，关于供应方面的一些特征：市场的技术及创新特征，市场是否受技术和创新驱动，或者是否是一个具有一个稳定技术驱动的成熟产业？企业是否处于对称状态，具有相同成本和生产能力，或者企业之间是否存在重要的差异？这些从不同方面影响了企业合谋策略及合谋的稳定性。同时，企业合谋的策略维度也是多方面的，除了前两节所分析的数量合谋和价格合谋之外，也存在其他多种多样的合谋策略维度，如产业投资和能力、投标市场的合谋、研发行为的合谋等[2]。

一、影响企业合谋行为的因素

（一）基本的市场结构性变量

1. 竞争者数量

市场中竞争者的数量是影响企业合谋行为的一个重要的因素。首先，当企业

---

[1] 参见：高法成，刘晨：《发改委严查"合谋涨价"》，http://www.thefirst.cn/66/2007-08-02/110285.htm.

[2] 具体参见 Marc Ivaldi, Bruno Jullien et al. The Economics of Tacit Collusion. http://ec.europa.eu/competition/mergers/studies_reports/the_economics_of_tacit_collusion_en.pdf.

间协调仅建立在合谋可维持性所强调的市场行为的默契的共同理解基础之上时，所涉及的成员越多，协调越困难。其次，因为企业必须分享合谋利润，随着企业数量的增加，每个企业只能得到较少的份额。通过消减合谋价格，一个企业能通过从竞争者那里获得更多的市场份额，来自背离的收益增加；也就是说，企业的市场份额越小，从整个市场中所获得的收益越多。而且，对于每一个企业而言，因为它只能获得合谋利润中较小的一部分，竞争者数量的增加消减了来自维持合谋的长期收益，但是增加了来自背离的短期收益，这样就很难禁止企业背离合谋的行为。

2. 进入壁垒

如果存在较低的进入壁垒，合谋就很难维持。首先，在缺乏进入壁垒的条件下，任何超竞争性价格都会激发进入（如短期或者"打了就跑"的进入策略），这将会破坏合谋的盈利性。第二，未来进入的前景消减了报复的范围，也限制了合谋的可持续性。如果进入会随时发生，企业从未来的报复中将损失较少。具体而言，未来进入的前景并不影响企业从背离中所获得的短期利益，但是消减了未来利润的背离成本。因为不管在位企业过去的行为是什么，如果进入发生，就会消减背离者的利润，对背离企业的报复就不那么重要。当进入的可能性发生时，企业倾向于消减合谋价格，合谋的能力减少。在缺乏进入壁垒的情况下，合谋不能维持，进入壁垒越小，合谋越难维持。

3. 频繁的交互作用

当相同的企业重复竞争、频繁的交互作用时，更容易维持合谋。原因在于企业能更迅速的对其中一个的背离做出反应。类似的思想也应用于价格调整的频率。价格调整越频繁，报复将越快；而且，一个背离合谋的企业不能利用欺骗行为太长时间，价格调整越容易，越容易维持合谋。因此，频繁的交互作用和价格调整有利于合谋。

4. 市场透明度

当市场参与者消减价格时，更加频繁的价格调整使得企业有可能迅速报复，但是这样一种背离必须被其他参与者所辨别。如果个体价格不能迅速被观察，或者不是很容易获得相关市场数据时，合谋就很难维持。这种思想首先在 Stigler

（1964）的经典论文中开创性地提出，并且被 Green& Porter（1984）和 Abreu&Pearce& Stachetti（1985）所分析：关于价格和销售的透明度的缺乏并不一定阻止了合谋，但是使得合谋很难维持。当产品是差异化且需求不确定时，合作方更难判定价格的背离是由于价格消减、质量/产品变化或者是需求原因。Raith（1996）指出，产品差异化可能加剧了非透明市场中的信息问题，也就是说，即使企业没有观察出竞争者的价格或者数量，仍能从自身的价格和数量中获得相关的信息，这种信息的获得在产品是同质品的情况下也比产品是异质品的情况下更容易，这也可能是为什么反垄断当局总认为产品同质性有利于合谋的原因。总的来说，随着产业中企业数量的增多，透明度的缺乏使得合谋更难维持。

（二）需求方面特征

1. 需求增长

对于固定数量的市场参与者，在增长的市场中很容易维持合谋，今天的利润相对于明天的利润而言是比较小的。事实上，需求增长经常被解释为阻止合谋的因素。这种明显的分歧的一种可能的解释是上面的推理假定市场参与者数量在市场增长的情况下仍然保持不变。而在实践中，在增长的市场中进入可能会更加容易。就像上面所说的，未来进入的可能性阻止了合谋。从这个方面说，市场增长可能和一些阻止合谋的因素有关。在一个低进入壁垒的市场，市场增长事实上会产生进入。总的效应可能会不利于合谋。然而，在进入壁垒是高的市场中（如由于必要的专利），市场增长的内在效应可能有利于合谋。

2. 商业周期和需求波动

增长和萧条的效应就是需求波动使得合谋很难去维持。当市场处于峰值时，来自背离的短期收益比较大，而来自报复的潜在成本却最小，因此，在这个时间段合谋很难维持。在市场处于峰值时，需求波动阻止了合谋。

3. 需求者的购买力

如果购买者很强，即使一个完全垄断者也会很难去索要高价，需求者的购买力消减了企业间合谋的盈利性。大的购买者可以集中订单，减少企业的交互作用，增加企业背离合谋的短期收益，使得合谋行为变得不稳定。

4. 需求弹性以及需求交叉价格弹性

需求交叉价格弹性对企业合谋价格以及合谋盈利性也有一定的效应。当采取合谋价格时，企业必须比较较高价格引起的增加的边际收益以及更高价格引起的销售的减少。当需求弹性比较高时，企业如果索要高价会损失很大的销售数额。当需求变得没有弹性时，超过"正常水平"的价格会增加企业的利润。而当需求交叉价格弹性较高时，产品的替代性较强，合谋企业中如果有一方背离合谋，降低价格，消费者转向该企业的销售的可能性就会大一些，同时来自对方企业惩罚的力度也会大一些。

（三）供给方面特征

1. 创新性市场

创新使得价格上的合谋很难维持。原因在于创新，尤其是激进创新，可能会允许创新企业极大的竞争优势。这种前景消减了未来合谋的价值，也消减了竞争者能使其遭受的利润损失。因此，创新的可能性越大，越难维持合谋。

2. 成本不对称性

成本结构不对称性有几种含义：首先，企业可能发现很难维持定价政策。成本结构的多样化可能排除了定价政策的"聚点"①，因此加剧了协调问题。而且，技术效率要求分配更多的市场份额给较低成本的企业，但是在缺乏明确协定和单边支付的情况下维持合谋将是非常困难的。即使企业同意一个给定的合谋价格，低成本企业也很难去遵守，因为他们可以通过背离竞争者而获得更多，而且他们也不畏惧来自高成本企业可能的报复。和对称的成本结构情况相比，高成本企业对低成本企业背离合谋行为的惩罚能力是有限的。这意味着高成本企业不能给与低成本企业更多的约束，因此，低成本企业背离合谋行为的动机要比在合谋企业也是低成本企业下要高。

3. 能力约束的不对称性

上面的推理延伸到成本结构的其他形式的差异，包括生产能力的差异。能力约束从两个方面潜在的影响着合谋的可持续性。首先，一个能力约束企业从消减

---

① 企业默契合谋中所达成一致的价格。

竞争者那里获得较少的收益。其次，能力约束限制了企业的报复能力。初看，能力约束好像对合谋有着模糊的效应。因为他们消减了背离合谋的动机，也消减了惩罚这种背离的能力。然而，和面临相同能力约束的企业相比，增加一个企业能力的同时，消减另一个企业的能力，提高了前一个企业背离第二个企业的动机，也减弱了第二个企业的报复能力。总的来说，引入这种不对称性不利于合谋。

4. 多市场交流

通常认为企业在多个市场时，维持合谋更加容易。首先，多市场交流增加了企业交流的频率。第二，多市场交流可能会弱化出现在个体市场中的不对称性。一个企业在一个市场中有竞争优势，它的竞争者可能在另一个市场中具有竞争优势。如果合谋企业在多个市场中都有竞争关系，任何企业对背叛行为都会更加谨慎。一旦背叛行为被发现，可能招致对手在多个市场中的报复行为，使得合谋同盟的长期有了保障。多市场的交流可能允许企业维持在一些产业特征中不允许合谋的市场中的合谋行为。

二、企业合谋的策略维度

（一）价格合谋

企业合谋行为主要集中在价格的协商和合作上，企业制定一个高于竞争的价格获得超额利润，一旦企业背离合谋行为，降低自身价格从而获得更多的产出，合谋就破裂。经典的触发策略是竞争者将永远生产竞争水平的价格作为回应，因为这种报复是以牺牲企业自身的利益为代价的，所以报复是否是可置信的始终是个问题。对于企业来说，价格战的合谋维持机制是代价高昂的，价格战可能会对各方造成巨大的损失，尤其是在信息不对称、市场不确定和缺乏有效沟通机制的情况下，企业之间往往很难寻找到"聚焦点"（focal point），以惩罚对手为目的的价格战可能演变为市场竞争的常态，因此，合谋具有内在的脆弱性。

（二）数量合谋

像前两节分析的那样，除了价格上的合谋之外，企业也可以采取数量上的合谋。在数量合谋中，合谋行为在于消减生产水平到低于"正常"的竞争水平上。一旦企业试图提高产量从而增加市场份额，就会出现报复行为。报复行为在理论模型中一般采取"正常"的数量竞争，这涉及较高生产水平的重复均衡。

在讨论非合谋的寡头理论中，一般认为相对于价格竞争而言，数量竞争意味着不那么激烈的竞争①，就像第三节所分析的那样，因为数量竞争影响了报复的可能性也影响了企业背离合谋行为的短期收益，因此数量竞争对合谋稳定性的效应是模糊的。一般而言，在数量竞争中，因为价格总要调整到出清所有竞争者的产出，企业面临着增加个人的生产水平的较小诱惑从而背离默契的合谋水平。从这个角度来说合谋很容易维持。然而，在数量竞争中报复也很困难，因为企业可以通过调整产出水平弱化这种报复。因此，总的来说，在数量竞争中，背离合谋的诱惑较小，报复的力度也比较小，很难比较两种竞争下的合谋稳定性。

（三）能力、投资合谋

在一些产业中，能力选择是竞争结果的决定性因素。在价格合谋行为中，一旦企业背离价格合谋，企业将扩大生产，过剩能力的投资使得企业惩罚背离合谋行为变得可置信。一方面假定企业都按照生产能力全额生产，能力的消减会减少供应，提高市场价格。因此，能力、投资行为的合谋在于为了维持较高价格而做出的较少的投资约定。从这个角度来说，能力、投资选择的竞争和数量竞争存在很强的相似性。另一方面，由于能力以及与价格竞争交互作用的性质，能力、投资选择和数量竞争存在一些差异。首先，企业并不总利用足额能力生产，特别是在面临需求不确定时所做的能力投资选择，能力选择不是最终的生产决策。一旦能力投资到位，企业总是通过定价决策相互影响。其次，能力选择并不总是连续的，企业之间的能力投资选择的时间点是有差异的，能力投资选择的交流要比价格决策的交流少很多，这种交流的不频繁性是阻碍合谋的一个因素。能力投资行为的重要性导致了抢先进入的现象：当出现市场机会或者当需求增长时，企业会抢先进行能力投资，因为一旦企业已经建立了较大的能力，为了弱化竞争，竞争者将不再有较强的动机增加新的能力投资。再次，生产能力投资意味着不可逆转性。当能力投资不可逆转，背离合谋行为的企业会对竞争者强加一个"既定事实"：

---

① 因为价格竞争意味着较低的价格和较高的产量，而数量竞争意味着较低的产量和较高的价格。

竞争者除了适应新的形势之外没有别的选择。因此，不可逆转性可能会阻碍合谋，尤其是当需求比较稳定或者处于下降时期，几乎不可能有新的能力投资，企业之间重复的交互作用也比较少。当需求增长很快时，不可逆转性不一定阻碍合谋行为，因为企业总是要添加新的能力投资，这也有利于企业进行进一步的报复行为。

（四）投标市场的合谋

投标市场也会影响企业的合谋行为。比如，在相同的投标市场如果投标者较少且比较稳定，市场重复投标的频率比较高，投标者之间就可能会形成合谋。另外，投标机制是否对合谋行为有利取决于投标设计方式。如密封拍卖比公共采购投标产生更少的信息，可能更加不利于合谋。投标市场的组织方式对于评估合谋的可能性是必要的。

（五）研发行为的合谋

创新策略的合谋取决于创新效应的观察，并且很难去执行。因为 R&D 的透明度问题，也很难去监督，和 R&D 计划相关的不确定性以及所涉及的时差都会使得合谋更加困难，因此，R&D 上的合谋几乎是不可能的。企业 R&D 上的合作行为则比较多见，政府不允许企业之间的合谋行为，但是鼓励企业 R&D 的合作，这一点在下一章再做详细分析。

三、促成企业合谋行为的策略实践

企业合谋行为的策略实践多种多样，包括行业协会促成的价格合谋、产品差异化程度引起的合谋行为变化、生产商的技术合谋策略和生产商的联合抵制价格战策略等。行业协会促成的联合提高价格合谋行为极大地损害了消费者的福利，一直属于政府规制的范围；而产品差异化程度引起的合谋行为变化，其福利含义要从生产者和消费者两个角度全面分析；生产商的技术合谋策略是建立在相互竞争基础上的新型合作关系，减少了研发资源的重复浪费，提高了技术效率；生产商的联合抵制价格战策略，从企业角度讲，企业之间彼此协商、协调和合作，规范了行业的竞争行为，有利于良好市场竞争秩序的维护和构建，如中国彩电企业之间只有形成竞争合作的关系，才能在对外统一进行知识产权谈判、协调海外市场竞争、提高行业整体竞争能力等方面有所作为。

（一）行业协会促成的价格合谋

从美国和欧盟等国家和地区的反垄断执法实践来看，行业协会是企业之间价格合谋的最重要机制。行业内部组建一个类似于贸易协会的机构，搜集和发布与行业状况有关的信息，包括价格、产量等多方面信息，这样经常互通有无，就可以使成员之间竞争的透明度提高，降低合谋瓦解的风险。美国学者 Hay&Kelley（1974）的实证分析发现，在美国司法部查处的价格合谋案件中，总计有29%的案件涉及行业协会；Fraas&Greer（1977）则发现在美国反垄断机构查处的所有价格合谋案件中，有36%的案件涉及行业协会。

（二）产品差异化程度变化引起的合谋变动

如上面第二节所分析的那样，在垂直差异化的情况下，产品差异化程度越大，合谋越稳定。举一个例子，轿车行业是一个典型的产品差异化行业，不管是产品质量还是产品特征。根据中国汽车工业协会公布的数据，在2003年，中国轿车产业的产销量分别增长了83.25%和75.28%，但在随之而来的2004年，轿车的销量仅分别增长了14.11%和15.50%，同比回落了69和60个百分点。这一突发性下降与前一年的"井喷"都让众多轿车企业始料不及，也让专家和媒体大跌眼镜。有人认为：国家宏观调控及消费者的持币待购是造成这一回落的主要因素。也有人认为：2004年中国轿车行业发生了价格战，这是导致消费者持币待购的原因。为此，王皓（2007）从不同竞争格局的假设检验出发，得到了2002～2004年轿车行业合谋集团变迁的证据，即产品差异化程度的变化导致了内资合谋集团的破裂，而另一个新的外资合谋集团趋于形成。Lambertini（1997）和干春晖（2006）的理论分析也证明了这一点，即垂直产品差别越大，合谋越具有稳定性，价格战越不容易爆发。第二节的分析也证明了这一点。

（三）企业技术合作促成的合谋

生产商之间的合谋更多的应该着眼于技术方面（杜建耀，2009）。在很多产业（不管是同质品还是差异化产品产业）中，很多基础性技术被重复研发，单凭一个企业的实力在购买国外知识产权专利时，也很难拿到有竞争优势的价格。如果国内很多产业中的企业共同建立一个专利池，把各自的技术都放到这个专利池中进行交叉许可，不仅节约了资源，还可以进行行业性联合研发，而且在购买国外专利的时候，靠技术合谋来增强实力，也争取有利的引进价格，这就促进了行业整体的实力。

（四）生产商联合抵制价格战促成的合谋

零售企业利用其强大的渠道优势，单方面要求生产商降价成为常有的事。为了打压竞争对手，连锁零售巨头也会利用优势，向生产企业提出各种无理要求，生产企业往往处于被动局面。在销售领域展开激烈竞争的情况下，制造企业为维持"正价销售"必须付出巨大的努力。为消除引发降价销售（或加价销售[①]）的原因和条件，生产商可互相协商，统一采取抵制价格战策略，具体措施可包括：建立价格监督机构；所有厂家共同推行维持正价宣传活动；不允许批发商从事零售业务；对于不执行"正价"的经销商，生产厂家回收其商品，并查明其进货来源，通知供货单位停止向该经销商供货等。生产商借助合谋行为，维护了自己的利益。

四、针对企业合谋行为的政策规定

（一）本身违法原则

企业的合谋行为会给企业带来利益，有可能造成经济垄断或市场垄断[②]。如赤裸裸的限制竞争协议包括价格卡特尔、地域卡特尔、产量卡特尔、联合抵制等，以及其他的横向限制竞争协议与纵向限制竞争性以及企业集中性行为、滥用市场支配地位等，这些行为损害了竞争经济效率而没有任何抵消该损害后果的好处，极大地损害了消费者的福利，而且不会产生任何积极的促进经济增长的作用，这样的合谋在很多国家属于违法的行为，很多国家以法律的形式对卡特尔进行限制和惩罚。

（二）合理推定原则

合理推定原则要求在认定某种行为是合法还是违法时，不仅要考虑行为本身

---

① 如 2009 年 5 月份车市销售旺盛，在成都车市，一汽丰田 RAV4、东风本田 CRV、福特新嘉年华以及一些进口车（雷诺科雷傲、斯巴鲁）等都出现"加价卖车"现象。
② 垄断现象和行为分为人为垄断和自然垄断。人为垄断又分为经济垄断或市场垄断（如合谋、过度集中、滥用市场支配地位等）、行政垄断（如行政许可、地区封锁或部门利益保护等）和法定垄断（如专利、商标、版权等）。见[美]杰伊．皮尔．乔伊主编：《反垄断研究新进展：理论与证据》，张嫚，崔文杰等译，于立校，东北财经大学出版社，2008 年。

的事实，更要考虑行为的性质与效果。而对行为的性质与效果的认定归根结底要考察行为对经济效率影响或者对经济效率因素的影响。在特定的情况下，一些合谋行为是中性的，既具有损害资源配置效率的效果，又具有增进企业内部效率的效果，或者会对动态效率产生影响。在一些情况中，适当的合谋对企业和消费者都是有利的，可以使企业更有效地发展，有更多的剩余资金用于研究开发，推出新产品，也能够防止国际贸易冲突等等问题。这时，如果绝对地、笼统地将这些行为界定为违法行为，就将会造成效率损失。一向严格对待卡特尔的德国也在立法中专门划定法律允许的卡特尔行为。德国在 1957 年制定《反对限制竞争法》中，就有针对卡特尔的合理原则的相关条款，所推定的合理的卡特尔行为包括结构危机卡特尔、合理化卡特尔、出口卡特尔等。合理推定原则是指根据企业行为的性质、效果，运用个案分析方法，具体分析行为对经济效率的相对影响或对影响经济效率的各种市场条件主要是结构条件进行比较分析，只要该行为产生的效率增进幅度大于效率的损失幅度，那么一般就应认定为合理的，不受反垄断法的限制。

（三）中国的立法和政策实践

中国的《反垄断法》已于 2007 年 8 月 30 日获全国人大常委会会议通过，并于 2008 年 8 月 1 日起正式实施。《反垄断法》规定了三种垄断行为，即：经营者达成垄断协议；经营者滥用市场支配地位；具有或者可能具有排除、限制竞争效果的经营者集中。《反垄断法》规制对象为具有反竞争效果的行为，包括本身违法原则严以禁止的合谋行为、企业集中行为等。作为市场竞争法律制度的核心，《反垄断法》既要防止经营者过度集中，形成垄断，同时又要有利于我们国内企业通过依法兼并来做大做强，发展经济，提高产业集中度，增强竞争力。在中国制定的相关法律当中，企业的合谋行为也有其生存的空间。中国的反垄断立法根据中国国情和经济发展阶段以及历史文化传统等，对于一些有利于产业竞争力与社会公共利益提高、但不损害实质上的竞争的协议给予豁免。如对经营者为了改进技术、提高产品质量、提高效率、降低成本的共同行为；中小企业为提高经营效率、增强竞争能力而进行的共同行为；经营者为应对经济不景气、制止销售量严重下降或者生产明显过剩的共同行为等给予许可，以带动整个行业的发展。

需要指出的是，不管是立法实践还是政策措施，并没有针对差异化产品的合谋行为立法和规定。但是，关于差异化产品的市场界定是竞争政策领域（包括企业间协议、主导地位滥用和兼并的调查）中广泛使用的重要工具。在本书最后一章中会对此作详细地分析。

本章小结

本章分析包括四个方面：差异化产品企业合谋策略与理论拓展；垂直差异化、竞争类型与企业合谋行为研究；水平差异化、竞争类型与企业合谋行为研究；影响差异化企业合谋行为的其他因素和合谋策略。主要内容和结论包括以下几个方面：

第一，关于差异化产品企业合谋问题的研究，基本上都是建立在多期的超级博弈以及 Friedman（1971）的触发策略基础之上。主要包括：企业区位选择的合谋行为、产品特征差异化企业的合谋行为、差异化寡头企业威胁策略有效性的分析。

第二，在理论上都认为产品差异化和合谋稳定性的分析取决于所用的产品差异化的具体模型。在这个问题的中心存在一个简单的平衡：当企业销售同质品时，其从默契合谋中获益最多，也从背离合谋协定中获益最多。这种结果就是精确的需求假定规定了哪一种效应占优。

第三，在垂直差异化下不同成本结构中古诺竞争和伯川德竞争下的合谋稳定性，修正了以往单一成本结构下对差异化企业合谋稳定性的认识，并得出了一些有效的结论。在垂直差异化下，无论是在固定成本还是在可变成本的成本结构下，高质量企业总是比低质量企业更难以维持合谋。由于价格竞争更加激烈，伯川德竞争下企业为了缓解价格竞争，竞争均衡中企业的质量差异也会更大。因此，为了维持合谋的稳定，企业必须加大自主创新的力度，以产品差异化作为竞争的手段。

第四，在水平产品差异化市场的合谋行为中引入合谋成本，并比较了无合谋成本和有合谋成本对产品差异化的不同竞争类型的合谋稳定性的影响，修正了以往不考虑合谋成本情况下对合谋稳定性的认识，并得出一些有效的结论。在无合谋成本的情况下，当差异化程度较大时，古诺竞争类型更容易维持。而当存在合谋成本时且合谋成本较低时，古诺竞争类型和伯川德竞争类型的合谋稳定性则难以比较。一旦合谋成本超过临界值，无论差异化程度为多少，古诺竞争类型比伯川德竞争类型的合谋稳定性更难维持。这也从某个角度说明传统的认为古诺竞争类型的合谋比伯川德竞争类型合谋行为更容易维持的结论并不普遍成立。这为合谋参与者和决策制定者分析和辨别合谋问题提供了一个更加全面的视角。

第五，影响企业合谋行为除了成本结构、差异化、竞争类型之外，还包括其他基本的市场结构性变量、供求方面特征等，企业合谋的策略维度除了价格、数量上的合谋之外，也包括能力与投资合谋、投标市场的合谋和研发行为的合谋。促成企业合谋行为的策略实践也多种多样，包括行业协会促成的合谋、产品差异化程度引起的合谋行为变化、生产的技术合谋策略等。

第五章　产品企业差异化与企业 R&D 竞争策略分析

第一节　差异化企业 R&D 策略与理论拓展

在市场竞争中，若竞争是完全的，唯一的均衡结果就是价格等于边际成本与平均成本，企业利润为零。而当制度、技术进步、研发等因素对某些企业的成本结构或产品种类产生影响时，价格就会偏离平均成本，使消费者剩余转移到这些企业手中。同时，价格也会偏离另一些企业的边际成本，使他们的资源转移到这些企业手中。这些企业就会获得一定的市场势力，在市场竞争中处于一种相对占优的位置。研发与创新主要通过如下途径影响价格（干春晖，2005）：

第一，通过成本降低影响价格。随着工艺和生产技术的革新，产品边际成本下降，从而拥有最新工艺/技术的企业可以以低于别的企业的边际成本的价格出售自己的产品，没有革新工艺的企业便会被挤出市场。这种革新也叫过程创新[①]。同时，另外一种情况也会出现，即没有革新工艺的企业通过模仿或获得对手的许可证，来实现自己边际成本的降低。后一种称为学习效应或者企业创新的外溢性。

第二，通过产品差异化影响价格。企业在竞争中采取差异化战略，除了营销策略的差异之外，最重要的就是产品差异化。产品差异化可以采取多种形式：一种是无形的差异，这种差异来自于广告的引导或者消费者的认知；一种是有形的差异，这种差异来自于产品本身的质的差异，产品质的差异是产品多样化的根本，具有核心竞争力的质决定产品占有市场的能力，也决定生产商的销售与利润。而产品本身质的差异，则来自于企业的产品技术差异。创新是产品差异化的重要源

---

① 过程创新（Process Innovation），也称工艺创新，是指产品的生产技术的变革，它包括新工艺、新设备和新的组织管理方式，主要作用在于降低现有产品或新产品的生产成本。

泉，它满足了顾客多层次、多品味的需求，从而在创新的产品上企业会获得类似垄断的地位，因而可以向顾客索要相对高的价格。这种创新也叫产品创新[①]。所以企业之间、甚至国际之间竞争的核心或者长期决定因素是技术竞争，技术竞争在本质上是由 R&D 能力决定的。

第三，通过专利影响价格。知识产品的重要特性是外部性，工艺创新、产品变革的知识都有可能"外溢"到竞争者手中。因此，若没有知识产权的保护，企业研究开发的成果便会比较容易地被对手得到，从而研究开发的成本得不到补偿，进而没有企业会从事研究开发，整个社会的技术创新速度便会大大下降。所以，对知识产权的保护便应运而生，专利便是最有力的工具之一。专利为企业获得合法的垄断地位提供了坚实的制度壁垒，因此专利便成为企业们追逐的对象。

第四，通过标准与产品兼容影响价格。对于网络外部性很强的产品来说，产品兼容是一个很重要的问题。举一个简单的例子，当有 50 个人使用 WPS，而有 100 人使用 Word，同时 WPS 文档与 Word 文档不兼容，这时，新进入市场的用户的理性选择是购买 Word，因为它可以共享 100 个人的文档。所以，若产品不兼容时，顾客所知道的或者所预期的网络规模越大，企业竞争力越强，这种企业的技术就越容易形成标准，同时，他也越容易获得垄断地位。

企业 R&D 的目的是为了创新，创新本身也可以分为很多种：按照创新本身不同的侧重点，创新分为过程（工艺）创新、产品创新和营销创新[②]；按照创新的剧烈程度，主要包括激进创新与非激进创新；按照创新的应用范围，创新可分为基本理论创新和应用创新；按照创新的同步与否，创新可分为同步创新和序列创新。和本章产品差异化相关的内容主要是产品创新和过程创新。

一、创新类型的选择

自 Schumpeter（1943）对市场集中和创新决策做出最早分析以来，创新的经济方面一直是经济学家首要关注的问题。随后文献的研究首先集中在过程创新的

[①] 产品创新（Product Innovation）指技术或产品特征上有变化的产品的商业化。
[②] 和企业研发对应的主要是产品创新和过程创新。

不同原因和效应，比如竞争强度影响了创新决策、在替代性市场结构下 R&D 支出的次优选择和 R&D 竞赛[1]。然而，大约二十年前理论分析的焦点有了极大的改变，现在则致力于寻求不同创新类型选择的解释（Bandyopadhyay（Banerjee）&Acharyya，2004）。关于 R&D 创新类型的研究主要集中在企业是投资 R&D 于过程创新还是投资 R&D 于产品创新。经验研究指出企业通常有一篮子 R&D 计划组合，一些倾向于过程创新，一些倾向于产品创新，即上面所述的是通过降低成本影响价格获得市场势力还是通过产品差异化影响价格获得市场势力。一般认为日本企业在过程创新上投资较多，而西方企业在产品创新上投资较多[2]。如 Imai（1992）指出在日本众多企业中过程创新与产品创新的比例大约为 60:40。Scherer&Ross（1990）则认为，现存的大多数关于 R&D 的文献都集中在过程创新，而事实上美国企业 R&D 投资的四分之三都致力于产品 R&D。

Mansfield（1981）、Link（1982）、Scherer（1991）和 Cohen&Klepper（1996）分析了市场集中度和企业规模如何影响企业在产品 R&D 和过程 R&D 之间的选择。如 Mansfield（1981）对 1977 年来自于 24 个行业 108 个企业研发投资的数据进行回归分析的结论为：在大多数产业中，企业规模的增加总是伴随着超出规模增加比例的基础研究投资和完全新产品、新过程创新研发投资的增加。Link（1982）的研究发现，在 R&D 密集型产业，致力于过程创新的 R&D 份额随着市场集中度的增加而增加。Scherer（1991）的研究表明，在整个制造业中，相对于产品 R&D 来说，过程 R&D 总是随着企业规模的增加而增加，商业销售额的十倍的增加总是伴随着过程创新 R&D 支出 10%的增加。Cohen&Klepper（1996）的研究表明，R&D 致力于不同类型的创新活动因产业而异。例如，在炼油产业，R&D 的将近 3/4 被用于过程创新，而化学制药业却只有不到 1/4 被用于过程创新。这种差异最主要是因为外生产业条件的差异使得创新活动的报酬有所差异，产品越复杂，致力于过程创新的研发投资就越多，除此之外，产业内的企业规模、市场结构也会

---

① 参见 Arrow(1962)，Dasgupta&Stiglitz(1980)，Delbono&Denicolo (1990)，Mansfield(1981)，Reinganum(1982)，Lee&Wilde(1980)，Loury(1979)等的描述。
② Mansfield(1988)认为传统的日本企业总是参与更多的过程创新，而美国企业参与更多的产品创新。

影响 R&D 的构成①。

（一）水平差异化框架下不同创新类型的比较

在水平差异化框架下，Rosenkranz（1996）提出了一个企业在产品创新和过程创新中作出同步决策的模型，研究了两种类型 R&D 的最优投资分布。Lin&Saggi（2002）在同质品和差异化产品企业 R&D 创新类型选择的文献基础上，构造了一个由三阶段组成的线性需求的双寡头模型。第一阶段，企业选择他们的产品 R&D 投资，这些产品 R&D 投资决定了企业产品之间差异化的程度。第二阶段，企业选择过程 R&D 投资。产品市场竞争发生在第三阶段②。产品 R&D 和过程 R&D 都通过价格——成本边际影响企业的盈利性：过程 R&D 通过消减生产的边际成本扩大了价格——成本边际，产品 R&D 通过增加消费者对产品的支付意愿允许企业索要较高的价格。因为总利润等于产出乘以价格——成本边际，企业的产出越大，任何一个 R&D 对于企业来说都是有吸引力的。这种产出效应导致了两种类型 R&D 之间的双向互补性。这种互补性体现在两个方面，一是产品 R&D 增加了两个企业产品的需求，这种增加的需求提高了均衡产出水平，并且提高了来自于过程 R&D 的回报，二是过程 R&D 也通过降低生产成本增加了均衡产出水平从而使得产品 R&D 变得更加具有吸引力。利用这种互补属性，Lin&Saggi 的研究获得了如下结果：第一，过程 R&D 投资的均衡水平随着产品差异化程度增加而增加。第二，企业在有过程 R&D 会比没有过程 R&D 时对产品 R&D 投资更多。第三，产品 R&D 上的合作会增加两类 R&D 的投资，过程 R&D 的合作则会阻碍两种类型的 R&D 的投资。相对于竞争来说，产品 R&D 上的合作提高了社会福利；相对于仅在产品 R&D 上合作而言，两种类型 R&D 的合作降低了社会福利。

同时，Lin&Saggi 也发现，产品 R&D 在伯川德竞争下要比古诺竞争下投资

---

① 除了这些因素之外，其他包括不同的创新策略、文化差别、专利政策上的差异等都是可能的影响 R&D 构成的因素。如 Albach(1994)认为 R&D 构成的差异可以归结于起源于武士道精神的日本的过程倾向和起源于加尔文主义道德观的美欧的结果倾向。Eswaran&Gallini(1996)研究了专利政策在引导产品和过程创新的组合向更加有效的技术变化转变中的作用。

② 这种 R&D 序列模式（产品创新→过程创新→产品市场竞争）的假设也描述了传统产品生命周期的经典特点：企业在市场上建立自己的产品之后，总是投资于过程 R&D 去降低生产成本。经验研究也支持三阶段模型构造，见 Klepper(1996)和 Utterback&Abernathy(1975)。

更多，这个结果和以往的文献研究是不一样的，如 Qiu（1997）认为，在仅仅考虑过程 R&D 的情况下，给定产品差异化程度，过程 R&D 动机在古诺竞争下要比在伯川德竞争下更强一些。原因在于产品 R&D 和过程 R&D 在不同的竞争框架下，策略性投资动机是相反的。如过程 R&D 的策略性动机对于古诺竞争企业来说是正的，而对于伯川德企业而言是负的；而产品 R&D 动机对于古诺竞争企业来说是负的，但是对于伯川德竞争企业而言是正的。因此在 Lin&Saggi（2002）的研究中，R&D 类型与产品市场的竞争性质是以一种不明显的作用相互影响的。

Athey&Schmutzler（1995）分析了企业长期决策的特点，这些特点可能影响企业短期的创新活动。他们认为研究能力的投资能够增加未来产品创新和过程创新的机会，产品创新会引起需求曲线的向外移动，而过程创新会降低产品生产的边际成本。Athey&Schmutzler 的研究主要集中在什么情况下产品创新和过程创新会有互补性和当企业同时采取两种创新类型时，如何使次要的创新类型的投资回报达到最优，这很明显是在鼓励企业同时进行这两种创新。

（二）垂直差异化框架下不同创新类型的比较

Lambertini&Orsini（2000）分析了垂直差异化下垄断企业的产品创新和过程创新的动机，其研究表明，两种创新的动机在社会福利最大化下都要比垄断情况下更强。两种环境下福利结果的比较解释了社会计划者和垄断者采取不同的技术并且提供不同的产品范围的可能性。Bandyopadhyay（Banerjee）&Acharyya（2004）研究了在离散消费者类型的垂直差异化垄断市场环境下，（固定或者可变的）创新成本的性质和不同类型上消费者的分布如何影响过程创新和产品创新之间的互补性的问题。研究证明在可变的创新成本下，当偏好多样性并不明显以及低类型消费者比高类型消费者更多的情况下，过程创新比产品创新更有可能发生。

在经验研究上，Vivero（2001）基于西班牙制造业的面板数据的估计证实了过程创新与产品创新之间的互动关系，即起源于产品创新的产品差异化程度影响了企业消减生产单位成本的决策，这个论点和 Utterback&Abernathy（1975）（强调了在产品创新和过程创新上企业竞争策略的相关性）的重要观点相一致。

二、外溢效应及研发联盟和政策

（一）外溢效应

对企业 R&D 的研究文献中最重要的概念之一是外溢效应（或称为外部性）。外溢效应从狭义上讲，就是技术或者知识的外部性。外溢效应的存在使得创新企业通过大量资源研发出来的创新技术可以被其他企业免费获取。由于技术创新企业无法占有其创新投入的全部收益，削弱了企业研发的积极性（陈磊，2007）。然而，在大多数关于外溢效应的实证研究中，不仅放宽了外溢效应的概念范围，而且随着研究目的和内容的不同，对外溢效应概念的界定也有所差异。例如 Grossman &Helpman（1992）关于外溢效应的定义为：①企业不必通过付费的市场交易就可以免费获得其他企业创造的信息；②在当前的法律条款下，信息创造企业无法利用有效的追索权阻止其他企业免费获得自己的信息。相比而言，Steurs（1994）给出的定义更加宽泛：研发活动的外溢效应是指有用技术信息的非自愿泄漏，以及自愿的市场交换。另外，Griliches（1992）就研发中外溢效应的形式、幅度也提出了自己的观点。首先，就外溢效应形式而言，可区分为嵌入式、非嵌入式两种外溢效应。前者是指产品质量的改善并未完全反映在产品售价中，即企业研发努力并没有完全体现在市场交易中，嵌入式的外溢效应一般通过部门间的投入产出联系、国际贸易关系进行度量；而非嵌入式的外溢效应则是指一个产业的新思想被另外一个产业借鉴，而非通过产业间的价值链条发生连接。其次，就外溢效应幅度而言，主要取决于企业间技术相似性，即企业间的技术差异程度和外溢效应大小存在反向的关系。Goto&Suzuki（1989）关于日本电子工业所产生的外溢效应的研究表明，如果其他产业和电力类产业的技术距离越近，那么接受到的外溢效应也就越大。

经验研究也证明了执行研发的私人和社会动机差别的存在。在补充这些差别的对策中包括合作性 R&D 的协定，比如联合企业、研发合作、联合资本投资和免使用金的交叉专利申请等，政府针对 R&D 外部性的政策主要集中在税收、补贴、关税、配额等方面。

（二）企业 R&D 联盟或者合作

为了弥补执行研发的私人和社会动机的差别，企业可以采取 R&D 联盟或者合作。为了保护消费者，公共机构限制企业参与价格合谋或者其他限制产出的协定，而企业的 R&D 合作或者其他合作性的 R&D 协定却并没有禁止，反倒由于可能的福利提高效应而受到政府鼓励[①]。如 Spence（1984）考虑了技术外溢条件下的双寡头竞争，并注意到外溢效应的存在将会通过企业采取策略性行动减少研发支出。因为每个企业的研发都会通过外溢效应给竞争对手带来正的利润，进而提出为促进内部化研发收益的合作研发主张。D'Aspremont&Jacquemin（1988）描述了上述思想，并首次利用博弈论考察了存在技术外溢情况下，三种不同博弈结构的均衡：①企业在产出阶段和研发阶段均不合作；②企业在研发阶段合作，在产出阶段不合作；③企业在研发及产出阶段均合作。研究表明：在外溢效应较大时，研发水平在第三种情形下最接近社会研发最优值，而第一种情形对社会最优偏离最大，这说明研发收益内部化的研发合作可以起到抵消私人研发激励不足的作用；就产出水平而言，第二种情形最接近社会最优，第一种情形仍偏离社会最优。

Motta（1992）研究了垂直差异化、古诺竞争和 R&D 支出所决定的部分均衡模型。在溢出效应界定很好的情况下，R&D 上的合作性协定涉及比非合作性均衡中较高的 R&D 水平、质量、产出和福利，并且在 R&D 合作下会有比非合作性环境下更多的企业存在于产业中。然而合作性 R&D 的协定，比如联合企业、研发合作、联合资本投资等研发合作行为对福利的影响不一定是正的。一方面，研发合作允许企业内部化正的外部性，企业之间充分利用可能的协同作用，这倾向于提高两种 R&D 投资水平及其效率[②]，结果对福利有正的效应。另一方面，如果参与协定的企业是产品市场上的竞争者，R&D 投资的联合决策将倾向于消减竞争，并且对创新努力和福利有负的效应。

另外一个关于 R&D 合作的效应则被 Martin（2002）、Wegberg（1995）、Cabral（2000）、Lambertini et al（2000）和 Suetens（2008）等分析，其认为 R&D 上的

---

① 参看美国的 National Cooperative Research and Production Act 和 EC Treaty 的 Exemption 81(3)。

② 可以避免重复 R&D 和分享 R&D 相关资源。

合作有利于产品市场上的合作。不仅如此，给定产品市场中存在古诺竞争或者伯川德竞争，如果在合作企业合作前或者至少合作后的技术溢出效应足够的高，R&D 合作就会提高社会福利。Vonortas（2000）为此提供了经验性的证据，认为在美国合作研究法下，产品市场上的合作范围确实被多个 R&D 合作项目和多市场契约给扩大了。

（三）政府的 R&D 政策

关于政府对研发政策的研究，Park&Jee-Hyeong（2001）建立了一个模型：一国企业生产高质量产品，另外一国企业生产低质量产品，且两国产品均出口到第三国进行市场竞争，生产前的研发投入可以提高产品的质量。研究表明，在引入产品垂直差异化因素后，政府研发政策对于产品市场竞争的形式比较敏感。在进行价格竞争时，生产高质量（低质量）产品的企业的政府将会对其国内企业的研发活动进行课税（补贴）；在进行数量竞争时，结果则相反：生产高质量（低质量）产品的企业的政府将会对其国内企业的研发活动进行补贴（课税）。因为当价格竞争时，为了削弱市场价格竞争的激烈程度，生产高质量产品的企业的政府会有动机压制低质量企业的旨在提高其质量的研发投入，通过对本国高质量企业的研发活动进行课税，经过正向反应曲线传递会消减低质量企业的研发投入；生产低质量产品企业的政府则有提高高质量海外企业研发投入的动机，这样其必须通过对本国企业施加战略研发补贴，进而通过正向反应曲线鼓励高质量海外企业增加研发投入。而当数量竞争时，每个企业质量的提高都会减少对方的销售量而损害对方的利润。低质量企业产品质量的提高，会将高质量公司的（异质的）客户群向对产品质量要求更高的客户群挤压。由于挤压后的客户群对产品质量改善的评价更高，就会提高高质量公司的研发边际收益率。因此结合数量竞争的负外部性，得出低质量产品企业的政府将会对本国企业研发活动进行课税；高质量公司产品质量的提高，会将低质量公司的（异质的）客户群向对产品质量要求更低的客户群挤压。由于挤压后的客户群对产品质量改善的评价更低，这就会降低低质量公司的研发边际收益率。因此数量竞争的负外部性，得出高质量产品企业的政府将会补贴本国企业研发活动。

三、简要述评

竞争形式（价格竞争或者数量竞争）的差异可能会产生相反的结论，但不论市场约束形式如何，过程创新和产品创新在研发支出分配上存在一定的替代性，但在研发结果上却存在一定的互补性。由于外溢效应的存在，研发合作/联盟一定程度上弥补了执行研发的私人和社会动机的差别，研发政策的制定对技术外溢性的大小以及市场竞争形式极为敏感。但研发合作/联盟对企业其他竞争策略维度的交叉研究，比如对市场进入阻止行为、进入时间选择、合谋行为、合并行为、多产品策略等则少有涉及。本章余下的两个部分分别从企业 R&D 活动、创新类型与企业的进入策略、多产品策略等竞争策略和外部性与企业 R&D 策略几个方面进行分析。

第二节　R&D 活动、创新类型与差异化企业竞争策略

一、企业 R&D 活动的影响因素

研发是商业竞争的重要策略，也是企业竞争力的核心。企业之间、甚至国际之间竞争的核心或者长期决定因素是技术竞争，而技术竞争从企业角度来说，是由企业的 R&D 投入以及能力所决定的。发展中国家技术上相对落后，更要促进企业的 R&D 活动，为了更有效地促进研发活动，公共机构或政府必须充分了解促进企业研发活动决策的因素。大量的理论和经验研究在产业组织框架内研究了企业内影响 R&D 活动的因素[①]，他们集中于研究 R&D 活动的外部或者环境性因素效应，比如企业所竞争的产业和产业结构性特征。另一方面，一些研究集中于影响 R&D 活动的内部因素，如企业资源和能力[②]。很少见到集中分析影响企业 R&D 决策的内、外因素，事实上，影响企业 R&D 活动的不仅包括内部因素，也

---

① 见 Schumpeter(1943)，Arrow(1962)，Kamein&Schwatz(1982)，Cohen&Levinthal(1989)等的描述。
② 见 Barney(1991)，Kumar&Saqib(1996)，Canto&Gonzalez(1999)等的描述。

包括外部因素[①]。分析影响企业 R&D 活动的不同因素，有不同的政策启示。

（一）外部因素

1. 竞争性市场条件

（1）市场结构。关于市场结构对企业 R&D 策略的影响从来就没有定论。按照 Schumpeter（1943）的观点，具有一定市场势力的企业和集中度比较高的产业具有较高的 R&D 投入倾向。而 Arrow（1962）则认为，市场势力和产业的高集中度对 R&D 投入可能会产生负的效应。当企业面临着较少的威胁和竞争压力时，不利于 R&D 的投入，因此竞争性的市场结构有利于 R&D 活动的投入。市场结构对企业 R&D 投入的效应比较模糊，在单一的假设下很难简化。但是，经验性研究一般认为高市场势力和产业的高集中度促进了企业执行 R&D 活动的投入。

（2）市场条件。相同产业结构中的企业如果处在不同的市场条件下可能会有不同的 R&D 投资。处于激烈竞争市场中（比如世界市场）的企业，或者拥有自己技术、设计，或者拥有自己的品牌名称，需要更多的产品或者过程创新去提高自己的竞争力。从这个角度说，高竞争市场条件有利于企业 R&D 活动的投资。

2. 产业生产的结构

产业生产和技术发展之间存在着一种联系，因此，产业变化的影响因素主要集中在需求增长、技术机会以及专业性资源条件等几方面（Cohen&Levin，1989）。具有迅速增长的市场需求、专业性资源条件的产业具有较大的技术机会以及更多的技术发展机会。因此，企业更有可能执行 R&D 活动。

（二）内部资源

影响企业 R&D 投资的内部资源又包括有形资源和无形资源。

1. 有形资源

（1）金融资源。金融资源包括债务融资、权益融资、留存收益（retained earnings）等。可利用的融资资源能影响企业 R&D 的支出。内部资金比外部资金更有利于 R&D 投资，然而，如果需要外部资金，权益融资将比债务融资更有利

[①] 影响企业 R&D 活动的内外部因素分析参照：Peera Charoenporn，The Determinants of the Firm's Decision to Carry out of R&D Activities in Thai Manufacturing Sector.Thammasat Economic Journal.Vol.23,No.3, September 2005.89-122.

于 R&D 的投资。

（2）物质资源。理论上已经广泛研究了企业规模对 R&D 活动以及 R&D 强度的效应，经验性研究与理论性研究结论差别则很大。经验研究一般认为大企业比小企业更具有创新性，小企业很难获得 R&D 上的规模经济或达到最小有效规模。企业规模是企业在市场上市场势力的一个指标，大企业可以通过从 R&D 活动中获得规模报酬而促进创新，较大的规模分散了 R&D 项目的投资，降低了失败的风险，也增加了 R&D 的可能性。一般而言，大企业在资本强度、高广告投入以及高集中度产业中具有相对优势，小企业在集中度不高以及产业的发展和增长阶段具有相对优势。企业规模对执行 R&D 活动的可能性的效应是多方面的，很难简化到单一的框架中。但是，执行 R&D 活动在高度复杂的技术部门通常需要最小有效投资，这提高了资本要素的重要性。因此，资本强度增加了企业执行 R&D 活动的可能性。而且，发展中国家或不发达国家的很多企业从新设备以及新机器的购买中获得新的技术，一般在购买一个新的机器或设备后，企业会组成一个 R&D 团队作为企业的学习小组学习来自企业之外的技术，因此拥有新的机器设备增加了企业执行 R&D 活动的可能性。

2. 无形资源

无形资源包括一些具体的技术、消费者信息、品牌名称、信誉以及公司文化等。这构成了企业竞争优势的基础，很难被竞争者所模仿和取代。无形资源决定了企业从外部获取和学习、消化、转化新技术的能力。因此，无形资源对企业执行 R&D 活动的决策具有一定的影响力。因为他们不显示在资产负债表上，很难去量化。一般和技术 R&D 能力有关的无形资源可以分为两个方面：人力资源和技术资源。

（1）人力资源。人力资源包括经验、知识、判断能力、专业技能等。和企业 R&D 有关的人力资源一般由具有专业技能和 R&D 知识的科学家、技术师、管理者组成，具有资质的人力资本存量的增加提高了企业执行 R&D 活动知识的可能性。

（2）技术资源。很难发现产品和工艺技术的本地企业不得不从外部购买并支付相应的技术和专利费用。他们具有较高的执行 R&D 活动的可能性去降低技术成本和吸收以及调整技术适应本地条件。相反，很容易获得生产技术以及从外商直接投资或者母公司中获得技术的企业，具有较低的执行 R&D 活动的可能性，因为他们很容易接触到跨国企业的技术，因此外部技术资源的可得性从某种程度上阻碍了企业执行 R&D 活动。

在产品差异化的框架内，由于国别和行业的差异：一是各国的政治、法律、经济、文化、科学技术、自然环境的不同，金融市场的发展状况也不一样，各国消费者需求不同，企业所面临的 R&D 策略的外部环境也不同；二是由于行业的规模经济、竞争条件、企业发展的历史和人力资源、物质资源和技术资源的差异，企业所面临的 R&D 策略的内部环境也有所差异。体现在中国企业上，主要存在着企业 R&D 投入不足、资金短缺、中小企业 R&D 能力较弱等问题。面临更加激烈的国别、国内市场竞争环境和对产品要求不断提高的消费者，企业必须进行市场调查，分析市场，跟踪市场变化情况，调查市场上需要哪些产品，哪些产品企业需要使用现有的技术能够生产，哪些产品使用现有的技术不能生产。对这些差异，技术企业需要结合自己所拥有的资源条件进行自主开发创新，不断开发出具有差异化、个性化、适应市场需求的产品。

二、企业执行产品 R&D 和过程 R&D 活动决策的影响因素

Utterback&Abernathy（1975）构造的关于产品和过程创新的动态模型为理解产业创新过程模式提供了一个新的视角，研究表明在产品生命周期阶段、相关的生产过程阶段和竞争性策略要素之间存在相互关系。在产品创新和过程创新之间存在一种互补性，这种互补性取决于产品和过程生命周期的阶段以及竞争策略，见图 5-1。

按照 Utterback&Abernathy（1975）的分析，随着时间的改变，创新会被不同的要素所促进或阻碍。为了辨别得更清楚，创新分为过程和产品创新。产业创新模式和三个不同阶段相关：形成阶段、过渡阶段和专业化阶段。在形成阶段，当新技术涌现时，产品创新被差异化产品的需求所驱动。在过渡阶段，在主导设计和递增的市场需求出现之后，递增的产出要求过程创新，而产品创新活动则减少。在专业化阶段，对于某种产品而言生产过程更加专业化。和生命周期相关的进化

显示，产品和过程创新的不同特征使得管理和竞争策略的差异成为必要。企业规模、市场结构和产业部门影响企业执行产品和过程 R&D 活动的决策，一个企业创新活动（过程和产品 R&D 支出）的合适类型取决于企业环境、竞争以及增长策略。

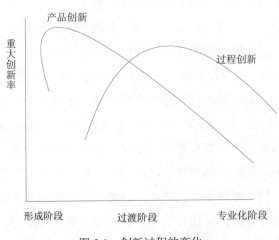

图 5-1　创新过程的变化

创新活动和企业规模之间的关系受到了理论研究和经验研究的注意。他们所使用的方法的一个重要特征是假设创新活动的报酬和企业规模正向相关，相对于产品创新而言，过程创新的这种正向关系更强一些。Scherer（1991）发现，在所考虑的制造业企业中，相对于产品 R&D，过程 R&D 随着企业规模递增。Cohen& Klepper（1996）也发现，在大多数产业中，企业所承担的过程 R&D 的份额随着企业规模递增。这证实了较大的企业规模获取了规模优势，其重要性随着产业内 R&D 的不同类型而改变。因此提出：较大的企业规模增加了企业执行过程 R&D 活动的可能性。

在产业内，企业规模、产业、市场结构也可能影响 R&D 的构成。Link（1982）发现在 R&D 密集型产业中，致力于过程创新的 R&D 份额随着市场集中而增加。而且，企业在成熟市场[①]中会执行更多的过程 R&D（Utterback，1994）。这证实了

---

① 成熟市场以稳定的市场份额以及价格的高度竞争为特征。

在产业水平上，市场结构和 R&D 努力的构成、创新的性质之间存在一种联系。因此提出：在成熟市场上的企业更有可能执行过程 R&D 活动。

经验研究显示产业特征比如产品复杂性、市场结构、应用技术的类型对 R&D 支出的构成具有极大的效应（Cohen，1995）。R&D 支出的规模，以及 R&D 支出在产品和过程创新活动之间的分配，在产业之间是有差异的（Levin&Reiss，1988）。而且，研究产品和过程 R&D 支出的经验研究显示具有更多产品创新机会的产业（如化学、制药、计算机、电器、手工艺品、科学仪器）会更多的把 R&D 支出投入在和产品相关的产出上，而具有较少产品创新机会的产业（如食物、纺织品、木材、纸、玻璃、黏土以及金属等）则会更多的把 R&D 支出投资在过程创新上[①]。这些结果与 Pavitt&Rothwell（1976）所做的观察相一致。因此，经验研究的一般性结论为：不同产业中的企业具有不同的执行产品和过程 R&D 活动的可能性。

产品差异化的框架更多地强调企业产品创新的重要性，强调企业要开发出与其他企业不同的产品，并在开拓不同的市场时，对自己的产品进行改进创新，以满足不同的市场目标消费者的需要。产品创新有两种形式，一种是后向创新（backward innovation），一种是前向创新（forward innovation）。前者是对老产品的翻新，把以前企业或市场中存在的某种产品形式和功能加以适当的改变，从而适合消费者现在的要求；后者是指创造一个全新的产品以满足消费者的要求。产品创新和过程创新密不可分。经验研究一致认为，产品创新和过程创新在经济发展的不同阶段起着不同的作用，过程创新和产品创新形成一种互补的作用，企业应对这两种创新进行整合管理。从企业系统角度讲，产品和过程是企业系统中相互作用的两个结构要素：过程是产品的基础，产品是过程的目的。从技术的角度看，企业的产品创新包括企业的原始创新、集成创新和引进技术消化、吸收后再创新。而集成创新则涉及相关技术成果的融合汇聚，形成新的产品和产业。企业应该对产品创新和过程创新进行整合管理——统筹资源、综合管理，通过同时采用产品创新和过程创新来获得这种互补性，以实现资源配置的最优化和效益的最大化。

[①] 见 Link(1982)，Lunn(1986)等的分析。

就有关产品差异化框架下的产品创新，需要指出的一点是技术专利和发明不等于创新。举一个简单的例子，据有关调查显示[①]，在 1985 至 2005 年间申请过专利的上海 6192 家企业中，私营企业申请专利 23934 件，占调查专利总数的 37%；其次是国有企业，占总数的 24%；外资、港台企业的专利申请比例为 15% 和 9%。若计算每家企业的平均申请量，内外资企业间的差别不大。但是，在专利实施率方面情况正好相反，港澳台企业的专利实施率达到了 98% 以上，而内地企业的实施率普遍低下，个别企业申请了上千项专利，却无一实施。另外一个数据也可以说明这一点：从 1993 年到 2004 年，获得美国专利最多的十家企业中，4/5 的企业的股东回报低于同一时期标准普尔的指数。这说明了发明和技术专利并不等于创新，并不能保证收入增长和提升股东价值。真正的创新应该是更加复杂的东西，一是它必须能够驱动企业成长；二是它应该能和商业相结合；三是创新能够整合现有技术，而不是技术发明；四是创新能保证企业和不断变化的市场同步。产品创新也应该具备这些特征，一个成功的产品创新不是发明了一个新产品，而是这个产品给企业和股东带来了实际的回报。比如苹果公司的 iPod，在最近的三年里，它给苹果公司带来了将近一半的利润。一次成功的产品创新必须充分了解市场需求，很多时候，一些产品生产出来才发现是错的，要么无人问津，要么就已经落后，原因就是在生产某种产品之前，没有很好地了解客户的需求是什么。定位一个新产品是首要的也是很复杂的问题，简单的说，必须遵循几个原则：客户、产业链、更新替代、成本和差异化。产品创新首先不能脱离客户的需求，其次要看是否具备商业化的产业链，适合产品不断推陈出新；再次产品创新的成本不能脱离预算，产品本身的成本也不能高得离谱；另外最后一点也比较重要，即产品创新必须真正做到差异化。这种差异化需要包含多方面的内涵，可以是质量、技术、设计等这些传统产品制造要素，也可以是品牌、营销、体验等。构成差异化的要素越多，企业的竞争力就越强。只有这样，产品创新才能更完整的实现商业化过程，提升产业利润和驱动企业成长。

---

① 参见：专利，内地企业重"量"不重"质"，http://www.ebiotrade.com/newsf/2007-4/2007423175008. htm.

三、产品创新外部性与企业进入时间的选择

就像上一节所分析的，在分析企业 R&D 策略中，一个重要的关键词和参数变量为企业研发的外部性。外部性体现了企业在研发过程中外向知识转移的程度大小，或者说反映了企业的私人研发动机和社会研发动机的差别。在市场进入问题上所反应出来的就是市场中的初始进入者经常会对随后的跟随进入者产生一种正的外部性，例如，后者可以模仿其产品进行生产，或者避免初始进入者在初始营销和产品设计中所犯的错误从而减少进入成本。而且，推迟进入的时间越长，这种外部性所引起的进入成本越低，但是进入时间越靠后，其所得到的利润折现值也越小。因此，每一个潜在进入者都面临着较早进入获得垄断势力或者较晚进入从而降低进入成本之间的平衡。利用产品差异化替代系数法的线性需求模型，我们分析市场中差异化产品创新外部性和企业进入时间的选择。

假如市场中仅存在一个企业生产一种产品，该企业的需求函数为 $p_i = a - dq_i$。当另外一种企业以差异化产品进入市场时，在位企业的需求函数变为 $p_i = a - dq_i - bq_j$，b/d 测度的是产品差异化的程度，不失一般性，我们假设 $d=1$。假设每个企业面临相同的边际成本 c，那么企业 i 的利润函数就为：$\pi_i = (p_i - c)x_i$。

在 $t=0$ 时，存在两个类似的企业同时在市场的进入时间问题上做出决策。假定企业的进入时间为 t_i，$0 \leqslant t_i < \infty$，$i=1,2$。企业的进入成本分别为

$$f_i = \begin{cases} f & \text{如果 } t_i \leqslant t_j \\ fe^{-bk(t_i-t_j)} & \text{如果 } t_i > t_j \end{cases}$$

如果企业 i 先于企业 j 进入，它要付出固定的进入成本 f，这个进入成本包括新产品的研发费用以及为新产品所作的宣传和推广。如果它比企业 j 后进入，只需要付出较低的进入成本 $fe^{-bk(t_i-t_j)}$，bk $(k>0)$ 测度了外部性程度，产品越相似，外部性越大，企业 i 所需要付出的成本越低。同时，企业 i 越晚进入市场，需要的进入成本也越低。不失一般性，设 $k=1$。

如果企业 i 先进入，就可以获得垄断利润 m，直到另一个企业进入。当两个企业都在市场中，每一个企业只能获得双寡头利润 π_d。让 $V_i(t_1,t_2)$ 分别表示企业

i 的折现利润总和，ρ 表示折现因子。对于任意给定的 (t_1, t_2)，我们有

$$V_i(t_1, t_2) = \begin{cases} e^{-\rho t_i}\left(\dfrac{m}{\rho} - f\right) + e^{-\rho t_j}\left(\dfrac{\pi_d - m}{\rho}\right) & \text{如果} t_i \leqslant t_j \\[3mm] e^{-\rho t_i}\left(\dfrac{\pi_d}{\rho} - f e^{-b(t_i - t_j)}\right) & \text{如果} t_i > t_j \end{cases} \tag{5-1}$$

假设 $\pi_d > \rho f$，即 $f < \dfrac{(a-c)^2(1-b)}{(1+b)(2-b)^2 \rho}$，这意味着同步进入对于两个企业都是盈利的，保证了同步进入的可能性。

由式（5-1）可知，当 $t_1 \leqslant t_2$ 时，

$$\frac{\partial V_1(t_1, t_2)}{\partial t_1} = (-m + \rho f)e^{-\rho t_1} < 0 \tag{5-2}$$

因此，当 $t_1 \leqslant t_2$ 时，企业 1 的折现总利润随着时间而递减，企业 1 总是选择在 $t = 0$ 时先进入。

当 $t_1 > t_2$ 时，

$$\frac{\partial V_1(t_1, t_2)}{\partial t_1} = (-\pi_d + (\rho + b)f e^{-b(t_1 - t_2)})e^{-\rho t_1} \tag{5-3}$$

当 $t_1 > t_2$ 时，如果 $\pi_d \geqslant (\rho + b)f$，企业 1 的折现总利润随着时间递减。在这种情况下，企业 1 不会从等待中获益，企业 1 也会选择不晚于企业 2 进入。因为 $\pi_d = \dfrac{(a-c)^2}{(1+b)(2-b)^2}$，即当 $f \leqslant \dfrac{(a-c)^2(1-b)}{(1+b)(2-b)^2(\rho + b)}$ 时，两个企业同时在 $t = 0$ 进入市场是唯一的纯策略纳什均衡。

很明显，序列进入均衡出现在当双寡头利润相对于进入成本的外部性较小时，因此，考虑 $\dfrac{(a-c)^2(1-b)}{(1+b)(2-b)^2(\rho + b)} < f < \dfrac{(a-c)^2(1-b)}{(1+b)(2-b)^2 \rho}$ 的情况。

假设第一个进入者在时间 t_1 进入，由（5-3）和企业的对称性，如果 $t_2 > t_1$，我们可获得：

$$\frac{\partial V_2(t_1, t_2)}{\partial t_2} = 0 \Rightarrow \pi_d = (\rho + b)f e^{-b(t_2 - t_1)} \tag{5-4}$$

由此可以看出，等待的边际收益随着时间而递减，但等待的边际机会成本 π_d

却是常数。因此，当等待的边际收益等于边际成本时，第二个企业进入市场。即

$$t_2 - t_1 = \frac{1}{b}\ln\left(\frac{f(\rho+b)}{\pi_d}\right)$$

因 $\frac{\partial(t_2-t_1)}{\partial f} > 0$ ，故较高的新产品研发费用以及推广成本导致第二个进入者等

待较长时间进入市场。$\frac{\partial(t_2-t_1)}{\partial \pi_d} < 0$ ，说明了等待的时间随着双寡头利润的增加而

减少。

$$\frac{\partial(t_2-t_1)}{\partial b} = \frac{-\ln\left(\frac{(2-b)^2(1+b)f(b+\rho)}{(a-c)^2(1-b)}\right)}{b^2} + \frac{b+3b^3+2b^2(-2+\rho)-2b\rho+2(1+\rho)}{b(2-b-2b^2+b^3)(b+\rho)}$$

该公式的正负符号难以确定。原因在于：一方面，等待的时间随着双寡头利润的增加而减少，双寡头利润随着差异化的增加而增加，而外部效应则随着差异化的增加而减少；另一方面，而较大的外部性不仅使得企业等待的时间越长，进入成本越低，也降低了任一时间点的进入成本，从而使得进入变得更加具有吸引力。因此，等待的时间随着差异化程度的变化，它的变化方向是不确定的。

四、过程创新外部性与多产品垄断企业决策

研发是商业策略的一个重要的维度。经济学家在过去二十多年间对企业 R&D 投入了很大的注意力，然而，现存的理论研究总是关注单产品企业的 R&D 决策，多产品企业的 R&D 决策研究总是被忽视。而在现实生活中，企业总是提供多于一种产品，如轿车生产商总是生产一系列不同款式同一颜色、同一款式不同颜色或不同档次的轿车，电脑品牌供应商总是提供一系列电脑产品[①]。多产品生产商的研发决策和单产品生产商有什么差异？

近几年存在多产品企业过程 R&D 决策的一些研究。在水平差异化模型中，

---

① 如笔记本电脑供应商和台式电脑供应商总是提供一系列不同配置的产品，更多的时候，同一品牌的电脑供应商不仅提供台式电脑系列，也提供笔记本电脑系列。再如通用汽车生产近百种汽车型号，这些型号包含了各种质量的种类。

Lambertini（2003）得出多产品垄断者最优的 R&D 组合，其中，多产品垄断者既选择所提供的产品数量，又选择每一种产品的成本消减的投资量。Lambertini 的焦点在于比较垄断者的社会最优解，所得结论为垄断者投资于成本消减 R&D 的动机总是随着均衡中所提供的多样化数量递减，而且垄断者所提供的产品范围总是小于社会计划最优的情况，对于任意给定的产品数量，垄断者总是在比社会计划者较高的边际成本上运营。Lin（2004）则纠正了 Lambertini（2003）的结论，认为当存在过程创新研发的规模经济时，垄断者投资于过程创新的动机随着市场上提供的产品数量递增而递增，当不存在过程创新研发的规模经济时，垄断者过程创新的动机随着所提供的产品数量递增而递减。Lin（2007）则认为，相对于单产品企业，多产品垄断者可以从两个方面内部化 R&D 的负的外部性[①]：①降低每个产品的 R&D 投资；②去掉一些产品线从而扩大余下产品线的市场规模。如果产品是密切的替代品，摒弃一些产品线是盈利的。如果产品替代性不是很强，多产品垄断者会保留所有的产品线并且比参与差异化产品古诺竞争的单产品企业在成本消减的 R&D 上投资更少。然而，如果在 R&D 活动上存在明显的规模经济优势[②]，或者如果寡头企业能在 R&D 决策上合作，多产品垄断企业就比单产品企业投资更多。Lin（2007）很好地描述了多产品垄断企业在差异化产品过程创新中的 R&D 及生产决策，在这一部分的分析中借用了 Lin（2007）的模型来描述这一思想。

按照 Lin（2007），多产品垄断企业面临的需求函数为 $p_i = a - q_i - b\sum_{j \neq i} q_j$，

$i = 1, 2..., n$。产品 i 边际成本的初始成本为 c_i。因为产品具有相似性，一个产品的研发技术知识可能会外溢到另一种产品中。假如 x_i 表示对产品 i 所做的研发活动所导致的成本消减，则由于外部性，垄断企业的研发投资对产品 i 所引起的有效

---

① 在这里负的外部性被理解为多产品企业对一个产品的成本消减的 R&D 投资，会对其他产品产生"分解效应"：即研发投资所引起的某种产品的产出增加，因为产品之间的相似性，该产品产出的增加会降低其他产品的需求，引起所有其他竞争品牌的产出减少。"分解效应"的存在导致了当产品由相同企业提供而不是不同企业提供时较低的 R&D 投资，因为多产品企业能够内部化 R&D 投资负的外部性。

② 可以理解为 Schumpeter 的观点，即大公司倾向于执行更多的 R&D。

成本消减为 $X_i = x_i + \beta \sum_{j \neq i} x_j$，其中 $\beta \in [0,1]$ 测度了其他产品 R&D 活动中的规模

经济程度。在这种规定下，一种产品的 R&D 活动会使得所有其他产品的 R&D 活动受益。因此，生产产品的边际成本会从 c_i 减少到 $c_i - X_i$。研发成本函数为 $\gamma x_i^2 / 2$。垄断企业在第一阶段选择 R&D 投入，第二阶段选择产品产量。对于给定的 $(x_1, x_2, ..., x_n)$，多产品垄断产出的利润最大化为：

$$\max \; \pi_m = \sum_{i=1}^{n} [a - c_i + X_i - q_i - b \sum_{j \neq i} q_j] q_i - \frac{\gamma}{2} \sum_{i=1}^{n} x_i^2 \tag{5-5}$$

则由垄断者利润最大化的一阶条件可得出均衡产出水平为：

$$q_i = \frac{(1-b)a - [1 + (n-1)b](c_i - X_i) + b \sum_{j=1}^{n} (c_j - X_j)}{2(1-b)[1 + (n-1)b]} \tag{5-6}$$

由此可得出

$$\frac{\partial q_i}{\partial x_i} = \frac{1}{2(1-b)} \frac{[1 + (n-2)b] - \beta(n-1)b}{1 + (n-1)b} > 0, \quad \frac{\partial q_j}{\partial x_i} = \frac{1}{2(1-b)} \frac{\beta - b}{1 + (n-1)b}$$

对产品 i 的 R&D 投资增加了产品的生产，而产品 i 的 R&D 投资对其他产品产出的效应则取决于 $\beta - b$ 的符号，如果 R&D 中的规模经济较低（$\beta < b$），对产品 i 更多的 R&D 投资只会引起企业缩减其他产品的生产，如果 R&D 中的规模经济较高（$\beta > b$），对产品 i 更多的 R&D 投资只会引起企业扩大其他产品的生产。

由式（5-5）可得出利润最大化关于 R&D 投资的一阶条件为：

$$\frac{\partial \pi_m}{\partial x_i} = q_i + \beta \sum_{j \neq i} q_j - \gamma x_i = 0 \tag{5-7}$$

由式（5-7）可得：$\gamma(x_i^* - x_j^*) = (1-\beta)(q_i^* - q_j^*)$，由式（5-6）可得：

$$q_i^* - q_j^* = \frac{(1-\beta)(x_i^* - x_j^*) + c_j - c_i}{2(1-b)}, \quad 则 \; x_i^* - x_j^* = \frac{c_j - c_i}{2\gamma(1-b)/(1-\beta) - (1-\beta)}。$$

因此，$x_i^* - x_j^*$ 和 $c_j - c_i$ 的符号变化方向一致[①]。这和直觉相一致，因为过程 R&D 和生产的单位成本相关，初始单位成本较低的产品，垄断企业倾向于较多的生产产量，生产的产品数量越大，R&D 投资的收益越高，对于有较低单位成本的产品而言，产出水平就更高，企业具有更强的动机进行这些产品的 R&D。

为了便于比较多产品垄断者的产品 R&D 决策和单产品寡头者的产品 R&D 决策，考虑对称情形的 R&D 决策，当 $c_i = c_j = c$，$x_i = x_j = x$ 时，可根据式（5-6）、（5-7）求得对称性均衡为：

$$x_i = x_m(b, \beta) \equiv \frac{a-c}{2\gamma[1+(n-1)b]/[1+(n-1)\beta]-[1+(n-1)\beta]} \tag{5-8}$$

有效的成本消减为 $X_m = x_m + (n-1)\beta x_m$，很容易看出 $x_m(b, \beta)$ 随着 β 增加而增加，并且随着 b 增加而减少。即随着规模经济性的增加，R&D 投资变得更加具有回报性，因此垄断者在每种产品的成本消减上会投资更多。其他条件相等的情况下，产品越具有相似性，R&D 的"分解效应"越强，对每一种产品的 R&D 动机越弱。在对称的 R&D 均衡水平下，垄断者的利润为：

$$\pi_m = \gamma^2 n(1+(n-1)b)x_m^2/[(1+(n-1)\beta)^2] - n\gamma x_m^2/2$$

在单产品寡头中，均衡的对称的 R&D 水平为：

$$x_i = x_0(b, \beta) \equiv \frac{a-c}{\gamma(2-b)[2+(n-1)b]^2/[4+2(n-2)b-2\beta(n-1)]-[1+(n-1)\beta]} \tag{5-9}$$

因此由式（5-8）、（5-9）可得出只要

$$\beta \geqslant \beta^*(b) = \frac{b(nb^2+2nb-b^2+4-2b)(n-1)}{4[1+(n-1)b](n-1)b+(n-1)(2-b)[2+(n-1)b]^2}, \quad x_m \geqslant x_0$$

即只要 R&D 中的规模经济超过一个临界值 $\beta^*(b)$，多产品垄断者就会比单产品寡头者投资更多。这个结果和 D'Aspremont&Jacquemin（1988）的一致。

[①] 假定利润最大化关于 $(x_1^*, x_2^*, ..., x_n^*)$ 的二阶条件成立，则海塞矩阵的二阶条件为：

$$\frac{\partial^2 \pi_m}{\partial x_1^2}\frac{\partial^2 \pi_m}{\partial x_2^2} > \left(\frac{\partial^2 \pi_m}{\partial x_1 \partial x_2}\right)^2, \quad \text{即 } b < 1 - 1/(2\gamma)，\text{这意味着 } 2\gamma(1-b)/(1-\beta) > (1-\beta)。$$

因此，多产品垄断者关于 R&D 决策有两个基本效应。一方面，多产品垄断者能够内部化 R&D 投资的"分解效应"，另一方面，不像单产品寡头者那样，多产品垄断者能够分享 R&D 投资中的规模经济：一个 R&D 项目上的知识也可以应用到其他其他 R&D 项目上。这使得垄断者的 R&D 投资收益更高。如果规模经济性 β 足够的高，规模经济效应就占优"分解效应"，因此，垄断者就比单产品寡头者在 R&D 项目上投资更多。

另外，当单产品寡头者在 R&D 项目上合作，而在产品市场上仍然进行古诺竞争，对称性的 R&D 合作解为：

$$x_0^C(b,\beta) = \frac{a-c}{\gamma[2+(n-1)b]^2/[2(1+(n-1)\beta)]-[1+(n-1)\beta]}$$

可以看出 $x_0^C < x_m$。相对于多产品垄断者，产品市场上的竞争降低了单产品寡头者 R&D 投资的报酬，因此在 R&D 阶段合作，而在产品市场上竞争的单产品寡头者总是会比多产品垄断者在单个产品上 R&D 投资更少。

考虑到由于"分解效应"的存在，如果 R&D 中的规模经济不是很明显，相对于单产品寡头，多产品垄断者也可能对成本消减的 R&D 进行较少的投资。为进一步研究多产品垄断者的产品线策略，假定多产品垄断者只生产两种产品，在不存在规模经济（$\beta=0$）时，由（5-9）可得多产品垄断者的对称性 R&D 投资均衡为：$x_1 = x_2 = x_m \equiv \dfrac{a-c}{2\gamma(1+b)-1}$。利润最大化需要满足的海塞矩阵的二阶条件为：

$$\frac{\partial^2 \pi_m}{\partial x_1^2} < 0, \quad \frac{\partial^2 \pi_m}{\partial x_2^2} < 0, \quad \frac{\partial^2 \pi_m}{\partial x_1^2}\frac{\partial^2 \pi_m}{\partial x_2^2} > \left(\frac{\partial^2 \pi_m}{\partial x_1 \partial x_2}\right)^2, \quad 即 \ b < 1-1/(2\gamma)。因此，当产品$$

差异化比较高（$b < 1-1/(2\gamma)$）时，利润最大化的垄断者会执行两种产品的 R&D 投资并进行生产，垄断者的利润为：$\pi_m^* = \dfrac{\gamma(a-c)^2}{2\gamma(1+b)-1}$。

假定垄断者只生产产品 1，并不提供产品 2，把 $n=1$ 代入表达式可得 $x_m^s \equiv x_m|_{n=1} = (a-c)/(2\gamma-1)$ 及相应的利润为 $\pi_m^s \equiv \gamma(a-c)^2/(2\gamma-1)$，比较 π_m^*、π_m^s

可得当且仅当 $b \geqslant 1 - \dfrac{1}{2\gamma}$ 时，$\pi_m^* \leqslant \pi_m^s$，即当产品差异化程度比较小（$b \geqslant 1 - \dfrac{1}{2\gamma}$）且研发中不存在规模经济（$\beta = 0$）时，垄断者会关闭一条生产线并且集中于生产另外一条产品线，通过摒弃一种产品生产，企业提高了另一种产品的 R&D 投资收益。

总之，如果 R&D 范围经济程度足够的高以至于抵消了"分解效应"，多产品垄断者 R&D 的动机比差异化产品单产品企业更强一些。如果产品替代性比较强，通过关掉一些产品线，多产品企业能够扩大余下产品线的市场规模，这样的策略也是盈利的。如果"分解效应"很明显，撤销掉的产品则可以作为 R&D"分解效应"的牺牲品。这种摒弃也提高了余下品牌 R&D 投资的回报，而没有产品线摒弃，竞争品牌的 R&D 投资将互相抵消。

因此，如果产品替代性比较强，而在研发过程中又不存在规模经济，多产品垄断企业就会采取摒弃产品线的 R&D 策略和生产策略。产品线摒弃的政策含义在于政府的某种措施，比如 R&D 补贴或者 R&D 税收的引入，可能阻止了某些产品线的 R&D 投资，而促进了多产品企业的其他产品线的投资。如 R&D 补贴降低了 R&D 成本（γ 值），当 γ 下降时，$1 - \dfrac{1}{2\gamma}$ 也降低，因此 R&D 的政府补贴可能使得多产品垄断者从一个完全生产的区域下降到产品线摒弃的区域。也就是说，当不存在政府补贴时，多产品垄断者可能会提供两种产品，而政府补贴的存在促使多产品垄断者提供一种产品。从直觉上看，R&D 成本的消减恶化了多种 R&D 项目的"分解效应"，使得企业倾向于从市场上撤消掉一些产品。如轿车行业内部一些企业为了抢占市场，纷纷采取产品线策略。就自主研发的国有大型企业来说，具有雄厚的技术、资金和营销实力，因此普遍采取直接推出中高端自主品牌的延长产品线的策略，与跨国公司直接竞争。但是，由于定位于中高端市场，一旦企业在产品质量、售后服务、技术领域等出现瑕疵，企业所推出的新品牌就很有可能遭到挫折。如 2002 年 8 月，华晨汽车推出定位中端的自主品牌"中华"轿车，定价 16.98 万元，试图将其打造成为领先的自主汽车品牌。不过由于产品质量不稳定，售后服务不佳，"中华"的市场口碑和市场消费信心受到较大损伤，2004

年总销量仅为 1 万余辆。这说明此类多产品成长策略本身存在较大风险，品牌延伸策略必须有技术的支撑。

五、产品创新与过程创新的策略选择与启示

总之，产品创新和过程创新是在市场竞争中争取消费者的一种有一定替代性的 R&D 竞争策略，产品创新通过引入新的与现有产品具有较低交叉价格弹性的商品与竞争者竞争，而过程创新通过降低现有商品或新商品的生产成本与竞争者竞争。企业对产品创新和过程创新的不同创新程度的采纳，取决于市场竞争的状况和企业的竞争动机。一般来说，企业参与过程创新还是产品创新存在一种权衡，产品越具有差异化，竞争者从降低生产成本中所获得的边际利润越少，反之亦然。而企业对 R&D 投入的力度极大地取决于是否对产品或者过程创新实施了专利保护，因此，政府可以通过相关专利政策的制定，来引导企业产品创新和过程创新 R&D 的合理投入和分配。如关于组织纤溶酶原激活剂（Tissue Plaminogen Activator，简称 TPA）[①]的案例，Genentech 在美国获得了关于 TPA 的较广泛的产品专利，但在英国仅获得了过程专利。结果，在不同的生产过程以及不同药品上运营的 15 个企业都可以在英国市场上自由的追求产品创新，但在美国市场上却不能这么做。产品专利和过程专利的区别在专利制度上作了明显的规定，如在印度的制药业创新上，只授予过程创新的专利，但不授予产品创新上的专利。

政府通过制定过程创新和产品创新有效的专利保护范围的政策，可以引导企业 R&D 投资向更有效的技术组合转变。如关于产品创新的专利保护范围规定禁止了竞争企业创新产品落入这个专利范围之内，而过程创新的专利保护范围规定要求进入者改进过程效率超过这个范围所要求的某种水平。因此，产品创新的专利保护范围越大，对在位企业的保护越强，过程创新的专利保护范围越大，对竞争企业的 R&D 技术要求越高。

针对不同的创新方式，建立相应的激励机制，积极推进相应的知识产权促进政策，设立知识产权专项资金，对发明专利的申请费实行全额资助；支持企业申

---

① 一种从重组 DNA 技术中获得的溶解血块的心脏病药。

报专利走向国际化发展道路，对向国外申请发明专利的给予奖励；对技术含量高、市场前景好的专利技术的实施，经审查核实，可给予资金支持和奖励。同时要完善专利管理、中介服务和法律保护体系，加强专利审报、审查、授权以及开发利用的管理和服务等。

第三节 外部性、竞争强度与差异化企业 R&D 策略选择

关于产品市场竞争的强度和创新活动的 R&D 策略之间的关系问题的传统研究来自于 Schumpeter（1943），即市场集中是创新的催化剂，大企业的技术创新合作（技术联盟）是经济增长最有力的发动机。较早挑战这个问题的是 Arrow（1962），其认为市场竞争会促进技术的变革，更加竞争的环境产生了较大的创新动机。另外以"竞争强度"分析企业研发创新的经济效应来自于两个相似的寡头产业之间。Delbono&Denicolo（1990）和 Bester&Petrakis（1993）用不同的竞争环境比较两个产业（相同的企业数量和相同的线性需求和成本函数）：古诺（其中企业的决策变量是产出水平）和伯川德（其中企业的决策变量是价格）。因为古诺竞争可能会导致比伯川德竞争下更低的产出和更高的价格，可以把前者想象成相对不激烈的竞争。Delbono&Denicolo（1990）认为，在同质品的假设下，引入成本消减创新的动机在伯川德竞争下比古诺竞争下更大一些，这个结果类似于 Arrow（1962）。从另一方面讲，Bester&Petrakis（1993）考虑了差异化产品的情况并获得了一个混合结果：如果差异化程度是"大"的，引入成本消减创新的动机对于古诺竞争者而言更高一些，而当差异化程度较"小"时，引入成本消减创新的动机对于伯川德竞争者而言更高一些。Bonanno&Haworth（1998）则在垂直差异化模型内得出另外一个混合结果，无论什么时候伯川德竞争者总是倾向于过程创新，而古诺竞争者则倾向于产品创新。

以上两个方面的文献都只集中于问题的某一个方面，现实世界总是纷繁复杂的，产品市场的竞争程度和创新活动的 R&D 策略、R&D 的溢出效应总是互动影响的，如 Charoenporn（2005）通过对泰国制造业 2635 个样本企业研究后得出结论认为，外部因素如竞争性市场条件，内部因素如企业规模、物质资源的可得性、

技术资源对企业执行 R&D 活动决策具有重要的影响。这一节试图把这两个研究分支结合起来，研究产品市场的竞争程度和创新活动的 R&D 外溢性及 R&D 策略之间的互动关系。在模型分析中，以 D'Aspremont&Jacquemin（1988）和 Bester&Petrakis（1993）为基础，在产品假设下引入产品差异化的条件，采用古诺竞争和伯川德竞争来代替竞争的强度，建立两阶段双寡头博弈模型，研究 R&D 阶段企业合作与竞争的效率比较，并得出一些更加符合现实的结论和相关的政策建议。

一、基本模型

假设消费者直接从两种商品（分别为 q_i, q_j）的消费中获得效用，消费者效用为：$U = aq_i + aq_j - \frac{1}{2}(dq_i^2 + 2bq_iq_j + dq_j^2)$，需求函数为 $p_i = a - dq_i - bq_j$，其中，$d > b$，$i \neq j$。每个企业的成本函数 $C_i(q_i, x_i, x_j)$ 是自身生产数量 q_i、企业通过 R&D 投入使得本企业产品成本降低的幅度 x_i、竞争者通过 R&D 投入使得本企业产品成本降低的幅度 x_j 的函数，即 $C_i(q_i, x_i, x_j) = (c - x_i - \beta x_j)q_i$，其中，$\beta \in [0,1]$ 测度的是竞争者所承担的研发对本企业所产生的成本降低的溢出效应。通常情况下，如果不发生技术突变，技术创新的每一步提高或者改进需要投入更多的资源，R&D 投入所带来的单位成本降低是规模收益递减的，设企业 i 的 R&D 成本函数为：$f_i = \gamma x_i^2 / 2$。其中，$\gamma > 0$ 测度的是创新效率，γ 越小，创新效率越高。企业的策略由第 1 阶段一组 R&D 水平和第 2 阶段基于 R&D 选择的生产水平或者价格水平组成，因为古诺竞争可能会导致比伯川德竞争下更低的产出和更高的价格，在本书中，古诺竞争和伯川德竞争分别代表温和的和激烈的竞争环境。在第 1 阶段中，两企业预期到 R&D 投入对第 2 阶段利润的影响，同时选择各自的 R&D 投入水平 f_i 和 f_j 以降低产品成本；在第 2 阶段中，两企业在给定第 1 阶段 R&D 投入的情况下，进行产品市场的数量（古诺）或价格（伯川德）竞争或者合作形式，选择各自的生产数量或者价格从而使得自己的利润最大化，相应的竞争矩阵如表 5-1 所示。

表 5-1　两阶段的不同竞争策略组合

竞争矩阵	第2阶段	产出（价格）竞争阶段	
第1阶段		竞争	卡特尔
研发阶段	竞争	竞争，竞争（类型Ⅰ）	竞争，卡特尔（类型Ⅱ）
	合作	合作，竞争（类型Ⅲ）	合作，卡特尔（类型Ⅳ）

当企业采取古诺竞争时，利润形式为：

$$\pi_{iC} = (a - dq_{iC} - bq_{jC} - (c - x_{iC} - \beta x_{jC}))q_{iC} - \gamma x_{iC}^2 / 2 ^{①} \tag{5-10}$$

当企业采取伯川德竞争时，利润形式为：

$$\pi_{iB} = (p_{iB} - (c - x_{iB} - \beta x_{jB}))\left(\frac{ad - ab - dp_{iB} + bp_{jB}}{d^2 - b^2}\right) - \gamma x_{iB}^2 / 2 \tag{5-11}$$

社会总福利为：

$$w = aq_i + aq_j - \frac{1}{2}(dq_i^2 + 2bq_iq_j + dq_j^2) - (c - x_i - \beta x_j)q_i - (c - x_j - \beta x_i)q_j - \frac{1}{2}\gamma(x_i^2 + x_j^2) \tag{5-12}$$

二、产品市场、研发阶段的竞争与合作（卡特尔）均衡

（一）产出（价格）市场阶段——竞争（类型Ⅰ和Ⅲ）

动态博弈可以通过逆向推导可得，假设无论企业在第 1 阶段是否进行 R&D 合作，在产品市场的古诺（伯川德）竞争中，他们都将独立决定自己的产量（价格）。第 2 阶段的均衡产量（价格）为第一阶段 R&D 投入的函数。对式（5-10）和（5-11）求解一阶条件 $\partial\pi_{iC}/\partial q_{iC} = \partial\pi_{jC}/\partial q_{jC} = 0$，$\partial\pi_{iB}/\partial p_{iB} = \partial\pi_{jB}/\partial p_{jB} = 0$ 可得均衡产量（价格）分别为：

$$q_{iC}^N = \frac{2ad - 2dc - ab + cb + 2dx_{iC} - b\beta x_{iC} - bx_{jC} + 2d\beta x_{jC}}{4d^2 - b^2} ^{②} \tag{5-13}$$

---

① 下标 C，B 分别表示古诺竞争和伯川德竞争形式，上标 N，C 分别表示竞争和卡特尔合作均衡，下同。
② 由于企业 i 和企业 j 具有对称性，不再一一列举企业 j 所对应的产量和利润，下同。

$$p_{iB}^N = \frac{2ad^2 - abd - ab^2 + 2d^2c + bdc - 2d^2x_{iB} - bd\beta x_{iB} - bdx_{jB} - 2d^2\beta x_{jB}}{4d^2 - b^2} \quad (5\text{-}14)$$

由式（5-13）和（5-14）以及 $x_i = x_j$ 的对称性可以看出，古诺竞争产出均衡随着研发投入的增加而增加，伯川德竞争均衡价格随着研发投入的增加而降低。

（二）产出（价格）市场阶段——卡特尔联盟（类型II和IV）

在产品市场阶段，当企业进行古诺（伯川德）的卡特尔竞争形式时 $\pi = \pi_i + \pi_j$。求解一阶条件 $\partial \pi / \partial q_i = \partial \pi / \partial q_j = 0, \partial \pi / \partial p_i = \partial \pi / \partial p_j = 0$，可得两企业联合利润最大化的均衡对称性产出（价格）分别为：

$$q_{iC}^C = \frac{ad - dc - ab + cb + dx_{iC} - b\beta x_{iC} - bx_{jC} + d\beta x_{jC}}{2(d^2 - b^2)} \quad (5\text{-}15)$$

$$p_{iB}^C = \frac{a + c - x_{iB} - \beta x_{jB}}{2} \quad (5\text{-}16)$$

由式（5-15）和（5-16）以及 $x_i = x_j$ 的对称性可以看出，古诺产出卡特尔均衡随着研发投入的增加而增加，伯川德价格卡特尔均衡随着研发投入的增加而降低。

（三）研发阶段——竞争（类型Ⅰ和Ⅱ）

当两企业在研发阶段选择竞争时，两企业自主创新，可分别求出古诺竞争中类型Ⅰ和Ⅲ下对称的 R&D 均衡为：

$$x_{iC}^{NN} = \frac{2d(a-c)(2d-b\beta)}{8d^3\gamma - b^3\gamma - 4d^2(1 + \beta - b\gamma) + 2bd(\beta + \beta^2 - b\gamma)} \text{①} \quad (5\text{-}17)$$

$$x_{iC}^{CN} = \frac{2d(a-c)(1+\beta)}{4d^2\gamma + b^2\gamma - 2d(1 + 2\beta + \beta^2 - 2b\gamma)} \quad (5\text{-}18)$$

$$x_{iB}^{NN} = \frac{2d(a-c)(2d^2 - bd\beta - b^2)}{(1+\beta)[8d^4\gamma + b^4\gamma + 2d^2b(\beta - 3b\gamma) + db^2(2 - b\gamma) + 4d^3(b\gamma - 1)]} \quad (5\text{-}19)$$

$$x_{iB}^{CN} = \frac{2d(a-c)(d-b)}{-2d^2(1+\beta) + 4d^3\gamma + b^3\gamma + bd(2 + 2\beta - 3b\gamma)} \quad (5\text{-}20)$$

从式（5-17）～（5-20）很容易看出，在研发合作中，研发均衡 x_{iC}^{CN}、x_{iB}^{CN} 随着研发外部性增加而增加。而研发竞争中研发均衡和研发外部性的关系则不确定。

---

① 上标 NN(CN、NC、CC)表示研发阶段进行研发竞争(合作、竞争、合作)，产品市场阶段进行产量（价格）竞争（竞争、卡特尔、卡特尔），以下不再一一标出。

（四）研发阶段——合作（类型Ⅲ和Ⅳ）

当在研发阶段采取研发合作时，不管第 2 阶段竞争形式如何，两企业协调相互之间的 R&D 投入水平，使得共同利润最大化。可分别求出古诺和伯川德竞争下的对称的 R&D 均衡水平如下：

$$x_{iC}^{NC} = \frac{(a-c)(2d-b(1+\beta))}{-2d(1+\beta)+4d^2\gamma+b(1+2\beta+\beta^2-4b\gamma)} \tag{5-21}$$

$$x_{iC}^{CC} = \frac{(a-c)(1+\beta)}{2(b+d)\gamma-1-2\beta-\beta^2} \tag{5-22}$$

$$x_{iB}^{NC} = \frac{(a-c)[2d-b(1+\beta)]}{(1+\beta)[4d^2\gamma-2d+b(1+\beta-4b\gamma)]} \tag{5-23}$$

$$x_{iB}^{CC} = \frac{a-c}{2\gamma(b+d)-(1+\beta)} \tag{5-24}$$

从式（5-21）～（5-24）很容易看出，在研发合作中，研发均衡 x_{iC}^{CC}、x_{iB}^{CC} 随着研发外部性增加而增加，而研发竞争中研发均衡和研发外部性的关系则不确定。

5. 社会福利最大化的产出（价格）和研发均衡

社会福利最大化下的产出（价格）和研发均衡可通过对式（5-12）进行一阶求导可得出：

$$q_i^* = \frac{ad-dc-ab+cb+dx_i-b\beta x_i-bx_j+d\beta x_j}{d^2-b^2} \tag{5-25}$$

$$p_i^* = c-x_i-\beta x_j \tag{5-26}$$

$$x_i^* = \frac{(a-c)(1+\beta)}{(b+d)\gamma-(1+\beta)^2} \tag{5-27}$$

三、R&D 策略均衡比较

将 R&D 阶段的竞争与合作，产品市场阶段的均衡结果进行比较，可以得出企业是否愿意采用研发合作策略以及合作策略是否有利于社会福利的改善。

（一）R&D 均衡水平、产量（价格）均衡的比较

从式（5-17）～（5-27）很容易看出，在古诺竞争和伯川德竞争下下，$x_{iC}^{CN}-x_{iC}^{NN}$、$q_{iC}^{CN}-q_{iC}^{NN}$（$p_{iC}^{CN}-p_{iC}^{NN}$）与 $-b+2d\beta$ 符号一致（相反），$x_{iC}^{CC}-x_{iC}^{NN}$、

$q_{iC}^{CC} - q_{iC}^{NN}$（$p_{iC}^{CC} - p_{iC}^{NN}$）、$x_{iB}^{CC} - x_{iB}^{NC}$、$q_{iB}^{CC} - q_{iB}^{NC}$（$p_{iB}^{CC} - p_{iB}^{NC}$）与 $2d\beta - b - b\beta$ 符号一致（相反），$x_{iB}^{CN} - x_{iB}^{NN}$、$q_{iB}^{CN} - q_{iB}^{NN}$（$p_{iB}^{CN} - p_{iB}^{NN}$）与 $-bd + 2d^2\beta - b^2\beta$ 符号一致（相反），具体见图 5-2 和表 5-2 所示。

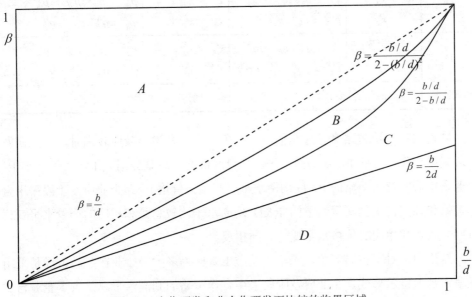

图 5-2　合作研发和非合作研发下比较的临界区域

结论 1：企业研发阶段采用 R&D 合作策略，还是采用独立自主创新的竞争策略下投入更多，不仅取决于 R&D 外部性，也取决于企业自身产品的弹性和差异化产品的交叉替代弹性，即取决于 R&D 外部性和产品差异化程度的比较。

表 5-2　不同区域内竞争类型的均衡比较

区域	古诺竞争下均衡值比较		伯川德竞争下均衡值比较	
	R&D 均衡	产出和价格水平	R&D 均衡	价格和产出水平
A	$x_{iC}^{CN} > x_{iC}^{NN}$ $x_{iC}^{CC} > x_{iC}^{NC}$	$q_{iC}^{CN} > q_{iC}^{NN}, q_{iC}^{CC} > q_{iC}^{NC}$ $p_{iC}^{CN} > p_{iC}^{NN}, p_{iC}^{CC} < p_{iC}^{NC}$	$x_{iB}^{CN} > x_{iB}^{NN}$ $x_{iB}^{CC} > x_{iB}^{NC}$	$p_{iB}^{CN} < p_{iB}^{NN}, p_{iB}^{CC} < p_{iB}^{NC}$ $q_{iB}^{CN} > q_{iB}^{NN}, q_{iB}^{CC} > q_{iB}^{NC}$
B	$x_{iC}^{CN} > x_{iC}^{NN}$ $x_{iC}^{CC} > x_{iC}^{NC}$	$q_{iC}^{CN} > q_{iC}^{NN}, q_{iC}^{CC} > q_{iC}^{NC}$ $p_{iC}^{CN} < p_{iC}^{NN}, p_{iC}^{CC} < p_{iC}^{NC}$	$x_{iB}^{CN} < x_{iB}^{NN}$ $x_{iB}^{CC} > x_{iB}^{CC}$	$p_{iB}^{CN} > p_{iB}^{NN}, p_{iB}^{CC} < p_{iB}^{CC}$ $q_{iB}^{CN} < q_{iB}^{NN}, q_{iB}^{CC} > q_{iB}^{CC}$

区域	古诺竞争下均衡值比较		伯川德竞争下均衡值比较	
	R&D 均衡	产出和价格水平	R&D 均衡	价格和产出水平
C	$x_{iC}^{CN} > x_{iC}^{NN}$ $x_{iC}^{CC} < x_{iC}^{CN}$	$q_{iC}^{CN} > q_{iC}^{NN}, q_{iC}^{CC} < q_{iC}^{NC}$ $p_{iC}^{CN} < p_{iC}^{NN}, p_{iC}^{CC} > p_{iC}^{NC}$	$x_{iB}^{CN} < x_{iB}^{NN}$ $x_{iB}^{CC} < x_{iB}^{NC}$	$p_{iB}^{CN} > p_{iB}^{NN}, p_{iB}^{CC} > p_{iB}^{NC}$ $q_{iB}^{CN} < q_{iB}^{NN}, q_{iB}^{CC} < q_{iB}^{NC}$
D	$x_{iC}^{CN} < x_{iC}^{NN}$ $x_{iC}^{CC} < x_{iC}^{NC}$	$q_{iC}^{CN} < q_{iC}^{NN}, q_{iC}^{CC} < q_{iC}^{NC}$ $p_{iC}^{CN} > p_{iC}^{NN}, p_{iC}^{CC} > p_{iC}^{NC}$	$x_{iB}^{CN} < x_{iB}^{NN}$ $x_{iB}^{CC} < x_{iB}^{CN}$	$p_{iB}^{CN} > p_{iB}^{NN}, p_{iB}^{CC} > p_{iB}^{NC}$ $q_{iB}^{CN} < q_{iB}^{NN}, q_{iB}^{CC} < q_{iB}^{NC}$
利润比较	$\pi_{iC}^{CN} > \pi_{iC}^{NN}, \pi_{iC}^{CC} > \pi_{iC}^{NC}$		难以确定	

结论 2：无论古诺竞争还是伯川德竞争，当研发溢出效应较高时，企业研发阶段采用合作策略的 R&D 均衡水平、产量（价格）总是分别大于、大于（小于）企业采用研发竞争策略的 R&D 均衡水平、产量（价格）。即企业研发阶段采用合作策略和独立自主创新策略下的 R&D 均衡水平比较总是和相应的产量水平变化方向一致，和相应的价格水平变化方向相反。

结论 3：对于古诺竞争，无论研发溢出效应为多大、企业在产品市场是采用竞争还是卡特尔形式，企业研发阶段采用合作策略的利润水平总是大于企业自主创新下所能取得的利润水平。

结论 4：在产品市场进行产量（价格）竞争时，要保证企业研发阶段采用合作策略的 R&D 均衡水平、产量（价格）大于（小于）企业采用研发竞争策略的 R&D 均衡水平、产量（价格），古诺（伯川德）竞争下所能允许的研发溢出效应范围总是更大（小）一些。在产品市场进行产量（价格）卡特尔时，要想保证上述均衡水平比较，古诺竞争和伯川德竞争所能允许的 R&D 溢出效应范围相同。

（二）不同竞争环境下 R&D 均衡的数值模拟比较

由于不同竞争类型下 R&D 均衡、产量（价格）均衡、利润均衡和社会福利值的比较过于复杂，采取数值模拟的方法进行下一步的讨论，在产品替代程度较小时令 $a = 300$，$c = 50$，$\gamma = 0.9$，$d = 30$，$b = 3$，在产品替代程度较大时令 $b = 20$。研发外部性分为两种极端情况，毫无外部性（$\beta = 0$）和具有完全的外部性（$\beta = 1$）。如表 5-3 和表 5-4 所示，由此可得出如下结论。

结论 5：在 $\beta = 0$ 时，无论企业在第 2 阶段采用产量（价格）竞争还是卡特尔联盟，企业在第 1 阶段采用 R&D 合作总是会导致福利的减少。相反，$\beta = 1$ 时，企业在第 1 阶段采用 R&D 合作会导致福利的增加。

表 5-3 古诺竞争和伯川德竞争下研发策略均衡（$b = 3$）

古诺竞争		x_{iC}^N	x_{iC}^C	x^*	q_{iC}^N	q_{iC}^C	q^*	π_{iC}^N	π_{iC}^C	w_{iC}^N	w_{iC}^C	w^*
第 2 阶段 产出竞争	$\beta = 0$	4.50	4.27	8.71	4.11	4.04	7.84	480.46	480.48	1499.44	1498.52	1959.93
	$\beta = 1$	4.35	9.00	19.46	4.04	4.25	8.75	497.33	506.44	1551.07	1610.08	2188.72
第 2 阶段 产出合谋	$\beta = 0$	4.52	4.28	8.71	3.86	3.85	7.84	481.57	481.60	1453.91	1453.02	1959.93
	$\beta = 1$	4.36	9.03	19.46	3.92	4.06	8.75	498.52	507.67	1504.09	1559.67	2188.72
伯川德竞争		x_{iB}^N	x_{iB}^C	x^*	p_{iB}^N	p_{iB}^C	p^*	π_{iB}^N	π_{iB}^C	w_{iB}^N	w_{iB}^C	w^*
第 2 阶段 价格竞争	$\beta = 0$	4.50	4.27	8.71	166.05	161.05	41.28	480.21	480.45	1515.47	1503.18	1959.93
	$\beta = 1$	2.13	4.34	19.46	166.17	163.85	11.25	486.39	497.29	1504.11	1555.86	2188.72
第 2 阶段 价格合谋	$\beta = 0$	4.52	4.28	8.71	172.74	172.86	41.28	481.57	481.60	1453.91	1453.02	1959.93
	$\beta = 1$	2.14	4.36	19.46	172.86	170.64	11.25	488.78	498.52	1465.39	1509.09	2188.72

表 5-4 古诺竞争和伯川德竞争下研发策略均衡（$b = 20$）

古诺竞争		x_{iC}^N	x_{iC}^C	x^*	q_{iC}^N	q_{iC}^C	q^*	π_{iC}^N	π_{iC}^C	w_{iC}^N	w_{iC}^C	w^*
第 2 阶段 产出竞争	$\beta = 0$	3.97	2.63	5.68	3.57	3.16	7.84	252.69	296.05	1094.42	1090.72	1278.41
	$\beta = 1$	2.66	5.43	12.20	3.19	3.26	8.75	262.96	305.71	1114.05	1143.08	1373.95
第 2 阶段 产出合谋	$\beta = 0$	5.68	2.81	5.68	2.56	2.53	7.84	312.34	316.01	951.54	951.58	1278.41
	$\beta = 1$	2.84	5.81	12.20	2.56	2.62	8.75	323.23	327.03	973.33	996.32	1373.95
伯川德竞争		x_{iB}^N	x_{iB}^C	x^*	p_{iB}^N	p_{iB}^C	p^*	π_{iB}^N	π_{iB}^C	w_{iB}^C	w_{iB}^C	w^*
第 2 阶段 价格竞争	$\beta = 0$	3.58	2.10	5.68	109.73	110.92	44.32	220.39	292.30	1194.49	1187.68	1278.41
	$\beta = 1$	1.02	2.12	12.20	110.92	109.32	25.61	222.94	297.85	1190.66	1207.90	1373.95
第 2 阶段 价格合谋	$\beta = 0$	5.68	2.80	5.68	172.16	173.60	44.32	312.34	316.01	951.54	951.58	1278.41
	$\beta = 1$	1.40	2.84	12.20	173.60	172.16	25.61	318.67	323.23	956.91	973.33	1373.95

结论 6：无论 $\beta = 0$ 或 $\beta = 1$，企业在第 2 阶段采用产量（价格）竞争还是卡

特尔合作形式，企业在第 1 阶段 R&D 合作情况下所获得的利润总是大于企业自主创新下所获得的利润，这个结论对于古诺竞争和伯川的竞争情形都适合。

结论 7：当 $\beta = 1$ 时，无论企业在第 2 阶段采用产量（价格）竞争还是卡特尔联盟，古诺竞争类型的研发投入在合作和竞争情况下总是会比伯川德情况下更多，更多的研发投入意味着更多的成本消减、利润和福利、消费者剩余的增加。

结论 8：相对于社会福利最大化所要求的最优研发投入、产量（价格）而言，古诺竞争和伯川德竞争都意味着研发投入不足、更少的产量和更高的价格、更小的社会福利和消费者剩余，在第 2 阶段产出（价格）卡特尔联盟时所获得的社会福利最小。

结论 9：其他值保持不变，d 值越大，即产品替代性越大，竞争越激烈，企业无论从何种竞争形式中的 R&D 投入及所获得的利润都会更少，相对而言社会总福利也会更低。在两阶段竞争形式（类型Ⅰ）以及在第 1 阶段 R&D 合作，第 2 阶段价格竞争（伯川德竞争下的类型Ⅲ）时，较高的替代性意味着较高的消费者剩余。除此之外，较高的替代性都意味着较小的研发投入、较小的成本消减和较低的消费者剩余。

四、基本结论和相关启示

（一）基本结论

通过上述分析可以看出，产品差异化的双寡头市场中，只要 R&D 溢出效应不等于零，两企业进行 R&D 合作可以降低单位产品成本、提高 R&D 投资和产品产量、增加企业利润、改善社会总体福利水平和提高消费者剩余。从竞争角度分析，只要溢出效应不等于零，较弱的竞争——古诺竞争总是会比伯川德竞争下 R&D 投入更多，这也意味着更多的成本消减、更多的企业利润和更多的社会福利，这从某种意义上证明了 Schumpeter 的结论，较弱的竞争环境促进了更多 R&D 合作或者竞争性的投入。由于技术具有公共性特征，极易出现搭便车者，只有在竞争环境较弱的条件下，企业才更有动机进行更多的 R&D 投入，较弱的竞争环境防止了新技术的迅速模仿和搭便车情况的迅速蔓延，也保证了创新者获得更多的创新利润。R&D 合作对社会总福利和消费者剩余的影响程度取决于产品市场的竞争程度，如果产品市场是竞争的，R&D 合作会提高社会总福利和消费者剩余，如果产品市场是卡特尔联盟的，R&D 合作相对于非卡特尔的产品市场，消减了社会总福利和消费者剩余。

（二）对企业的策略启示和政府的政策启示

本节的策略和政策含义可以分为几个方面：

（1）对过度竞争、无序竞争要加以合理的规制。在具有研发溢出效应的行业，较弱的竞争环境有利于 R&D 投资和合作。由于中国特有的行政体制和市场无序的竞争，许多行业存在大量的无效供给企业，过度竞争问题十分严重，这从一定程度上导致企业创新动力不足，阻碍了技术创新和 R&D 合作。因此，除了借鉴西方为支持基础性研究开发阶段而建立研究型合资企业以及技术联盟的政策、建立严格有效的专利制度、鼓励和支持 R&D 合作企业的技术创新方式之外，也要对产品市场的竞争状况加以规制，对阻碍创新和研发合作的过度竞争，国家要进行适度行政、法律的干预，比如采用限制准入门槛、限制价格等措施规范和引导产品市场的竞争秩序。

（2）根据"本身违法原则"禁止任何形式产品市场的合谋，按照"合理推定原则"促进产品市场的 R&D 合作。无论竞争环境如何，产品市场的卡特尔总会减少社会总福利水平。大多数产品市场的合谋形式都是赤裸裸的固定价格、维持价格和共谋变动价格行为的价格合谋，同样也存在一些分割市场、限制产量、限制新技术等种种不涉及价格因素的合谋行为，后一种在中国市场中体现得并不明显，这些合谋行为损害了竞争经济效率而没有任何抵消该损害后果的好处，极大地损害了消费者的福利，而且不会产生任何积极的促进经济增长的作用。而以促进产品市场合谋为目的的 R&D 合作，一方面损害了资源配置效率，另一方面又具有增进企业内部效率的效果，或者会对动态效率产生影响。这时，如果绝对地、笼统地将这些行为界定为违法行为，就将会造成效率损失，很多国家以法律的形式对卡特尔行为进行限制和惩罚，而却鼓励企业 R&D 方面的合作/联盟。

（3）针对研发合作，政府或行业协会要有目的的引导，企业要慎重选择 R&D 合作伙伴。并不是 R&D 合作总是有利的，在无溢出效应或者溢出效应较小的行业，R&D 合作反倒会导致福利的减少。企业之间的研发合作，说到底是一种能力互补的竞合关系。企业之间的研发知识要具有相关性和互补性，能够提高研发的效率，因此适当选择合作伙伴就显得极为重要。研发合作凭借其巨大的优势越来越成为企业技术创新策略选择的重点，但同时我们也看到在过去的几十年间研发联盟的失败率却高达 40%～70%，不适当的合作伙伴选择就是其中最为重要的原因之一。无关项目或互补性不强的合作，只会浪费资源，增加管理的困难。

（4）技术联盟已经越来越受到众多企业的认可，并逐渐发展为企业的一种战略选择，在实践中也不断推广。尽管研发联盟得到了空前增长，但实际上其绩效是相当低的。在现实中，技术联盟的管理与发展也困难重重。在结盟初期，联盟双方彼此保有一定的期望值，被对方某点优势或实力所吸引，认识到组建联盟虽各有付出，但可从中受益，所以双方以互利互赢为基础走到一起。由于联盟实施涉及联盟内外各种复杂关系，受技术开发进度、人力资源费用、技术矛盾、技术人员的个性特点、行政管理程序等诸多因素的影响，衡量技术水平的标准、对技术项目实施的成本、收益诸方面的目标各不相同，冲突的产生在所难免。一些关于研究合作企业的实证研究（Kogut，1998；Bleek&Ernst，1991）表明，这种合作组织形式的不稳定率接近 50%。在被调查的 49 个合作组织中，24 个被认为是失败的。大多数合作组织，即使是成功的，最后也会终止。比如，1995 年克莱斯勒宣布它与三菱长达 25 年的合作结束，另有研究结果显示，研发合作组织生命周期的中值仅为 7 年，令人不满意的研发合作组织估计要占总数的 40%～70%（Park&Ungson，2001）。由于技术外溢等因素的存在，参与技术联盟的企业又担心自己的专有知识在合作过程中被合作伙伴消化吸收，增强其在产品市场上的竞争地位从而对自己不利。较高的知识专有程度能降低技术外溢性，有效的抑制企业潜在的搭便车现象，有利于研发的合作。因此，联盟双方应加强沟通，共同分析联盟外在形势，并根据现有状态对各自的战略目标进行适时的调整，以对冲突各方施加影响，形成一个开诚布公的能协调冲突的环境，在处理冲突的原则上达成一致，有效地促进研发的合作或技术联盟。

本章小结

本章的分析包括三个方面:差异化产品企业研发 R&D 策略与理论拓展;R&D 活动、创新类型与企业竞争策略;外部性、竞争强度与企业 R&D 策略选择。主要内容及结论包括以下几个方面:

第一,研发与创新通过降低成本、产品差异化、专利、标准与产品兼容性影响价格。和产品差异化相关的是前两种形式的研发,即过程创新和产品创新。产品差异化框架下的研发模型主要包括:创新类型的选择模型、外溢效应及研发联盟和政策。

第二,企业 R&D 活动、执行产品和过程 R&D 活动的影响因素和行业特征、产品生命周期阶段、相关的生产过程阶段和竞争性策略要素之间存在相互关系。在产品创新和过程创新之间存在一种互补型,这种互补性取决于产品和过程生命周期的阶段以及竞争策略。因为产品 R&D 存在外部性,进入者就可以模仿在位者的产品进行生产,或者避免初始进入者在初始营销和产品设计中所犯的错误从而减少进入成本,推迟进入的时间越长,这种外部性所引起的进入成本越低,但是进入时间越靠后,后来进入者所得到的利润折现值也越小。因此,每一个潜在进入者都面临较早进入获得垄断势力和较晚进入从而降低进入成本之间的平衡。过程 R&D 也存在外部性,当外部性发生在多产品企业内部,而不是单产品企业之间,结论也会有所不同。因为单产品垄断者可以从两个方面内部化过程 R&D 活动的外部性:①降低每个产品的 R&D 投资;②去掉一些产品线从而扩大余下产品线的市场规模。对于不同创新类性的外部性的影响效应,政府可以通过制定过程创新和产品创新有关的有效的专利保护范围的政策,引导企业的 R&D 投资向更有效的技术组合转变。

第三,除此之外,R&D 活动的外部性、竞争强度也会影响企业 R&D 策略选择。结论证明,产品差异化的双寡头市场中,只要 R&D 溢出效应不等于零,两企业进行 R&D 合作可以降低单位产品成本、提高 R&D 投资和产品产量、增加企业利润、改善社会总体福利水平和提高消费者剩余。从竞争角度分析,只要溢出效应不等于零，较弱的竞争——古诺竞争总是会比伯川德竞争下 R&D 投入更多，这也意味着更多的成本消减、更多的企业利润和更多的社会福利，这从某种意义上证明了 Schumpeter 的结论，较弱的竞争环境促进了更多 R&D 合作或者竞争性的投入。由于技术具有公共性特征，极易出现搭便车者，只有在竞争环境较弱的条件下，企业才更有动机进行更多的 R&D 投入。较弱的竞争环境防止了新技术的迅速模仿和搭便车情况的迅速蔓延，也保证了创新者获得更多的创新利润。R&D 合作对社会总福利和消费者剩余的影响程度取决于产品市场的竞争程度。如果产品市场是竞争的，R&D 合作会提高社会总福利和消费者剩余。如果产品市场是卡特尔联盟的，R&D 合作相对于非卡特尔的产品市场，消减了社会总福利和消费者剩余。这对企业的竞争策略和政府的政策制定也有所启示。

第六章　产品差异化与企业合并策略及效应分析

第一节　差异化企业合并策略与理论拓展

合并是指两家以上的公司依契约及法令归并为一个公司的行为，公司合并包括吸收合并和创新合并两种形式：前者是指两个以上的公司合并中，其中一个公司因吸收了其他公司而成为存续公司的合并形式；后者是指两个或者两个以上的公司通过合并创建了一个新的公司。兼并通常是指一家企业以现金、证券或其他形式购买取得企业的产权、使其他企业丧失法人资格或改变法人实体，并取得对这些企业决策控制权的经济行为。兼并是合并的形式之一，等同于中国《公司法》中的吸收合并，指一个公司吸收其他公司而存续，被吸收公司解散。本书中的合并泛指包括兼并在内的一切两家以上的公司依契约及法令归并为一个公司的行为①。

企业追逐利润、扩大规模、保持竞争优势的方式除了进入阻止、合谋、研发等之外，还可以采取合并的方式。随着企业的成长和规模的扩大，追求资本增值的内在动力和市场竞争的外在压力促使越来越多的大企业扩大采取合并的方式，企业合并是壮大企业实力、实现企业规模经济、提高经济效益和竞争力的重要途径。同时优势企业兼并劣势企业，从劣势企业角度来讲，也可以使得劣势企业原来占用的资源向优势企业集中，从而有利于提高资源利用率，同时促使产业结构向优化方向发展。

合适的合并方式，可以使得企业追求市场势力、获得多工厂经济、消除过剩生产能力、利用企业生命周期循环中成熟阶段的优势效应，同时也可以弥补企业

---

① 文中为尊重原著，有的地方出现兼并的说法，有的地方出现合并的说法。

有限理性的不足、防止机会主义行为的产生、实施有利可图的价格歧视策略、提高竞争对手的成本、分散风险等优势。

企业合并一直是管理学、企业经济学和产业组织理论研究的重要内容。早在19世纪末期，经济学家古诺就对企业合并效应进行了探索。自20世纪中叶以来，随着企业规模的扩大和市场集中趋势的出现，企业行为对外部环境的反作用力加大，企业兼并作为联系自身与外部环境的重要战略行为方式，引起了学术界更多的关注。涉及到差异化产品企业的合并行为，主要包括合并的动机、合并的效应两个方面，其中，主要集中于研究合并的效应，而合并的效应又包括理论分析和经验分析及差异化产品的反垄断机构判定合并行为的方法分析三个方面。

一、差异化企业合并动机

差异化企业的合并动机和同质品企业的合并动机类似，但关于差异化产品企业合并动机的文献分析较少。其中，Deneckere&Davidson（1985）证明了在差异化产品伯川德寡头竞争中，假定不存在进入、产品再定位和效率，即使只有两个企业参与合并，合并也是有利可图的。在价格决策博弈中，合并企业总是能够从合并中受益，但是未参与合并的企业却能从竞争对手的合并中获得更多的利润，出现了"免费搭车"现象，在此情况下，由于每个企业都宁愿不参与合并，因此，很难合理解释这类合并活动是怎样开始的。任何合并都会引起合并企业增加产品价格，从而引起其他企业也增加产品价格。如果合并引起合并企业边际成本的消减，成本消减将会抵消价格对合并的反竞争效应。

二、差异化企业合并效应

在差异化企业合并效应的理论分析中，绝大多数研究主要关注产品的水平差异的企业合并问题，较少部分研究集中在垂直差异产品的企业合并问题。

（一）水平差异企业的合并效应

这类问题又分为两个方面。一是基于传统的 Hotelling 模型的分析。Braid（1986）采用一维选址模型，消费者均匀分布在一条直线上，需求完全无弹性，企业面临着相同的固定成本和边际成本，研究结论为：合并方提价的幅度远远高于相邻的各家商店。Levy&Reitzes（1992）考虑了二次运输成本和有限的企业分布在圆周上的情况，得到了相似的结论。Braid（1999）又研究了二维空间分布的情况，与一维模型相比，由于每家商店有了更多的相邻店，或者说每种商品有了更多的替代品，所以合并导致的合并方与相邻店的价格和利润增长是比较小的，对合并者的激励也就不那么强了。不过，这些分析排除了进入的可能性，而合并后所引起的进入可能性和效率效应一直是反垄断机构批准是否通过合并提议的重要依据[①]。且正如 Judd（1985）所指出的，当两个相邻店合并时，很可能会有新店紧挨着其中一家进入，引起激烈的价格战，最终导致合并企业关闭这家店以保护其他店的利润，从而合并就失去了吸引力。Cabral（2001）则同时考虑了进入和合谋的可能性，假设在兼并发生的前后，该产业都处于自由进入的均衡状态，利用 Salop 模型研究了寡头竞争中两个企业兼并产生的效应。研究证明：进入的可能性改善了兼并对消费者福利的效应。但是兼并企业的成本效率（以更加低的边际成本形式呈现）减少了进入的可能性，因此消费者受益的幅度要小于进入条件外生给定的情况，同样通过把资产（店面）出售给潜在的对手，兼并企业就有效地"收买了它们"（"buy them off"），也就是说，劝阻潜在对手不再开新店，而这可能会对消费者不利。Cabral（2001）进而提出了一个有效的命题：当兼并企业主动（或自愿）选择资产出售或剥离时，消费者福利一定会减少。这在产业政策制定方面意义重大，因为在有些条件下，规制机构强迫兼并企业出售资产反而会损害消费者。Spector（2002）的研究证明：不管产业中的进入条件是什么，如果同质品企业在数量上竞争，边际成本非递减，任何没有创造技术协同效应的盈利性的兼并都会提高价格损害消费者的福利，这个结果并不适用于价格竞争的差

---

① 见 David Spector,Horizontal mergers,entry,and effenciency defences.2002.http://www.cepremap.cnrs.fr.就中国针对合并行为的政策实践而言，合并后市场的进入程度也是衡量是否批准合并行为的重要标准。中国日报消息：商务部 2009 年 3 月 18 日表示，可口可乐并购汇源未通过反垄断调查，因为收购会影响或限制竞争，不利于中国果汁行业的健康发展。商务部具体阐述了未通过审查的三个原因：第一，如果收购成功，可口可乐有能力把其在碳酸饮料行业的支配地位传导到果汁行业。第二，如果收购成功，可口可乐对果汁市场的控制力会明显增强，使其他企业没有能力再进入这个市场。第三，如果收购成功，会挤压国内中小企业的生存空间，抑制国内其他企业参与果汁市场的竞争。据悉，这是反垄断法自 2008 年 8 月 1 日实施以来首个未获通过的案例。

异化产品企业兼并情况，进而提出了一个相关的政策建议：反垄断机构不应该专注于进入条件而应该专注于是否存在兼并专有的协同效应，但是这并不意味着进入条件不重要，更多的是强调兼并政策应合理的权衡兼并专有的协同效应以及进入条件效应。

二是基于线性需求模型中产品替代系数法的分析。Qiu&Zhou（2002）用线性需求模型中的产品替代系数法研究了信息不对称性对不同国家企业合并的价值和动机。该研究用了一个寡头竞争和不对称信息下国际贸易的模型，其中，国内企业知道本国需求，但国外企业不知道。研究结论为：在缺乏不对称信息下，合并允许两个合并企业联合选择生产并最大化联合利润，这为合并企业创造了两个冲突的效应。一方面，产出协调摈弃了合并企业间竞争的负的外部性，这是有利的；另一方面，非合并企业会以提高产出作为对合并企业的回应，这不利于合并企业，只要产品是足够差异化的，这样的一种产出协调的合并对于合并企业是盈利的。在不对称信息下，合并使得合并企业除了协调产出之外，也分享关于市场需求的信息，信息分享总是有利于企业合并，相对于对称信息下，合并企业在更广泛的产品差异化范围内合并行为都是有利的。化冰等（2003）分析了古诺竞争下的企业横向兼并行为，结论为当行业中产品的替代性不是很强时，兼并企业之间即使不存在规模经济和成本节约的效率效应，也可以带来市场势力及市场领导地位，存在兼并动机，兼并后，对未参与兼并企业的产量和利润具有正的外部性，但从长期看，降低了行业总产量和消费者福利。

（二）垂直差异企业的合并效应

关于垂直差异的企业合并效应研究的较少，据本人所知，Barbot（2001）首次研究了垂直差异化框架中双寡头企业和三寡头企业合并效应的差异，结论为：在一般情况下合并后消费者的剩余总是会减少，企业利润会增加，外部企业[①]利润也会得到提高，真正有差异的是在合并后外部企业利润变化的幅度，当外部企业是最低质量企业，合并后利润能增加 778%，而当外部企业是最高质量企业，利润

---

① 从质量由低到高排列，企业顺序为 1，2，3。当企业 1 和 2 合并时，企业 3 就是外部企业，反之亦然。

只增加 4%。Norman&Pepall&Richards（2005）用了一个垂直差异化产品市场去研究具有成本节约的水平合并的福利分析中产品选择的问题，证明了合并可能导致合并后市场中所提供的产品的变化，合并前的关于自身和交叉价格弹性的估计对评估合并后的市场结果起着重要的作用。摈弃产品线不可能发生在无差异化产品的市场情况或者水平产品差异化情况中，在水平差异化市场中，每个消费者都有自身偏好的产品分类，企业有动机维持合并前的产品线去尽可能的接近更多的消费者。尽管如此，当产品是垂直差异化而不是水平差异化情况时，这种动机就会有所不同。当消费者在不同品牌的商品之间有排序并且在商品的支付意愿上有差异时，摈弃中间质量商品能够弱化合并后市场中商品间的竞争。

这些模型的共同结论为，当垂直差异化框架下的企业合并时，会调整产品线和产品范围或者数量从而避免激烈的价格竞争，然而这些模型并没有考虑合并后新企业进入的情况。如果进入是阻止的，或者说在位企业控制了产品技术、分销网络或者零售渠道，忽略进入就是合理的，但是事实上并不一定总是这种情况，合并方消减了产品选择的范围，这留下了产品空间，可能会吸引潜在的进入者，进入的威胁又可能使得合并后的企业有动机重新策略性的定位余下的产品品牌。

三、差异化企业合并效应经验分析

在产品差异化企业合并效应的经验研究中，主要用的是离散选择模型。用于产品差异化市场经验分析的离散选择模型包括产品性能、消费者偏好和市场均衡这三个基本要点。在产品同质的假设下，需求模型是不会将产品性能考虑进来的。同时，如果缺乏对消费者偏好异质性的了解，需求模型也不会考虑消费者个人的种种特征。离散选择模型假定计量经济学家能够观察到大部分的产品特征，以及统计调查样本中的所有消费者特征和所有的消费者选择，有效地解决了这一问题。离散选择模型在产业组织研究中的应用，特别是在产品差化市场研究中的应用，为计量经济学从微观经验数据中获得对产品差异化市场中合并行为的认识、对市场垄断——竞争程度的判断、以及对品牌创新的评价，提供了有力的分析工具。甚至从某种意义上说，计量经济学家正是通过离散选择模型，才得以将研究的视野从以往传统的同质市场及其相关的假设前提，扩展到更具有现实意义的产品差异化的市场中（袁诚，2003）。

Nevo（1997）认为合并分析的传统方法是结构性的，其界定了相关市场，并用相关企业的市场份额去计算集中度指标，这产生了不合理的产品同质的假设。用这个方法去评估差异化或者密切相关但不相同的产品的产业中的合并就会产生问题，因为在这样的很多情况中，内外部商品的市场界定[①]并不明晰。为解决这个问题，Nevo 讨论了一个替代性方法，其由需求的前端估计（估计了产品的需求）以及合并后行为模拟的后端应用（需求弹性被应用于模拟合并的竞争性效应）组成，模拟了合并的竞争效应。研究结论为：差异化产品的需求估计的不同方法（如CES、Logit 或 Antitrust Logit Models、多水平需求模型）决定了合并模拟的不同结果。具体而言，以前文献中 Logit 和其相关方法的应用是有问题的，之前文献中所得出的近似结果可能极大程度上区别于"真实"预测的价格均衡，因为来自合并的真实收益在于所有品牌间在供给方和需求方的协同效应，所以合并模拟不应该仅包括合并企业样本品牌间的合并，合并企业的所有品牌都应该包括在内。

Dubé（2004）用产品差异化离散选择模型模拟了 20 世纪 80 年代几种软饮料市场合并对均衡价格和数量的竞争效应。软饮料需求的不同特征是，在个体的购买水平上，消费者在做购买软饮料决策时，会选择多种软饮料产品，并且每种都会买很多，Dubé 用超市结账系统扫描仪上消费者水平上的数据样本，把加总个体数据而得出的市场总需求估计和静态卖方寡头模型相结合，用 Hendal（1999）的多重离散选择模型和合并模拟的方法证实了尽管存在稍微的价格增加，来自可乐公司和百事公司所提议的合并仍然存在极大的福利损失。Song（2008）考虑了差异化产品需求的离散选择模型，并结合了纯特征需求模型和随机系数对数需求模型，用个人电脑市场的产品水平数据比较了混合选择模型和其他需求模型，也分析了 Hewlett-Packard 和 Compaq 合并后的个人计算机（PC）市场，证明在一段时

---

① 市场界定在判定合并效应中是一个重要的问题，是反垄断政策的重要概念。如果有足够多的消费者把产品看作几乎完全的替代品，两个产品就处在相同的市场中。如果两个产品是近似完全的替代品，市场上的企业就不能在保持期望销售的情况下，向消费者索要高于其他企业的价格。判定的方法为给定其他产品合并前的价格，是否一个合并后的利润最大化的垄断者会索要一个小的但是重要的非短时间的价格增加（"small but significant and non-transitory increase in price"，即常说的"SSNIP test"）。

间后两种品牌变得更具有差异性，这表示合并企业在合并后会重新定位品牌。

四、反垄断机构判定差异化产品市场合并效应的方法及政策分析

自 20 世纪 90 年代以来，美国司法部和联邦贸易委员会的反垄断实践方法与工作不断向前推进。美国司法部和联邦贸易委员会在 1992 年横向兼并指南中指出，在中度集中的市场条件下，如果兼并后企业的市场份额达到 35%，而且兼并企业一方的客户或者消费者将兼并企业另一方的产品很大程度上作为第二选择的话，这两个企业的兼并就会对这些消费者或者客户产生严重的不利影响。同时 90 年代以来美国司法部尝试使用了 ALM（Antitrust Logit Model）模型来分析差异化产品市场中的反竞争问题。ALM 模型假设需求符合 logit 分布，而卖者以策略性相互作用的伯川德竞争为行为模式。对于一般的 ALM 模型评估而言，只需知道价格、市场份额、产品之间的替代率以及需求弹性即可，可以在多种多样的环境下产生预测，包含不对称的价格和市场份额的市场，以及合并方享有相关协同效应的合并行为，ALM 是一个有用的政策工具，因为它能从立即观察的变量中获得精确的预测，这对于反托拉斯机构而言是比较便利的。Davis&Wilson（2004）也利用 ALM 模型，对不对称差异化产品寡头市场中横向兼并的反竞争效应进行了实证研究。分析指出，一般而言，市场以价格增加回应横向兼并，边际成本协同效应会降低价格增加幅度，然而，针对个体市场和不同企业类型的纳什预测却不那么精确，个体市场和企业水平决策的易变性降低了 ALM 对合并模型的预测能力，然而即使 ALM 模型在某些市场中的应用不总是那么严密，也足以筛选出那些明显会影响竞争状况的兼并，不过 ALM 模型所依赖的各个市场参量在兼并前后可能会发生显著变化，其预测结果与实际情况可能会有较大的偏差。

Werden（1996）认为维持合并前价格的必要的成本消减可以不用任何需求假设计算出来，也提供了一个决定是否一个具体的合并可以提高福利的稳健的和实际的方法。Shapiro（1996）讨论了反垄断局所提出的分析差异化产品中合并的单边效应的方法。如果合并品牌 A 和 B 比较接近的话，很多消费者用一种品牌，而把另外一种品牌作为他们的第二种选择，品牌 A 和品牌 B 的合并会引起其中一个或两个反竞争性的价格增加，即随着品牌 A 的增加，一些消费者将从品牌 A 转向

品牌 B。在合并之前，这些消费者将会从品牌 A 中消失，在合并之后，相同的拥有品牌 B 的企业就不会损失这些消费者，那么对于合并企业来说，价格增加将是更加盈利性的，除非产品再定位或者进入使得这种价格增加不再盈利。估计合并品牌 A 价格增加的效应包括四个步骤：①考虑品牌 A 的价格增加是 10%，估计由于价格增加，有多少原属于品牌 A 的销售会转向品牌 B，这个称之为偏移度[①]（从品牌 A 到品牌 B）；②基于合并前的总边际（价格和边际成本之间的百分比空隙）和估计的偏移度，假定没有协同作用或者竞争者的供给变化，计算合并后的价格增加[②]；③试图估计非合并方任何可能的或者及时的价格和产品差异化的变化，包括产品再定位和进入；④如果存在可置信的协同作用能够降低成本，并且相应的消减合并后价格，这一步就导致较低的预测价格。前两步是需求方分析，第三步是供给方分析，第四步是可能的效率。如果这些步骤意味着合并方在合并后实行价格增加将是最优的，那么合并就可能是反竞争的。

Mariuzzo&Walsh&Whelan（2004）指出，在 1990～2003 年适用的欧盟合并控制规制条款 No 4064/89，倾向于运用占优检验去测度基于企业市场份额的市场势

---

① 偏移度的定义：如果提高价格，损失的客户中有多少会转向竞争者(合并方)那里。偏移度近似于合并品牌之间的需求交叉弹性，如果合并后的单位销售和合并前一样，那么品牌 A 到品牌 B 的销售等于品牌 A 到品牌 B 的需求交叉弹性。一般而言，公式为 $D_{AB} = (E_{AB}/E_A)(x_B/x_A)$，其中，$D_{AB}$ 是品牌 A 到品牌 B 的偏移度，E_{AB} 是品牌 A 和 B 的需求交叉价格弹性，E_A 是品牌 A 的需求价格弹性，x_A 和 x_B 是品牌 A 和品牌 B 合并前各自的单位销售。在一些情况下，品牌 A 到品牌 B 的偏移度将会和品牌 B 的市场份额密切相关，特殊情况下如果品牌 A 所损失的销售全部被市场中的另一种品牌所获得，或者如果所有的品牌都彼此接近，品牌 A 到品牌 B 的偏移度被称为 $S_B/(1-S_A)$，其中 S_A 和 S_B 是品牌各自的市场份额，但更实际的情况是一些消费者从品牌 A 转向市场外的一些产品，这种偏移度将成比例的降低。比如，如果品牌 A 损失客户的 20%离开了这个市场，则品牌 A 向品牌 B 的偏移度将是 $0.8 \times S_B/(1-S_A)$。

② 为了完成需求方的分析，应用估计的偏移度和合并前的总边际以及其他方法，能得出品牌合并后价格增加的预测值。合并后价格增加实际计算中的困难取决于需求曲线的具体形状。经济学家经常用数据估计需求，他们用不变弹性的需求函数，并且假定两个合并品牌在合并前是对称的，合并方利润最大化的百分比价格增加是 $mD/(1-m-D)$，这里 m 是合并前的总边际，D 是合并品牌间的偏移度。这个公式要慎用，因为一般一个品牌的需求弹性随着品牌价格的增加而增加，不变的需求弹性将会高估这些合并后的价格增加，如果需求呈现一种线性形式，随着价格增加弹性增加，使得最优合并后的价格增加更小，在这种情况中可使用替代性的公式，即随着线性需求的最优合并后价格增加的百分比是 $mD/2(1-D)$。

力水平的潜在变化。在同质品产业中，HHI 是一个很好的测度市场势力的指标，合并后 HHI 指数的变化是否超越临界值是被欧盟委员会判定是否批准合并的依据[①]。但在差异化产品产业中，这种运用却是可质疑的，因为在产品差异化产业中，不同部门中多产品企业复杂的经营不能用市场集中度反映市场势力的变化。新的欧盟合并规制条款 No 139/2004 注意到这一点并引入了大量检验去确定合并后的情况会对竞争构成一种威胁。Mariuzzo&Walsh&Whelan 提出了运用于差异化产品产业中的一个基于 Berry（1994）、Berry&Levinsohn&Pakes（1995）的嵌套 logit 模型的结构方法去估计和检验来自于合并后的市场势力的变化。该研究证明，两企业间所提议的合并对产业产出集中度的 HHI 指数变化影响较小，因此不会被用占优检验法的反垄断结构调查，而用结构方法显示这种合并行为可能会极大的增加公司的市场势力，不管市场份额是多少，都会获得高的价格加成。

五、简要述评

合并自 19 世纪末期到现在一直是经济学领域内比较重要的问题，从合并的动机到合并的效应，从同质品到差异化产品，从基本的理论分析到博弈论的广泛应用，从简单的经验分析到深入的实证检验等，在合并问题的研究上取得了巨大的进步。但最大的进步，是从 20 世纪 80 年代随着博弈论的发展和离散选择模型在差异化产品领域中的应用开始的。博弈论的应用使得基于不合作行为假设下的合并研究逐渐成为理论的主流方向，离散选择模型在差异化产品领域的应用，使得分析从消费者特征入手分析产品特征性能定位和合并效应成为可能，并成为反垄断机构判定合并效应的重要工具。

纵观近几十年来关于企业合并问题的研究，可以发现大致呈现这样的发展趋势：第一，随着企业规模的不断扩大和市场集中趋势的出现，企业自身行为对整个产业和外部环境的影响增大，过去认为属于外生的变量逐渐内生化，企业与外

[①] 判断合并是否会危害竞争的依据是合并后的 HHI 指数小于 1000 时，由于合并而引起的 HHI 指数可以任意大而不会危害竞争；合并后 HHI 指数在 1000 到 2000 之间及 2000 以上时，HHI 指数由于合并而引起的变化要小于 250 和 150，才不会危害竞争，超过 250 和 150 的变化会明显的损害竞争，并且会引起规制机构对是否通过合并的调查。

部环境截然分开的界限也逐渐模糊。企业的行为可以改变市场结构，影响政府规制，对外部环境施加作用，当然外部环境也反作用于企业自身。也就是说，企业与政府规制、外部环境处于一种互动的状态。第二，企业成长之后，互相作用更加频繁，作用力也更大。由于企业决策不得不考虑其足够强大的对手，它们之间是对抗还是合作，竞争还是合谋，市场状况会大相径庭。在这种情况下，博弈论方法显得越来越有价值，应用日趋普遍。第三，为了使理论研究更符合于实际，模型的假设条件趋向于宽松，比如从同质产品到差异化产品、从不考虑进入到考虑进入、从不考虑合谋到考虑合谋等。特别是基于同质产品的兼并研究已经接近成熟，因此研究重点逐渐转向差异化产品，前沿研究也非常活跃。第四，对合并效应研究的重点逐渐从效率转向公平，不满足于仅仅对合并动机及效应做出分析，而趋向于根据福利标准，给出合并需要满足的必要或充分条件。效率与公平并重，是目前合并效应问题研究的主要思潮。第五，从理论研究到经验研究。由于合并问题的广泛性以及反垄断的政策性，合并问题的经验研究越来越普遍，而且，经验研究所采用的方法也越来越复杂，为合并政策提供了越来越具体的参考。而中国国内对合并问题的经验研究则相对较少，相对国外也比较落后，某种程度上还停留在国外上世纪八九十年代分析同质品企业合并问题反映市场集中度变化的HHI 指数变化分析上，这一点对中国国内合并问题及反垄断问题的研究都提出了极大的挑战。

以下两节以中国轿车行业为例，用一个供应方的多产品伯川德模型和需求方的企业混合 logit 模型，测度了中国轿车市场上加成所界定的市场势力，并模拟企业合并行为对市场势力的影响。我们将在第二节简要介绍轿车行业的产品差异化状况和竞争格局，然后在第三节模拟企业合并行为对市场势力的影响，并和未发生合并行为的情形作比较，估计的结果显示轿车市场上的市场势力主要是通过产品差异化而不是产品定价或企业合并所产生的较高的市场集中度获得。估计的结果也预测存在着价格下降的空间，中国轿车市场上的价格战在几年内不会停止。

第二节　中国轿车行业与市场的发展及竞争格局

一、中国轿车市场的供给与需求

（一）中国轿车的生产与供给

汽车行业在中国经济中的地位越来越重要，而轿车是汽车行业中最为活跃的部分。自 1958 年第一辆东风牌轿车的生产到现在，轿车行业得到了快速的发展。如图 6-1 所示，到 2008 年底，中国的轿车行业已经有 30 多家轿车整车生产企业，生产能力得到迅速增长，轿车产量从 1958 年的 57 辆增加到 2008 年的 5037334 辆，增长了近 9 万倍。与此同时，汽车产品格局也发生了很大变化，1958 年，轿车占汽车总产量的比重为 0.36%，到 2008 年底，这一比重上升为 53.9%。

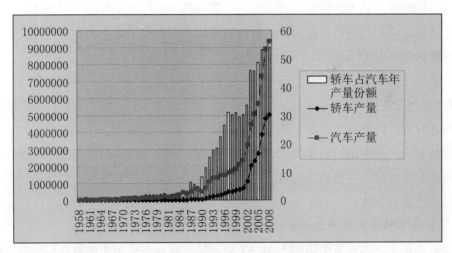

图 6-1　中国轿车与汽车产量的变化（1958～2008）

（注：数据资料来源于《中国汽车工业年鉴》）（1991～2009）

1. 中国轿车生产的发展阶段

结合中国的政治环境、经济体制、国家政策、工业发展和科技水平，根据国内外产业经济学家对轿车行业的研究，一般认为，在产业政策的引导下，中国轿车行业从产生至今经历了三个阶段（柳岩，管晓方，宋玉泉，2009）。

第一阶段为独立自主的起步阶段（1958～1984 年）。从 1958 年 5 月 12 日中国第一汽车制造厂（简称"一汽"）生产出第一辆东风牌轿车到 1984 年汽车企业开始吸引外资，这一时期中国轿车行业的特点是设计与制造依靠自力更生，生产方式是按需单件小批量生产，因此品种单一、产量少、成本高、计划经济销售，即仅作为政府机关的公务用车计划销售。

第二阶段为合资开发阶段（1984～2001 年）。从 1984 年 7 月 27 日国务院在北戴河召集各有关方面领导座谈汽车工业发展问题，重点讨论轿车工业发展，同年汽车企业开始吸引外资到 2001 年中国开始加入 WTO，中国轿车行业进入合资开发阶段，采用让出国内市场吸引外资引进国外技术成为这一时期发展轿车工业的主要手段。通过对外开放和引进外资，缩短了与世界汽车业的差距，使中国轿车工业走向了全球化，并充分满足了国内消费的需求，为促进中国轿车业真正进入自主创新所需的人才培养、技术平台、零部件体系打下了基础。但也在某种程度上造成了中方自主研发能力低、核心技术缺失，在车型更新和核心零部件设计上只能依赖外方的局面。

第三个阶段为合资和自主研发并争阶段（2001 年至今）。从 2001 年中国加入 WTO 到现在，中国轿车工业进入合资和自主研发并争阶段。这个阶段合资品牌得到快速发展，跨国汽车公司加快布局中国轿车市场，把资本、设计、研发知识和生产技术引入到中国，以小红旗、奇瑞、吉利、奔腾为代表的民族轿车品牌也在中国轿车市场形成一股新生力量。中国轿车市场的竞争愈演愈烈，合资品牌和自主品牌也各有千秋。

2. 中国轿车的生产与供给格局

近些年来，特别是中国加入 WTO 后，轿车行业在轿车生产数量和生产规模快速扩张，轿车整车生产企业也不断增加。国内轿车企业主要分成两大类，一类是以跨国轿车生产企业在中国的合资生产企业，另一类是中资企业。跨国轿车生产企业主要包括上汽集团、一汽集团、东风汽车、长安汽车、华晨中国等，中资企业主要包括奇瑞汽车、吉利控股、比亚迪汽车、江南汽车、贵州云雀等。近年来，随着这两类企业产量的逐年增加，产品满足国内市场需求的能力也随之增强，在国内市场的份额快速增加。在 2008 年，这些企业生产的轿车产品已经占当年国内轿车销售量的接近 97%[①]。

（二）中国轿车的需求

随着人民生活水平的提高，个人购车比例逐年快速增长，中国轿车市场的消费结构已经发生重大变化。十五期间，我们国家轿车消费结构实现了以公款购车为主向私人购车为主的根本性转变。私人消费已经成为中国轿车消费的主流。

1. 经济增长带动轿车需求

根据发达国家的历史经验，年人均 GDP 在 1000 美元左右，基本上可以进入了汽车消费时代，从我们国家的发展指标来看，如图 6-2 所示，2003 年的人均 GDP 已经达到这一指标，一些经济发达地区更是远远超过这一值，因此，未来中国轿车市场的个人需求必定会大大增加。图 6-2 给出了 1997 年以来国内轿车销售量与年人均 GDP 的走势。通过建立轿车销售与人均 GDP 之间的回归方程，可得出：

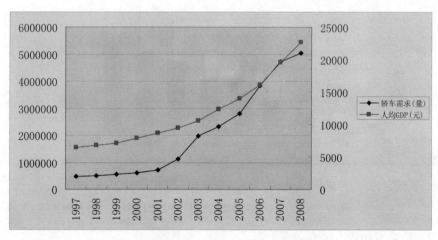

图 6-2 1997-2008 年轿车需求与人均 GDP

（资料来源：根据《中国汽车工业统计年鉴》（1998～2009）与
《中国统计年鉴》（2009）相关资料整理而得）

轿车销售量=-1659797+315.3336×人均 GDP

---

① 根据《中国汽车工业统计年鉴》（2009）计算而得。

（D.W=1.398506，R=0.98）

上述回归结果显示，在中国轿车市场上，轿车需求的确对年人均 GDP 有着依赖效应。

根据轿车排量，轿车可分为四个级别：微型轿车（≤1.0L）、普通级轿车（1.0～1.6L）、中级轿车（1.6～2.5L）、中高级轿车（＞2.5L）。由图 6-3 和图 6-4 可以看出，在四种不同类别的轿车中，普通轿车和中级轿车所占比重最大，且一直处于增长趋势，中高级轿车和微型轿车需求的变化方向则不太稳定。表 6-1 给出了不同类别轿车与年人均 GDP 之间的相关程度，可以看出，普通轿车和中级轿车与人均 GDP 的相关系数较强。

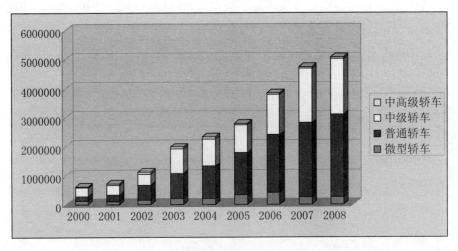

图 6-3　不同级别轿车需求量（2000～2008）

（数据来源：根据《中国汽车工业年鉴》（2001～2009）相关资料整理而得）

2. 轿车市场步入大众消费阶段

国际上普遍采用 R 值（R 值=车价/人均 GDP）分析法来研究一国轿车市场的中长期发展趋势：实证分析表明，R 值的变化与轿车市场的发展有明显的对应关系。轿车先导国的发展经验也表明，当 R 值达到 2～3 时轿车开始大规模进入家庭，轿车普及率迅速提高，轿车市场开始进入成长期，中国也必然服从这样的规律。深圳、广州、上海等地区的 R 值已经低于 3，而北京则在 5 左右的时候就实现汽车大规模进入家庭。随着轿车价格下降和人均收入水平的提高，R 值将快速降低，越来越多的家庭会具备购车能力。发达国家的历史经验也表明，轿车进入家庭所带动的大众消费，是汽车产业成为整个经济支柱产业的起点。大众消费形成的大规模需求，进而带动大规模生产，才能产生真正意义上的规模经济效应，在经济增长中发挥"支柱作用"。

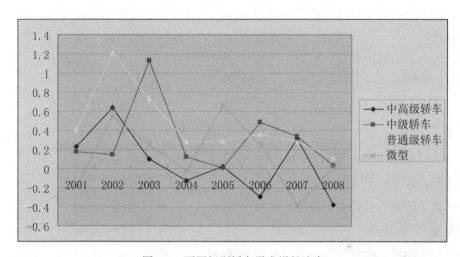

图 6-4 不同级别轿车需求增长速度

（数据来源：根据《中国汽车工业年鉴》（2001～2009）相关资料整理而得）

表 6-1 不同级别轿车销量与年人均 GDP 的相关性

	轿车	中高级	中级	普通级	微型
相关系数 R	0.97	0.01	0.96	0.98	0.39
F 统计量值	212.89	0.05	155.61	389.64	4.48

二、中国轿车行业市场结构的特征

产品差异化、企业数量或集中度、企业规模大小是影响市场结构的重要因素，下面分别从这三个方面简要介绍一下轿车行业市场结构的特征。

（一）产品差异化突出

1. 轿车行业产品差异化的演变

轿车产品的差异化主要体现在品牌间的差异和同一品牌不同型号间的差异两个方面。不同品牌的差异反映了产品间质量、设计理念、企业文化等方面的差异，而同一品牌不同型号之间的差异则着重反映了产品功能配置方面的差异。

由于中国轿车市场发展的特殊历史，轿车产品的差异化与改革开放、经济发展、政府的汽车发展政策、人民的收入和消费政策等密切相关。结合中国轿车品牌的发展和型号的扩展，纵观中国轿车发展的特殊历史，从宏观动态演变上看，中国轿车的产品差异化可分为三个阶段（钱世超，2006）：

第一阶段为品牌发展的培育阶段（1985～1999 年）。其特征为产量少，且品种单一。单一品牌轿车在市场上具有垄断地位，其市场份额达到40%以上。比如桑塔纳轿车在 1995 年至 1999 年五年间的市场份额别高达 49.18%、51.19%、47.25%、46.27%和 40.80%。

第二阶段为品牌的迅速成长阶段（1999～2003 年）。随着市场多元化的发展，潜在购买力的提高，个性化需求不断凸显，以及投资主体的多元化，一大批跨国公司进入中国，同时一批民营企业相继获批生产，轿车市场的竞争加剧。1999 年只有 10 个轿车品牌，而到 2003 年轿车品牌数量已经达到 67 个，每年平均增加率达到 142%。

第三阶段为品牌的成熟阶段（2003 年至今）。由于竞争的加剧，国际品牌本土化趋于成熟以及民族品牌的崛起，到 2008 年，国产轿车产量高达 500 万辆，比 2003 年增加了 147%。在产销量迅猛增长的同时，轿车品牌也得到了极大的繁荣。如图6-5 所示，在 2008 年底，轿车品牌个数高达 200 多个，奥迪 A5、奔腾 B70、马自达 6、POLO、高尔夫、索纳塔等国际同步新品不断推出，民族品牌如吉利、奇瑞、中华等也在市场中占有一席之地。

2. 轿车行业的产品细分

轿车行业的产品差别化，从微观层次上，体现在轿车市场的细分上。轿车市场依据价格和轿车的发动机排量，也可以将轿车大致划分为 5 大类：

表6-2 轿车划分标准

按排量划分标准		按价格划分标准	
等级	排量 V（单位：L）	等级	国内价格（单位：万元）
微型/经济型	～1	微型/经济型	<10
经济型/普通型	1～1.6	经济型/普通型	10～15
中级	1.6～2.5	中级	15～20
中高级	2.5～4	中高级	>20
高级	4～	高级	>20

依据价格进行轿车分类与国际上其他分类方式具有较强的可比性，如表 6-3 所示。

从轿车细分市场来看，不同类型的轿车适合不同的市场需求，而同一市场内部的不同造型特征又迎合了细分市场内不同子市场的需要。根据轿车消费市场需求两头小、中间大的橄榄型结构，越来越多的厂家将 1.3～2.5L 的紧凑型和中级轿车车型作为主打车型，纷纷推出各种新车型，争取更大的市场份额。

表6-3 不同标准的比较及轿车品牌系列

中国国标	德系标准	美系标准	国内价位（万元）	轿车系列（部分）			
微型/经济型	A00	Mini	<10	吉利	比亚迪 F0	众泰 2008	新奥拓
		Mini/Small		阁萝	云雀	力帆 320	夏利
				奇瑞	雅力士	威志	瑞麒
经济型/普通	A0	Small	10～15	雪铁龙	标致	凯越	尊驰
	A	Low-Med		新嘉年华	天语 SX4	Polo 劲取	奔腾
				雅力士	竞速 RCR	桑塔纳 3000	君悦
中级	B	Interm	15～20	蒙迪欧	陆风 X8	朗逸	荣威
				中华	富美来	比亚迪 F6	卡罗拉
中高级、高级	C/D	Upp-Med/Large	>20	红旗	锐志	帕萨特	凯美瑞
				克莱斯勒	别克	欧菲莱斯	劳恩斯

（二）行业规模经济效率逐步改善

国际上通常从一个企业的最小、最优经济规模（MES）来考察一个企业的规模经济水平。根据轿车的生产技术特性，轿车产业的规模经济比较明显，是公认的高规模经济效应行业，根据联合国工业发展委员会（UNIDO）对发展中国家轿车最小规模的界定，轿车的最小经济规模（MES）为年产 20 万辆。国务院发展研究中心，在 1990 年用会计法计算出，中国轿车企业的最小、最优经济规模（MES）为年产 30 万辆，马克西—西尔伯斯曲线以及国外的经验表明，轿车企业的最小，最优经济规模（MES）为 50 万辆（吴汉洪，2001）。若按发展中国家 20 万辆为最小有效规模计算，2004 年有 3 家，2007 年 10 家，2008 年 9 家达到最小有效规模。若根据国务院发展研究中心计算的标准，中国的轿车生产企业在 2004 年 1 家，2007年 3 家，2008 年 5 家生产产商（分别是上海大众、一汽大众、上海通用、一汽丰田、东风日产）达到最小经济有效规模。而美国、日本和韩国几个轿车制造国达到 MES 的企业总数占全行业总企业数的比例（D 值），都已经达到或十分接近100%。2001 年，美国的 D 值已经达到 100%，而日本和韩国的也已经达到 99.61%和 97.99%的水平。中国的 D 值在 2008 年只有 24.3%。由此可见，中国轿车行业大多数生产企业并未达到 MES，但是由于经济发展和竞争机制的作用，轿车企业的 MES 效率在逐步改善。

在市场需求受到一定限制的条件下，最小经济规模的产量只占据了市场需求的一个重要份额，从而意味着市场只能维持少量企业的生存，且这些企业能获得超常的利润但不致引起其他企业进入。但从一个较长的历史跨度看，由于供求关系等因素影响，在产业发展的不同阶段，规模经济对企业竞争力和盈利状况的影响差别很大。2007 年，全球规模最大的通用汽车公司出现严重亏损，而中国众多汽车企业的生产规模与所谓的 30～40 万辆的最优规模相比有着不小的差距，但却盈利状况相当好，这从另外一个角度说明在中国，由于市场容量较大且增长迅猛，大量的远没有达到起始规模经济的企业可以获得较高水平的利润，从而抵消了规模经济所造成的进入壁垒。

（三）市场集中度不断下降

这里的集中度指的是卖者的集中度，指的是某一市场上卖者的规模结构状况。

市场集中度是指市场份额最大的前 m 家企业占整个市场的份额，计算公式为：

$$CR_m = \sum_{i=1}^{m} S_i$$

市场集中度是决定市场结构的一个重要因素。如表 6-4 所示，Shepherd（1985）根据市场势力和市场份额将市场结构分为六类：

表 6-4　Shepherd 提出的市场结构的主要类型

市场类型	主要条件
完全垄断	一家企业占有 100%的市场份额
占优企业	一家企业占有的市场份额在 50%～100%之间，没有与之抗衡的企业
紧密寡头	前四位企业占有 60%～100%的市场份额，它们之间很容易形成串谋
松散寡头	前四位企业共同占有最高 40%的市场份额，它们之间难以形成串谋
垄断竞争	存在许多有实力的竞争对手，任一企业都不能占有 10%以上的市场份额
完全竞争	至少存在 50 个以上的竞争者，认为企业的市场份额均微不足道

Bain（1956）在对美国制造业的市场集中度进行分析后，提出了判定产业集中度高低的标准，见表 6-5。

表 6-5　Bain 提出的产业集中程度高低的标准

CR_4	CR_8	集中程度
75%以上	90%以上	非常高
65%～75%	85%～90%	高
50%～65%	70%～85%	比较高（适度集中）
35%～50%	45%～70%	比较低
35%以下	45%以下	低

由图 6-5 可以看出，从 1995 年到 2008 年，中国轿车生产厂家从 13 个增加到 37 个，品牌数量也迅速增加，伴随着企业数目增多的是行业集中度的下降。从 1995 年一直到 1999 年，中国轿车行业集中度是非常高的，即 CR_4 在 75%以上。从 2000 年的集中度为 69.20%，仍是高的。2001～2003 年的集中度处于一个适度集中的区间内，即贝恩提出的 50%～65%的标准。2003 年到 2008 年，属于比较低的集中

度。在 Shepherd 的界定中，2008 年的轿车市场结构为松散型的寡头市场结构。

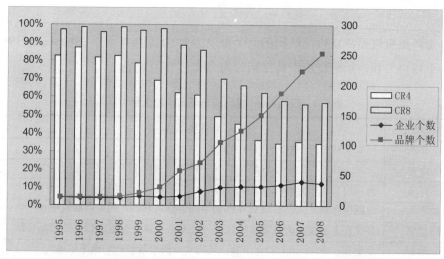

图 6-5　中国轿车行业的集中度、生产企业个数与品牌类型个数（1995～2008）

（注：根据《中国汽车工业年鉴》（1996～2009）相关资料整理而得）

市场集中度的降低一方面说明了中国轿车市场需求的增多和政府对轿车市场企业的增多。表面上看市场集中度的降低造成了企业规模小、数量多，"散、乱、差"的局面，实际上从另一个侧面反映了政府规制的放松和竞争机制的优化。发达国家高集中度的市场结构也是长达上百年市场竞争的结果。在其发展初期，也是小企业群起。1908 年，当亨利·福特推出了他的 T 型车时，全美国有 500 多家汽车厂相互竞争。在竞争过程中，重组、购并、淘汰使生产逐步向少数大企业集中。克莱斯勒公司就是在长达几十年的时间内，通过几十个企业的整合，最终成为一个公司的。企业竞争力最终只能通过竞争过程才能获取。

三、中国轿车市场的竞争行为

（一）价格及广告竞争策略

由于市场竞争及市场集中度急剧下降所导致的利润的减少，从 2004 年开始，轿车企业为了扩大市场份额，进行大幅度的降价，这导致了随后的价格战，最后，尽管 2005 年轿车市场的总销售相对于 2004 年增加了 20%，轿车产业的总利润却相应下降了 40%，过度的价格竞争诱使一个轿车企业奥克斯在 2005 年退出轿车市场。网上车市价格指数（CAPI）表明，中国乘用车价格指数由 2004 年初的 100 点降到了 2006 年底的 78.8 点，累计下降了 21.2 点。也就是说，中国乘用车 3 年内下降了 21.2%。其中 2004 年下降了约 11%，2005 年下降约 5%，2006 年约下降 5.6%。2007 年 11 月末，乘用车价格指数相对 2006 年下降幅度约为 5.7%，2008 年 10 月末，国产乘用车整体价格相对 2007 年累计下降了 3.1%。①

广告行为也是企业在市场上经常采用的一种主要的非价格竞争方式。在品牌溢价能力较高的轿车行业，广告的作用尤为重要，轿车企业不断投入巨资进行广告宣传，由于企业竞争战略不同，广告的目的也有所不同，一般分为扩大市场影响力、提高产品销量、新产品宣传等几个方面，由于本书的目的不同，在此不作详述。

（二）多产品竞争和多维的质量空间分布

轿车行业内企业竞争的一个明显的特征是产品线竞争或多产品竞争。参与轿车竞争的大多数中国轿车生产商生产不止一个轿车车型，这种现象被模型化为产业组织文献中的多产品竞争，就拿东风—雪铁龙，一个中法合资企业来说，它生产多种产品品牌，包括雪铁龙、爱丽舍、毕加索、标致 307、赛纳等。由于多产品竞争，轿车生产者有很多交互作用的策略组，它增加了分析竞争性均衡的复杂性，一般而言，产品线长度的增加会显著提高企业的细分市场占有率，而较长的产品线也是企业实现品牌溢价或者价格歧视的工具，在应对竞争者延伸产品线战略时，企业也一般会选择"跟进"策略。尤其是随着"6+3"集团为核心的跨国公司在中国布局的初步完成，产品线的全系列化或多产品竞争已经成为各个企业的基本策略。

在中国轿车市场上，大量的轿车品牌按照多维的质量空间分布，质量特征包括长度、宽度、高度、配置、马力、油耗等，而且，轿车消费者在收入水平、家庭规模、职业、年龄等其他人口统计特征上是有差异的。因为消费者具有不同的消费水平，在质量的边际效用上是有差异的，轿车企业的多产品竞争，在同一产

---

① 中国汽车市场年鉴编辑部. 中国汽车市场年鉴 2006~2007. 中国商业出版社，2008 年。以及网上相关资料。

品线内，主要体现为多维的质量特征。如 2008 年生产的品牌奥迪 A4 全新系列，就覆盖了 29 万到 53 万的价格区间，1.8L 到 3.2L 的排量区间。

（三）政策引导下的合并行为

随着经济发展和轿车市场需求的迅猛增长，中国轿车市场出现了新趋势：一方面，中国各主力轿车企业产销增长迅速，中外轿车企业之间的竞争关系开始发生微妙的变化；另一方面，目前中国轿车市场有着两倍于美国市场的轿车品牌，以及三倍于美国市场的轿车制造商，日趋激烈的竞争势必令生存环境更加险恶。

担心轿车市场价格战竞争的进一步恶化以及发生类似于 20 世纪 80 年代国内冰箱和电视机等家电市场所发生的行业的恶性竞争，市场分析者们和政策制定者提出重组中国汽车产业的市场结构，他们认为世纪之久的世界汽车业已经经历了两次类似的重组过程。第一次是发生在 20 世纪初的发达国家的内部兼并，这些国家的数以百计的汽车工厂合并为三个到四个集团；第二次是发生在 20 世纪 90 年代末期的世界范围的重组的新浪潮中，被德国戴姆勒—奔驰收购美国克莱斯勒所发起。对于当前的世界汽车业模式，专家总结为"6+3"，具体一点，"6"包括通用、德姆勒-克莱斯勒、福特、丰田、大众（Volkswagen）、雷诺（Renault）和"3"个独立的公司：本田（Honda）、宝马（BMW）和标志雪铁龙（PSA Citroen）。"6+3"格局中的汽车巨头们在 2003 年就已经全部进驻中国，相应的，根据市场分析者们和政策制定者的观点，中国的轿车行业也可以借鉴"3+X"进行合并，形成三个国内大的汽车集团（一汽、上汽、东风）。

伴随着这种观点的是政策导向。早在 20 世纪 90 年代初，针对汽车制造厂遍地开花"散、乱、差"的局面，国家就已采取各种方式和措施鼓励汽车工业大规模重组，以尽快实现规模化经营。1994 年，国务院正式颁布《汽车工业产业政策》后，国家政策向重点骨干企业倾斜。

步入 21 世纪，以市场驱动为特征的第二轮兼并重组拉开序幕。2001 年，中国政府明确提出形成 2 至 3 家有较强国际竞争力的大型汽车企业集团。入世后，面对国际竞争的压力，依照市场规律而非行政命令引发的兼并重组取得了突破性进展：上汽集团持股韩国大宇 10%；一汽兼并天汽，控股四川旅行车制造厂，进

而与丰田联手；上海通用作为一家合资企业以 50%的股权重组烟台大宇，更创造
了国内汽车兼并的新模式……广州、沈阳、南京、重庆、北京、宁波、哈尔滨等
一批独具实力和特色的轿车基地与三大集团比翼齐飞，形成 3+X 的新格局。

在市场竞争和政府的推动下，中国轿车工业的结构调整从早期的大企业兼并
小企业到强强联合，形成产品、资源、区域以及开发、生产和销售等全方位的合
作，同时又以不同的方式与国际上的跨国公司进行合资、合作，如上汽并购韩国
双龙、南汽收购罗孚剩余资产等，以追求规模的进一步扩大。

随着市场竞争日益激烈，第三轮兼并重组的大潮日见端倪，2007 年末，上汽
和南汽在国家发改委的主持下正式签订合作协议，"上南"合作促成了中国汽车巨
无霸的产生，诞生了中国第一个接近 200 万辆能级的大型汽车集团。

2009 年 2 月，国家相关部门公布了《汽车产业调整振兴规划细则》，共有八
项内容，最为引入注意的是鼓励兼并重组。《细则》指出，拟通过兼并重组，形成
2 至 3 家产销规模超过 200 万辆的大型企业集团，培育出 4 至 5 家产销规模超过
100 万辆的汽车企业集团，产销规模占市场份额 90%以上的汽车企业集团数量由
目前的 14 家减少到 10 家以内。同时，《细则》明确规定了鼓励兼并重组企业的名
单。其中，鼓励上汽集团、一汽集团、东风汽车集团、长安汽车集团（总称"四
大集团"）在全国范围内实行兼并重组，支持北汽集团、广汽集团、奇瑞汽车、中
国重汽（总称"四小集团"）实施区域兼并重组。这一政策的出台，掀起了国内轿
车企业之间兼并重组的高潮，广汽收购长丰、广汽合资菲亚特，长安重组昌河哈
飞等。有关业内人士认为，兼并重组的完成，符合国家"四大四小"的汽车产业
振兴规划，有利于中国汽车更快走向世界。[①]

总之，中国轿车企业的合并行为，是以政策引导为主，市场竞争和政府共同
推动下完成的。

四、结论

经过几十年的发展，中国的轿车行业取得了巨大的进步，在高峰期之后，一

---

① 张海军. 兼并与收购贯穿 2009，汽车版图空前扩张，http://auto.sohu.com/20100118/
n269652328.shtml.

些负面的问题开始涌现。例如，市场集中度急剧下降，较少的轿车生产者达到最小经济有效规模（MES），价格战在 2004 年爆发。轿车行业正处在转折的十字路口。一些分析者和政策制定者指出为了增加市场集中度，中国的轿车生产企业应该合并。逻辑非常简单，高集中度使得汽车生产者拥有高市场势力，高市场势力有利于避免价格战。原因在于，在轿车行业市场集中的演化方面，很多国家经历了 U 型曲线。例如，在 20 世纪 20 年代，法国大约有 150 个轿车生产厂家，英国大约有 40 个轿车生产厂家，意大利大约有 30 个轿车生产厂家；在 20 世纪 50 年代，法国大约有 40 个轿车生产商，英国和意大利大约有 20 个，从 20 世纪 60 年代到现在，整个西欧的轿车生产商从 34 个减少到 12 个，法国现在只有 2 个（雷诺（Renault）公司和标志雪铁龙（PSA Citroen）集团）。美国也发生同样的事情，在 20 世纪 20 年代以前，底特律地区范围大约有超过 1000 个轿车生产商，但是现在只有 3 个大的轿车生产商（通用（GM）、福特（Ford）、克莱斯勒（Chrysler））。其他反对合并的人认为当前的市场集中是正常的，价格消减是汽车生产商理性的竞争行为，因为自 2006 年 WTO 过渡性的保护阶段结束，国内的轿车价格还是要高于国际上的价格。如果发生合并行为，高的市场集中度和高市场势力使得汽车生产者很容易进行合谋定价。结果，消费者福利水平将被破坏（参看 Kwoka（1984））。反对者也认为市场集中度变化仅是产业结构的一个决定因素，它本身不是垄断或市场势力的指标。例如，很多文献证明，产品差异化、广告和进入壁垒能增加市场势力，缓解价格竞争（见 Comanor&Wilson（1967），Shaked&Sutton（1982））。很明显，这种论据的分歧取决于当前市场势力的不同估计。

下一节结合轿车市场产品差异化、产品线的多产品竞争等特点，用市场势力的测定方法测度轿车行业企业合并行为对市场势力的影响，并以此判定轿车行业内企业到底是否应该合并。

第三节　中国轿车行业企业的合并行为模拟

上一节介绍了中国轿车行业与市场的发展和竞争格局，鉴于本章的主题，我们在这一节用市场势力的测定以及基于供应方的多产品 Betrand 模型和需求方的混合 logit 模型，测度中国轿车市场上市场加成所界定的市场势力，并模拟轿车行业内企业的合并行为对企业市场势力的影响。在这一节中，我们用伯川德模型分析中国轿车生产商的竞争行为，其中，供应方是多产品和差异化竞争，需求方是随机系数 logit 模型，在没有观察到产品实际的边际成本的情况下，我们用产品的 PCM 作为市场势力测度的替代变量。

一、市场势力的测度

测度市场势力在产业组织的经验研究中占据着重要的位置。因为在产业组织理论学者和反垄断政策制定者看来，市场势力是判断政府是否有必要对企业的竞争性行为进行规制的重要指标。传统上，市场势力被描述性的赫芬达尔指数（等于产品市场份额的平方和）来表示。在这个标准下，具有高市场份额的企业拥有更多的市场势力，具有低市场份额的企业拥有较少的市场势力。

在微观经济学理论中，经典市场势力的概念是企业在利润最大化的产出水平上维持价格高于竞争性水平的能力。对于一个完全竞争的企业来说，竞争性的价格水平就是企业的边际成本。Lerner（1934）首先指出用价格－成本边际（$(P-C)/P$）去测度市场势力。PCM 的变化范围为 0 到 1。缺乏市场势力的企业的 PCM 接近于 0，当 PCM 不断增加，企业的市场势力就会越来越大。因为产品价格很容易观察，而产品的边际成本难以获得，一般在会计成本的基础上，平均可变成本可被作为边际成本的替代变量。在新经验产业组织的近期著作中，Bresnahan（1981）和 Porter（1983）在缺少产品成本信息的情况下，通过对 PCM 进行估计，在市场势力的测度中分别发展出了相应的方法（见 Bresnahan（1989）、Pindyck&Rubinfield（1995）的评论）。两种模型都用于研究寡头产业中的市场势力。Bresnahan（1981）发现了在 20 世纪 50 年代美国汽车产业中市场势力的证据，Porter（1983）发现了 19 世纪 80 年代铁路卡特尔的市场势力水平。这些方法的原理是在博弈论框架下分析寡头的行为，并通过构造涉及供给和需求方的经济计量结构模型，然后估计市场均衡中的 PCM。这个模型的缺点很明显。例如，如果存在大量的差异化产品，研究者不得不对需求方作出较强的限制从而避免估计太多的变量。最近，为了克服上述模型中的缺点，很多研究者把他们的注意力转向用 logit 需求模型（McFadden，1974）去估计产品差异化的需求系统。Logit 需求模型经常在决策制定者的效用最大化行为假设下得出。差异化产品被影射到特征空间中，产品市场份额和替代关系由决策者从一个产品集中选择的概率决定。尽管比之前的模型更强大，基本的 logit 需求模型也存在一些局限。例如，差异化产品之间的替代模式并不一定满足无关备选项的独立属性（the property of independence from irrelevant alternatives）。最近，发展出了各种随机系数的 logit 模型，放松了替代模式的约束。一个分支以 Berry（1994），Berry et al（1995，2004），Nevo（2000a，2000b，2001）为代表，这些模型用含有面板数据和工具变量的 GMM（Generalized Method of Moments）估计方法估计了产品的价格弹性和交叉价格弹性。另一个分支以 Brownstone&Train（1999），Train（2003）为代表，其用含有横截面数据的 MLE（Maximum Likelihood Estimation）方法估计了需求系统的变量。

在产业组织研究中，市场势力的经验估计由来已久（Bresnahan，1989），估计过程的核心是构造一个合理的消费者需求系统。在过去的半个世纪，在各种环境下，出现了大量更加精致的需求模型。最初的经济学家在静态完全竞争均衡（Lerner，1934）下考虑同质品市场和估计总需求。后来，Lancaster（1966，1971）在差异化产品市场的需求假设下发展出了享乐主义方法。Rosen（1974）是第一个用享乐主义模型估计具有多种质量的差异化产品的需求和供应系统的人。Rosen的模型包括两个阶段回归。第一阶段，产品的价格回归到他们的特征中，回归的系数经常被解释为享乐主义价格。在第二阶段，消费者所购买的商品束的特征的边际价格被回归到产品特征和消费者人口统计变量中。然而，后来的经济学著作（以 Brown&Rosen（1982），Epple（1987），Bartik（1987）为代表）认为这个模型在第二阶段的回归中存在一个同时性的问题。因为具有较高偏好的消费者在购买中自然会偏好具有较多特征的商品束。而且，当产品多样性增加时，需要估计的变量（如弹性和交叉弹性）呈指数增长。在过去的二十年中，经济学家转向 logit 需求模型（见 Perloff&Salop（1985）），logit 模型是建立在消费者离散选择理论的基础上的（McFadden，1974）。和传统的代表性消费者模型（如 Spence（1976）和 Dixit& Stiglitz（1977））和产品位置模型（如 Archibald et al（1986））不同的是，logit 模型通过消费者从一组备选产品组中选择一个产品的概率构造消费者需求系统，这个需求系统解决了需要估计的维度问题。

二、基本模型

这一部分包括三个方面：轿车生产商的决策制定和供应模型、消费者对轿车的选择和需求模型、市场均衡。

（一）供应模型

我们把中国的轿车行业模型化为一个不完全竞争的市场，其中，企业参与差异化多产品的竞争。轿车企业参与两阶段博弈：第一阶段，企业进入轿车市场，并且决定长期的轿车车型以及产品质量；第二阶段，轿车企业在短期定价决策上参与伯川德纳什竞争。我们的研究集中于第二阶段轿车企业的决策制定。换句话说，产品类型和质量是固定的，并且对于参与短期价格竞争的企业来说是外生的。

具体而言，假定在中国轿车市场上存在 N 个企业通过质量和价格参与竞争，第 i 个企业生产 k_i 个轿车品牌，在市场中总的轿车产品为 $M = \sum_{i=1}^{i=n} k_i$ 个。为了简化这个模型，我们不包括轿车的进口和出口，因为进口和出口数量都是有限的，不会影响总体市场。

多产品的生产经常会产生规模经济，在本书中，我们假定不存在轿车生产的固定成本，当轿车生产商生产的产品种类增多时，产品边际成本仅是本身质量的函数。换句话说，范围经济在短期并不影响轿车生产商的决策制定，它和市场均衡价格无关。

由于轿车质量特征和消费者偏好分布的差异化，为了最大化短期 K 个产品的总利润，轿车企业在垂直差异化产品空间中竞争。这是一个典型的多产品伯川德模型，第 i 个企业的决策制定如下：

$$\max \pi_i = \sum_{j=1}^{j=k_i} (P_{ij} - MC_{ij})Vs_{ij(P)} - F_i \tag{6-1}$$

其中，P_{ij} 是第 i 个企业所生产的产品系列 j 的价格，MC_{ij} 是企业 i 所生产的产品 j 的独立的边际成本，V 是市场规模，$s_{ij(P)}$ 是企业 i 所生产的产品 j 的市场份额，其是中国轿车市场中所有产品系列的价格指数，$P = P_{(P1,P2,...,Pm)}$，F_i 是第 i

个企业生产 k_i 种产品的固定成本，并且价格是严格正的。对于产品 j，第 i 个企业的利润最大化的一阶条件必须满足（我们假定二阶条件都被满足）：

$$\frac{\partial \pi_i}{\partial p_{ij}} = V s_{ij(P)} + \sum_{l=1}^{k_i} (P_{il} - MC_{il}) V \frac{\partial s_{il(P)}}{\partial p_{ij}} \equiv 0 , \quad j \in [1, k_i] \quad (6\text{-}2)$$

重组式（6-2），可得

$$p_{ij} - mc_{ij} = -\frac{s_{ij}}{\partial s_{ij(p)} / \partial p_{ij}} - \sum_{l=1, l \neq j}^{k_i} (p_{il} - mc_{il}) \frac{\partial s_{il(p)} / \partial p_{ij}}{\partial s_{ij(p)} / \partial p_{ij}} \quad (6\text{-}3)$$

界定价格成本边际 $PCM = p - mc$，$\varepsilon_{jj} = -\dfrac{\partial s_{j(p)} / s_{j(p)}}{\partial p_j / p_j}$ 是产品 j 需求的价格弹

性，$\varepsilon_{lj} = \dfrac{\partial s_{l(p)} / s_{l(p)}}{\partial p_j / p_j}$ 是产品 l 的需求对产品 j 的交叉价格弹性，因此我们有：

$$PCM_{ij} = \frac{p_{ij}}{\varepsilon_{ijj}} + \sum_{l=1, l \neq j}^{k_i} PCM_{il} \frac{s_{il(p)}}{s_{ij(p)}} \frac{\varepsilon_{ilj}}{\varepsilon_{ijj}} \quad (6\text{-}4)$$

这意味着如果我们拥有所有轿车产品系列的价格信息，利用需求模型，如果也能估计出所有的变量比如市场份额、价格弹性和所有轿车产品系列的交叉价格弹性，我们通过解出上面的 M 维矩阵，就能够计算出每一个轿车产品系列的 PCM。

（二）需求模型

在代表性消费者模型（以 Spence（1976）和 Dixit&Stiglitz（1977）为代表）和位置模型（如 Archibald et al（1986））发展之后，以消费者行为的经济计量和概率模型为基础的离散选择模型（McFadden，1974），成为用来估计差异化产品需求系统的主流方法。离散选择模型中的 logit 模型，因其容易应用的特征，在经验产业组织理论中得到了广泛的发展和推崇。标准的 logit 模型可以陈述如下：一个决策制定者 i 要在 J 个备选项中作出一个选择，决策者 i 从备选项 j（$j = 1, 2, ..., J$）中所获得的效用为 U_{ij}，$U_{ij} = V_{ij} + \varepsilon_{ij}$，$V_{ij}$ 能通过一些变量被观察到，即 V_{ij} 通常规定是某些变量的线性函数，$V_{ij} = \beta' x_{ij}$，x_{ij} 是和备选项 j 相关的可观察变量的向量；未知的部分 ε_{ij} 被研究者作为随机变量。Logit 概率通过一些假定获得：①在追求最大化随机效用 U_{ij} 的假设下，决策制定者 i 从备选集 J 中任意的选择备选项 j；②ε_{ij} 满足极值的独立同分布假设，这也被称为 Gumbel 分布和

类型 I 极值分布。在这些假设下，logit 概率变为：

$$\mathrm{Pr}\,ob_{ij} = \frac{e^{\beta' x_{ij}}}{\sum_{J} e^{\beta' x_{ik}}}$$

这个 logit 概率函数在测度备选项的市场份额中具有一组优势。首先，$\mathrm{Pr}\,ob_{ij}$ 一定位于 0 到 1 之间；其次，所有选择项概率加起来等于 1；第三，$\mathrm{Pr}\,ob_{ij}$ 代表着市场份额的对称性变化，也就是说，备选项 j 所带来的效用越大，市场份额越高；第四，McFadden（1974）认为这些 logit 概率的对数相似性函数在变量 β 上是局部凹的，这有助于通过数值计算获得 β 的估计。然而，不相关选择的独立属性（the property of independence from irrelevant alternatives，简称 IIA）限制了标准 logit 模型的应用。为了解释 IIA 的属性，我们采用轿车市场作为例子。

假设在轿车市场中存在三个产品系列：i, j, k。$\mathrm{Pr}\,ob_i = \mathrm{Pr}\,ob_j = 30\%$，$\mathrm{Pr}\,ob_k = 40\%$。当产品 k 系列价格增加，它的市场份额下降，并且 $\mathrm{Pr}\,ob_k^p = 30\%$，鉴于标准 logit 模型的 IIA 属性，产品 i 系列和产品 j 系列的市场份额将会推导出各自等于 35%，即 $\mathrm{Pr}\,ob_i^p = \mathrm{Pr}\,ob_j^p = 35\%$。原因很明显，在标准 logit 模型的逻辑中，在产品 i 系列和产品 j 系列之间 logit 概率的比值必定是固定的，它并不取决于除了产品 i 系列和产品 j 系列之外的任何值，这一点最先被 Chipman（1960）和 Debreu（1960）所指出。因为很多现实问题背离了 IIA 属性，研究者在估计差异化产品的需求系统中发展出了一个更加灵活的混合的 logit 模型。

在混合 logit 模型中存在两个分支。一个分支涉及到基于市场水平数据的消费者需求的离散选择模型的估计（见 Berry（1994），Berry et al（1995，2004）），Nevo（2000a，2000b，2001）），被广泛应用于市场势力测定、合并、创新和品牌预测的领域；另一个是在消费者水平数据的基础上去估计消费者需求的变量（见 Train（1998），Revelt&Train（1998），Brownstone&Train（1999））。在本书中，我们按照后者的估计技巧，并设计轿车需求模型如下。

具体而言，轿车购买者的效用由产品和消费者特征组决定，比如轿车质量（排气量、油耗、轴距、质量等）、轿车价格、消费者收入水平、年龄、家庭成员的数量以及个人偏好等。在轿车市场中，消费者 i 面临着从 J 个备选的轿车品牌系列中做出选择的问题，消费者从任何轿车品牌中所获得的效用都由三部分组成。第一部分是线性变量的非随机效用，其由消费者和研究者所观察到的特征（比如轿车质量特征和价格）所决定，这一部分是和消费者及备选轿车品牌系列无关的。第二部分是随机效用，其由一些研究者没观察到的产品特征所决定，比如轿车消费者知道他自己的家庭收入水平但是研究者只知道分布函数的类型。这一部分和备选的轿车产品系列相关，在购买者和轿车产品系列之间存在着不一致性。第三部分也是随机的，并在购买者和备选的轿车产品系列中属于独立相同分布（independence，identical distribution，iid）。一般而言，购买者 i 选择轿车产品系列 j 所获得效用为 $U_j^i = \beta' C_j + \eta_j^i + \varepsilon_j$，其中，$C_j$ 是能观察到的产品质量和价格的向量，β' 是购买者和轿车产品系列的固定系数向量，η_j^i 是能反映购买者收入水平等的未被观察到的因素中具有零均值的随机值，ε_j 是在轿车产品系列中符合独立同分布、零均值的随机值。因为家庭收入水平和消费者决策密切相关，消费者面临替代性产品时会有不同的价格，我们可以写出购买者 i 选择轿车产品系列 j 所获得效用如下：

$$U_j^i = \beta' X_j - a_i P_j + \varepsilon_j \qquad \varepsilon \sim iid \qquad (6\text{-}5)$$

其中，X_j 是一个反映品牌系列 j 质量变量的向量，β' 是相应的固定系数向量，被称作质量因素的边际效用。P_j 是研究者和购买者所能观察到的向量，即品牌系列 j 的价格。因为研究者不能观察出购买者 i 的精确的收入水平（购买者知道自己的收入水平），所以 a_i 是一个反映出购买者对价格变化的敏感度、且非零均值的随机系数，它也被称为价格的边际效用，ε_j 是零均值的独立同分布的随机值。

我们假定 i 是消费者空间样本 N 中的要素，并且 a_i 服从 log 正态分布，故 a_i 总为正数。假设每一个要素 i 的 ε 是独立同分布的极值，鉴于标准 logit 模型，在给定要素 i 的条件下，要素 i 在产品空间 J 中选择备选项 j 的条件概率可以被称为：

$$\Pr ob_j^i(a) = \exp(\beta' X_j - a_i P_j) / \sum_j \exp(\beta' X_j - a_i P_j) \qquad (6\text{-}6)$$

假定 a 的密度被称为 $f(a/\Omega)$，其中，Ω 是分布的均值和标准差。当要素 i 没有给定时，备选项 j 的无条件概率是在产品空间 J 中被选择的概率。j 的市场份额，等于 a 的 logit 函数乘以密度函数 $f(a/\Omega)$ 的积分。

$$\mathrm{Pr}\,ob_j = \int \mathrm{Pr}\,ob_j^i(a)f(a\,|\,\Omega)\mathrm{d}a \qquad (6\text{-}7)$$

根据供应方，我们把 $E_{jP_j} = -\dfrac{\partial \mathrm{Pr}\,ob_j / \mathrm{Pr}\,ob_j}{\partial p_j / p_j}$ 作为轿车品牌 j 的需求价格弹性，

$E_{jP_k} = \dfrac{\partial \mathrm{Pr}\,ob_j / \mathrm{Pr}\,ob_j}{\partial p_k / p_k}$ 作为轿车品牌 j 对品牌 k 的交叉价格弹性，我们有：

$$E_{jP_j} = \frac{p_j}{\mathrm{Pr}\,ob_j} \int a_i \mathrm{Pr}\,ob_j^i(a)(1 - \mathrm{Pr}\,ob_j^i(a))f(a\,|\,\Omega)\mathrm{d}a \qquad (6\text{-}8)$$

$$E_{jP_k} = -\frac{p_k}{\mathrm{Pr}\,ob_j} \int a_i \mathrm{Pr}\,ob_j^i(a) \mathrm{Pr}\,ob_k^i(a) f(a\,|\,\Omega)\mathrm{d}a \qquad (6\text{-}9)$$

与标准 logit 模型相比，混合 logit 模型回避了替代选择的约束，并没有表现出 IIA 的属性。具体而言，在备选项品牌 j 和品牌 k 之间的交叉价格弹性的比值，E_{jP_k} / E_{kP_j} 取决于所有的数据，包括除了品牌 j 和品牌 k 之外的备选轿车品牌的价格变化，条件 logit 公式的分母，位于积分的内部，因此并没有抵消。当品牌 k 的市场份额降 10%，品牌 i 和品牌 j 的市场份额并不一定各自升 5%。他们的市场份额不仅由品牌 i 和品牌 j 之间的替代弹性决定，也由品牌 i 和 k 以及品牌 j 和品牌 k 之间的替代弹性所决定。

三、数据和估计

（一）数据的选取

1. 选取数据的说明

我们利用的分析数据来自北亚车市①销售信息中心，由于时间、经济和精力限制，最初找到的数据包括 2005 年、2006 年前 6 个月、2007 年、2008 年在北亚车市位于前 40 名左右的汽车品牌的销售数据，因为 2006 年数据不完整，首先剔除。又由于位于前 40 名左右的品牌不全是轿车销售（也包括吉普车、SUV、MPV 等），经过筛选，从 2005 年、2007 年、2008 年分别筛选出前 30、19、21 名的轿车品牌

---

① 北亚车市，全称：北京亚运村汽车交易市场。北京北亚轿车市场中所公开的商业报告，其中在 2005 年总销售为 4 万辆，这个数据在中国的轿车零售市场中名列第一。因为其骄人的销售业绩，被誉为"中国汽车市场的晴雨表"。网址为 http://www.beiyacheshi.com。

的销售数据。在 2007、2008 年前 19、21 名的轿车品牌生产的多产品特征并不明显。如在 2007 年前 19 名品牌的轿车销售中，上海大众包括 4 个品牌，一汽大众、上海通用、广汽本田、北京现代各包括 2 个品牌，其余企业品牌数目各为 1；在 2008 年前 21 名轿车品牌销售中，上海大众包括 5 个品牌、一汽大众、上海通用、广汽本田各包括 2 个品牌，其余企业品牌数目各为 1。而在 2005 年前 30 名轿车品牌销售中，上海大众包括 4 个品牌，神龙汽车包括 3 个品牌，一汽大众、一汽海马、上海通用、广汽本田、长安铃木、北京现代、奇瑞、哈飞汽车各包括 2 个品牌。在产量的销售上，2005 年前 30 名品牌总销售为 34200 辆，2007 年、2008 年前 19、21 名品牌销售分别为 17646 辆和 21112 辆。鉴于 2005 年的更加明显的多产品竞争特点以及数据更有说服力，我们选取 2005 年北亚车市前 30 名的轿车销售作为数据分析的对象。

2. 数据的范围

数据包括两部分：一是轿车市场上消费者选择的信息；二是产品质量属性和价格的信息。对于第一部分，我们利用从北亚车市轿车销售信息中所获得的横截面数据，选择在销售中位于前 30 名的品牌数据作为样本，余下的部分被认为由于较低的市场份额而缺乏市场势力。这些选择的轿车品牌分别由 14 个不同的轿车生产者生产，其中每一个生产商生产 1～4 个轿车品牌。第二部分的数据我们从中国汽车工业协会所公布的《中国汽车工业统计年鉴》中获得。质量属性和价格变量包括轿车面积、轿车马力/质量、油耗、变速器控制和零售价格。

轿车面积，被测度为长×宽（单位：m²），就是关于轿车空间的变量，代表着轿车的容纳能力。马力/质量（单位：kW/1000kg），代表着引擎的质量。油耗，代表着在正常的 90km/h 的速度时的汽油消耗（单位：L/100km），代表着轿车运行的成本，也和购买者的购买决策密切相关。变速器控制（二项式为 1 或者 0），是一个运营的哑变量，意味着轿车是自动控制或者不是自动控制，代表着轿车运行的灵活性和方便性。因为每一个具体的交易的交易价格很难获得，零售价格（单位：1 万元人民币），在我们的模型中是所公开的零售价格。表 6-6 给出了我们上面所提出的分类中的变量的描述性统计。

表 6-6　变量的总的描述性统计

变量	均值	标准差	最小值	最大值
面积	7.348	1.119	4.494	9.297
马力/质量	62.541	11.453	39.468	81.633
油耗	5.91	1.021	3.9	7.5
变速器控制	0.467	0.507	0	1
价格	13.223	8.323	3.98	39.69
销售	1140	127.357	120	5240

（二）数据的估计

估计的目标是确定随机变量值和公式（6-7）的固定变量。然而，由于积分并没有闭集形式，这个公式中的随机变量并不能够精确的计算出来。按照 Train（2003）的方法，我们用最大似然估计方法估计出了这个公式所描述的需求系统变量。计算过程如下，对于给定的变量 Ω 的值，也就是对数正态分布的均值和标准差，我们能够从分布函数中得出随机变量 a 的值。在这个值和其他固定变量下，我们可以计算 logit 公式 $\Pr ob_j^i(a)$ 的值。多次重复这个过程，我们取 $\Pr ob_j^i(a)$ 的平均值作为近似的选择概率。

$$S\Pr ob_j^i(a) = \frac{1}{N} \sum_{n=1,\ldots,N} \Pr ob_j^i(a^n) \qquad (6\text{-}10)$$

其中，N 是重复的计算次数，a^n 是第 n 次得出的值。$S\Pr ob_j^i(a)$ 是决策制定者选择备选项轿车品牌 j 的模拟概率，$S\Pr ob_j^i(a)$ 是 $\Pr ob_j$（方差随着 N 的增加而减少）的无偏估计。从模拟概率中可以得出 log 相似函数，$SLL(a) = \sum_i \ln(S\Pr ob_j^i(a))$，其中，$j$ 表示每一个观察到的消费者 i 所作出的选择。估计的变量是那些能够最大化 SLL 的值。原则上，必须作出大量的计算从而确保估计变量较低的误差。但是这将花费计算机大量运行时间，为了节约计算机运行时间，我们用 Train（1998）所提出的 Halton 序列作为在估计过程中所用的模拟计算。

四、基本结论与研究局限

（一）基本结论

1. 混和 logit 模型显示了轿车消费者购买力的真实性

表 6-7 提供了需求系统的估计结果，并以标准的 logit 模型结果作为基准。在混合 logit 模型中关于轿车质量属性的平均系数总是要大于标准 logit 模型的结果。这个结果意味着起源于质量因素的效用由两部分组成：一是由观察到的轿车质量变量，即固定的部分；二是由未观察到轿车质量因素和消费者特征，即随机部分。

表 6-7　估计结果比较

标准 Logit 模型			混合 logit 模型		
变量	估计	标准误	变量	估计	标准误
固定系数			固定系数		
面积	0.450	0.005	面积	0.453	0.044
马力/质量	-2.681	0.212	马力/质量	-2.673	0.228
油耗	-0.130	0.033	油耗	-0.127	0.051
变速器控制	-0.086	0.038	变速器控制	-0.083	0.039
价格	0.057	0.005			
			随机系数		
			价格　平均值	-2.855	0.106
			价格　标准差	0.211	0.093
相似度指数[①]　0.00259			相似度指数　0.60048		

在混合 logit 模型中，估计均值的符号和估计的标准差的幅度是合理的，并且显示轿车消费者购买力的真实性。例如，轿车面积的估计系数意味着消费者偏好于具有较大面积或空间，因为这些轿车更加舒服和载物更多。马力/质量、油耗、

[①] 相似度指数是拟合优度的指标，被界定为 $1-[SLL(\theta)/SLL(0)]$，其中，$SLL(\theta)$ 是估计变量中模拟的对数相似函数的值，$SLL(0)$ 是所有变量等于零时的值，指数从 0（$SLL(\theta)=SLL(0)$）变化到 1（对于一个"完美的"产品提供了模拟的概率，每一个样本决定制定者选择产品的概率为 1，即 $SLL(\theta)=0$）。

变速器控制的估计系数显示消费者偏好具有较低马力、较低油耗、以及手动控制系统。这个结果和经济现实的观察一致，即使较大马力引擎、自动控制系统能给司机带来更多乐趣，大多数购买轿车的家庭是中低收入水平，他们偏好具有较低运行成本的轿车。为了确保轿车被选择的概率随着自身价格的增加而减少，轿车价格的系数被界定为呈对数正态分布，被指定为 $-\exp(b)$。其中，b 是正态分布的随机变量。变量 b 估计的标准差并不是很明显，这意味着未观察到的因素的边际效用并不是很明显。例如，购买者家庭的收入水平，确实在不同的购买者之间有差异，但是这种波动处在一个较小的范围。而且，相似度指数上升得很快，意味着混合 logit 的指数作用要大于标准 logit 模型。

2. 相对于其他产品价格，每个产品的需求对自身价格的变化更为敏感

附录中表 3、4 详细汇报了价格弹性和交叉价格弹性。把 i、j 分别当作行和列，要素 $e(i, j)$ 是产品 i 关于产品 j 的价格变化的弹性。这个结果直觉上显示了差异化竞争的本质。首先，价格弹性的符号总是负号，交叉价格弹性的符号总是正号，价格弹性的值要大于交叉价格弹性的值，这意味着每一个产品的市场份额都随着自身价格的增加而递减，以及随着其他产品价格的增加而增加。更加重要的是，相对于其他产品的价格，每个产品的需求对自身价格的变化更为敏感。第二，每一列的交叉价格弹性的变化反映了混合 logit 模型的替代性的敏感度。就像第二部分所讨论的，标准 logit 模型具有同一列内所有的交叉价格弹性都是相等的限制，但是混合 logit 模型却允许这些值在一个幅度范围内波动。按照 Nevo（2001），我们把在同一列内的最大价格弹性同最小交叉价格弹性的比值作为混合 logit 模型的灵活性。这个比值的变化范围从 1.021（雅阁）到 1.138（奥拓），也意味着在有限程度上影响着消费者购买决策的未被观察到的随机因素。第三，观察到同一行中的数据，不同替代产品的交叉价格弹性的差异也是很明显的，原因在于各种轿车品牌具有不同的质量差异。类似的，我们把同一行内最大的交叉价格弹性同最小的交叉价格弹性的比值作为质量差异化的测度指标，这个比值的变化范围从 3.86（奥拓）——具有最差质量构成、最低价格的轿车品牌到 4.83（奥迪 A6）——具有最高价格和最好质量构成的轿车品牌。

3. 实证表明轿车生产商的合并总体上并不会很大程度上提高市场势力

图 6-6、6-7、6-8 分别汇报了关于产品和企业的加成所界定的市场势力。我们在三种不同的情况下计算加成。第一种是竞争性基准下的单一产品市场结构，即 30 个轿车产品分别被 30 个生产者所生产；第二种是多产品市场结构，即中国轿车行业的现实，每个轿车生产商生产超过一种或者更多的轿车产品；第三种是更加集中的市场结构，即"3+X"，大多数企业合并成 3 个轿车集团——一汽、上汽、东风。

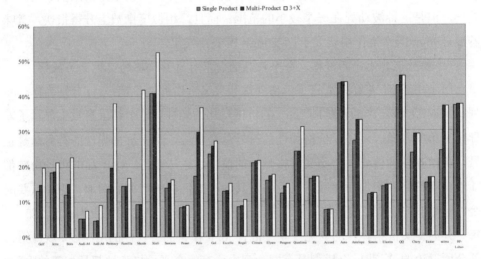

图 6-6　不同市场结构下轿车品牌的加成

（注：Golf—高尔夫、Jetta—捷达、Bora—宝来、Audi-A4—奥迪 A4、Audi-A6—奥迪 A6、Premacy—普力马、Familla—福美来、FAW-Mazda—一汽马自达、Xiali—夏利、Santana—桑塔纳、Passat—帕萨特、Polo—波罗、Gol—高尔、Excelle—凯越、Regal—君威、Citroen-Fukang—富康、Elysee—爱丽舍、Peugeot—标致、Qianlima—千里马、Fit—飞度、Accord—雅阁、Auto—奥拓、Antelope—羚羊、Sonata—索纳塔、Elantra—伊兰特、QQ—QQ、Chery—奇瑞、Eastar—东方之子、saima—赛马、HF-Lubao—哈飞路宝）

　　这个结果意味着具有较低价格的轿车产品（奥拓、夏利、QQ）比那些较高价格（雅阁、奥迪 A4、奥迪 A6）有相对更高的加成。原因在于中国的很多家庭由于收入水平偏好于购买较低价格的轿车。在单一产品环境下，企业加成和轿车产品的加成相一致，在另外两种环境下，企业的加成是以销售为权重的。这三种情况下市场水平的加成分别是 20.81%、21.66% 和 24.78%。这些估计的加成首先意味着中国的轿车生产商仍然具有较高的市场势力和较大的利润空间，价格战可能仍会持续，其次，轿车生产商合并成三个主要的轿车集团从总体上并不会很大程度上提高市场势力。

（二）研究局限

这个模型仍有问题需要解决。首先，在这部分中我们假定在不考虑企业创新策略的情况下（当存在创新策略时，就需要在具有轿车生产商的产品成本数据的动态竞争环境下研究），中国市场的竞争是一个静态的竞争，轿车价格取决于静态纳什均衡。第二，为了简化，在供应模型中，我们假定存在唯一的纯策略纳什均衡，然而，也可能存在多产品轿车生产者的多重纳什均衡。第三，为了更加精确地估计需求变量，需要收集能够反映消费者偏好的人口统计数据，如家庭收入、家庭成员数量、驾驶员的年龄等。而且，为了减少估计的误差，包括很多市场和很多年的轿车销售的市场水平的面板数据也是一个替代的数据组选择，而不是本书所用的横截面的消费者水平的数据。

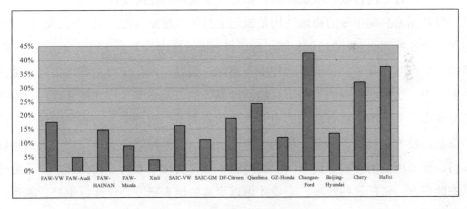

图 6-7 多产品结构下的企业加成

（注：FAW-VW——一汽大众、FAW-Audi——一汽奥迪、FAW-HAINA——一汽海南、FAW-Mazda——一汽马自达、Xiali——夏利、SAIC-VW——上海大众、DF-Citroen——东风雪铁龙、Qianlima——千里马、GZ-Honda——广州本田、Changan-Ford——长安福特、Beijing-Hyundai——北京现代、Cherry——奇瑞、HaFei——哈飞汽车）

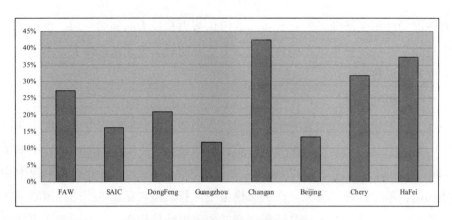

图 6-8　"3+X" 结构下的企业加成

（注：FAW—一汽集团、SAIC—上汽集团、Dongfeng—东风汽车、Guangzhou—广汽集团、Changan—长安汽车、Beijing—北京汽车、HaFei—哈飞集团）

五、相关政策启示

（一）行业内行政性限制较强，须充分尊重市场经济规律

发达国家高集中度的市场结构是长达上百年市场竞争的结果，在其发展初期，也是小企业蜂拥而起。如 1908 年，当亨利·福特推出其 T 型车时，全美国有 500 多家汽车厂互相竞争。在竞争过程中，重组、购并、淘汰使得生产逐步向少数大企业集中。这说明企业的竞争力只能通过充分的市场竞争过程才能获取，只有在充分的市场竞争中，富有活力的企业才会积累大量与改进竞争力有关的信息，这些信息以技术、技能、制度、机制、生产组织、关系网络、企业文化等形式得以保留，形成所谓的"知识资本"、"制度资本"、"文化资本"、"社会资本"等特殊形态的资本。依托这些资本，企业才可以更有效地去研发、设计、生产、融资、销售乃至创造品牌，赢得社会信任，积累社会声誉。一个拥有现代化设备和生产线，没有竞争经历的企业，与另一个拥有同样设备和生产线，但经历长期竞争并胜出的企业，完全不可同日而语。在资本市场有效的情景下，对这两类企业的估值也会相去甚远。由此可以引出一个基本结论：企业竞争力需要且必须通过竞争过程才能获取（刘世锦，2009）。过高的行政性限制，只会弱化市场经济功能，过度保护内部规模不经济的企业。

必要的行政审批和"市场准入"限制，是为了防止低水平的重复建设，促进充分有效的市场竞争，而不是以提高市场集中度为目的。没有充分竞争也难以制止重复建设。市场集中度的提高，只能通过充分有效的市场竞争过程才能获取，政府可以通过限制竞争，可以提高市场集中度，但却不能省略竞争的过程，不能提升企业竞争力。相反，政府应充分尊重市场经济规律，鼓励竞争，鼓励在科技进步、不断满足消费者日益增长的需要基础上高水平地竞争。同时，在竞争中不断调整结构，实现联合、重组，从而扩大企业规模、实现科技进步，从根本上增强市场竞争力。

（二）强化国内企业的品牌优势，鼓励大企业和集团的兼并、重组和联合

由于中国轿车工业发展比较晚，在需求和供给都快速增长的条件下，轿车工业组织结构、产品结构明显的受制于跨国公司的全球化战略安排，跨国公司对中国轿车产业的核心控制力体现在两个方面（白让让，2005）：一是掌握现有产品结构和市场结构的控制权，使其服从全球化布局的战略安排；二是国内企业的结构调整和企业之间的兼并重组也有跨国公司的参与，在一定程度上甚至由后者所左右。轿车工业在零部件工业十分落后，总装配企业产品开发能力不强，国内企业的自主品牌优势主要体现在中低档轿车领域，而这一领域也是轿车需求量最大的一块，但是低端产品的利润在中国越来越激烈的市场竞争中利润非常少，难以形成良性循环。因此，要鼓励大企业和集团通过兼并、重组和联合，形成一个以国内企业为主要垄断者的市场结构。中国要从轿车生产大国走向轿车生产强国，轿车行业发展政策就必须实现从过去对企业集团的一般性扶植向有重点地扶植和发展部分自主产业集团转变。只有这样，才能增强国内企业的研发能力，提高中国的轿车行业以及自主品牌竞争力，真正走向世界。

（三）激励自主研发，引导企业进行产品差异化竞争

由于产品结构主要由跨国公司控制，对轿车的潜在需求远远大于供给，企业之间没有也不可能以差异化的方式进行市场竞争，只能在既定的结构下以产出扩张获得利润的最大化，或者进行价格战，迅速获得最大化的短期利润。

另外，由于可支付得起的价格是中国轿车市场独特需求特征之一，随着油价的走高，中国消费者希望买到更节油的车——政策也正在通过降低小排量轿车的

税率来鼓励这个发展趋势。小排量轿车需求的增加必然诱使原来处于中高端市场，甚至高端市场的企业进入小排量轿车的生产领域中来，随着品种的增加，产品之间的差异性逐步降低，价格的作用也会日益显现。因此，低端或中低端、中端市场的竞争会更加激烈，从而对这一领域占据优势的自主品牌企业不利。政府应激励自主研发，对已经具有一定品牌和规模优势的民族企业，予以税收、收费等方面的优惠，引导企业进行产品差异化竞争，增加轿车的性价比，把产品差异化竞争延伸到中端、中高端甚至高端。

本章小结

本章分析包括三个方面：差异化产品企业合并策略与理论拓展、中国轿车行业与市场的发展与竞争格局、轿车行业企业的合并行为模拟。主要内容和结论如下：

第一，企业合并一直是管理学、经济学和产业组织理论研究的重要内容。涉及差异化产品企业的合并行为，主要包括合并的动机、合并的效应理论分析和经验分析，以及反垄断机构判定合并效应的方法和政策分析。鉴于国内对合并问题的经验研究相对较少，相对国外所用方法也比较落后，本章以轿车行业为例，用一个供应方的多产品 Betrand 模型和需求方的混合 logit 模型，测度了中国轿车市场上加成所界定的市场势力。

第二，轿车行业是一个明显的产品差异化行业。在过去的几十年发展中，中国的轿车行业取得了巨大的进步，生产和需求不断增加。但也出现一些负面的问题，比如市场集中度急剧下降、较少的轿车生产者达到最小经济有效规模、价格战不断发生等。为了避免价格战，一些分析者和政策制定者指出了为了增加市场集中度，中国的轿车企业应该合并，形成所谓的"3+X"的市场结构。而反对合并的人认为当前的市场集中是正常的，价格消减是汽车生产商理性的竞争行为，如果发生合并行为，高市场集中度和高市场势力使得汽车生产者很容易进行合谋定价，从而破坏消费者福利。

第三，结合轿车市场产品差异化、产品线的多产品竞争等特征，用市场势力的测定以及基于供应方的多产品 Betrand 模型和需求方的混合 logit 模型，测度了中国轿车市场上加成所界定的市场势力，模拟轿车行业内企业的合并行为对企业市场势力的影响。结果显示具有较低价格的轿车产品比那些较高的价格有相对更高的加成，原因在于中国的很多家庭由于收入水平偏好于购买较低价格的轿车。单一产品环境、多产品环境和"3+X"市场结构下的市场水平的加成分别是 20.81%、21.66%、24.78%。这些估计的加成首先意味着中国的轿车生产商仍然具有较高的市场势力和较大的利润空间，价格战可能仍会持续；其次，轿车生产商合并成三个主要的轿车集团从总体上并不会很大程度上提高市场势力。这个结论的得出为政府的产业组织政策提供了参考。政策建议主要包括以下几个方面：轿车行业内行政性较强，须充分尊重市场经济规律；强化国内企业的品牌优势，鼓励大企业和集团的兼并、重组和联合；要对自主研发进行激励，引导企业进行产品差异化竞争。

结论

市场竞争的结果使得市场上产品同质化现象非常严重，企业要想使产品在市场上受到消费者的青睐，而不把它当作可有可无的产品，就必须生产出与众不同的、有自己特色的产品，换句话说，必须生产出具有差异化的产品，才能赢得市场，取得竞争优势。产品差异化策略在现代市场竞争中，已经成为一种基本的策略，也是评价一个行业市场结构的三个重要决定因素之一。从经济学的角度来看，企业在布局战略决策时，必须充分利用产品差异化策略，因为这是企业弱化价格战、获得市场势力的重要手段之一。本书在企业时间维度的中长期范围内，通过运用管理学、经济学等方法，采用文献研究、理论分析与数理模型、实证研究相结合的方法，对产品差异化理论和企业竞争策略进行了研究，所得结论以及本书中存在的不足和拓展如下。

一、主要研究结论

（一）差异化企业进入阻止方法多样，最小质量标准对进入阻止的效应不确定

在差异化企业进入阻止的竞争策略选择上，产品差异化本身就可以作为阻止进入的策略选择：由于消费者对已有品牌的偏好度和忠诚度，使得在位企业既有一定的提价空间又可以使得进入变得无利可图，产品差异化成为企业获得或维持主导性地位的策略。产品差异化本身对进入的阻止强调了在位企业的广告效应、品牌效应和品牌忠诚度。除此之外，在位企业在产品的质量选择上，还可以采取抢先进入、信号传递、掠夺行为等巩固在位者的优势和阻止进入。

对于消费者愿意为较高质量的产品支付较高价格的产业的规制经常采用最小质量标准的形式，通过提高产业中所提供的产品的质量增加社会福利。这些干预或者是由于管理者的原因，或者认为是由于外部性的存在，总是认为企业所提供的质量太低。当存在最小质量标准，且最小质量标准内生确定时，最小质量标准

的效应是不确定的。当在位者是高质量产品企业时，社会计划者为最大化社会福利而选择的最小质量标准，提高了消费者效用，增加了社会福利，而当在位者是低质量产品企业时，最小质量标准并没有改变在位者和进入者的质量选择，政府是否设立最小质量标准对社会福利并没有大的影响。

（二）企业的产品差异化程度对合谋稳定性效应难以判定

合谋问题的基本分析框架是：企业之间之所以能够形成合谋，原因在于企业看重长期收益，正如重复博弈能够打破因徒困境一样，只要企业对长期收益的贴现因子高于某个临界点，合谋就能够实现。在很多产业中，报复的多样性和合谋机制为合谋创造了动机。主要的问题是这种动机有多大，或者合谋机制可信度有多高。产品差异化行业和同质品行业一样，影响合谋稳定性的因素有很多，包括基本的市场结构性变量（竞争者数量、进入壁垒、频繁的交互作用、市场透明度）、需求方面特征（需求增长、商业周期和需求波动、需求者的购买力、需求弹性以及需求交叉价格弹性）、供给方面特征（创新性市场、成本不对称、能力约束的不对称性、多市场交流等）。企业的合谋策略也有很多，包括价格合谋、数量合谋、能力合谋、研发合谋等。促成合谋的策略实践包括行业协会促成的价格合谋、产品差异化引起的合谋变动、企业技术合作促成的合谋等。不管成本结构、竞争类型以及其他假定如何，归根到底，企业的产品差异化程度和合谋的稳定性取决于所用的产品差异化的具体模型。因为在这个问题的中心存在一个基本的平衡：当企业销售同质品时，其从默契的合谋中获益最多，也从背离合谋协定中获益最多。这种结果就是精确的需求假定规定了哪一种效应占优。

（三）R&D、创新类型、竞争强度与差异化企业竞争策略密切相关

影响企业 R&D 活动的影响因素包括外部资源和内部因素，内部因素包括企业所能拥有的有形资源和无形资源，包括金融资源、物质资源、人力资源、技术资源等。针对不同情况，企业所采取竞争策略会有所不同。

创新类型分为过程创新和产品创新。创新类型的选择和产品生命周期阶段、相关的生产过程阶段和竞争性策略要素之间存在相关关系。产业创新模式和三个不同阶段相关：形成阶段、过渡阶段和专业化阶段。在形成阶段，当新技术涌现时，产品创新被差异化产品的需求所驱动。在过渡阶段，当主导设计和递增的市

场需求出现之后，递增的产出要求过程创新，而产品创新活动则减少。在专业化阶段，对于某种产品而言生产过程更加专业化。和生命周期相关的进化模型显示，产品和过程创新的不同特征使得管理和竞争策略的差异成为必要。因为产品 R&D 存在外部性，使得进入者面临着较晚进入降低进入成本和较早进入获得更多利润折现的权衡。因为过程 R&D 存在外部性，使得多产品垄断者的产品线策略面临着降低每个产品的 R&D 投资和去掉产品线的选择。

R&D 活动的外部性、竞争强度也会影响企业 R&D 策略选择。从外部性角度分析，只要 R&D 溢出效应不等于零，差异化产品双寡头企业进行 R&D 合作可以降低单位产品成本、提高 R&D 投资和产品产量、增加企业利润、改善社会总体福利水平和提高消费者剩余。从竞争角度分析，只要溢出效应不等于零，较弱的竞争——古诺竞争总是会比伯川德竞争下 R&D 投入更多，这也意味着更多的成本消减、更多的企业利润和更多的社会福利。

（四）差异化企业不同竞争策略存在互动影响

本书主要研究内容是在时间维度上分析企业的中长期竞争策略与产品差异化理论之间的关系。结论显示，差异化企业的不同竞争策略维度存在互动影响。比如，差异化企业的 R&D 外部性会影响企业的合谋行为选择，同时对最终的消费者剩余、社会福利产生影响。企业的 R&D 外部性也会影响企业的进入选择。同时，行业的进入壁垒以及行业内企业数量、技术创新也会影响企业的合谋稳定性。因为要提高行业的规模经济效应，政府会选择对某一行业的进入行为实施严格的项目审批，这导致了行业内较高的市场集中度。而行业内较高的市场集中度，在使得行业内企业提高 R&D 能力的同时，也会提高行业内合谋的可能性。同时，行业内合谋所引起的较高的价格加成，又会诱使行业外企业的进入和加盟。

企业的策略维度，并非各自独立。不同的竞争策略维度存在着互动影响，要评估某一项竞争策略对行业市场结构或市场绩效的影响，必须综合起来全方位考虑。

（五）实证表明中国轿车行业差异化企业合并对市场势力的影响并不显著

很多文献研究表明，产品差异化、广告和进入壁垒能增加市场势力、缓解价格竞争，这种论据的分歧取决于当前市场势力的不同估计。市场势力的测定是产品差异化市场结构分析中广泛使用的方法。针对轿车市场激烈的价格战，一些分析者和政策制定者指出为了增加市场集中度，中国的轿车企业应该合并，形成所谓的"3+X"的市场结构。而结合轿车市场产品差异化、产品线的多产品竞争等特征，用市场势力的测定以及基于供应方的多产品 Betrand 模型和需求方的混合 logit 模型，对中国轿车市场上加成所界定的市场势力进行测度，并对轿车行业内企业的合并行为对企业市场势力的影响进行模拟。结果显示：单一产品环境、多产品环境和"3+X"市场结构下的市场水平的加成分别是 20.81%，21.66%，24.78%。这些估计的加成首先意味着中国的轿车生产商仍然具有较高的市场势力和较大的利润空间，价格战可能仍会持续，其次，轿车生产商合并成三个主要的轿车集团从总体上并不会很大程度上提高市场势力。

（六）针对产品差异化的产业组织政策有很大的作用空间

产业组织政策的首要任务是利用经济政策改善产业组织，实现产业组织的合理化，并借此达到资源的有效利用、收益公平分配等经济政策的一般目标。从产业组织政策的实施手段来看，主要包括控制市场结构、调整市场行为和直接控制市场绩效三个方面。产品差异化做为影响行业市场结构的重要决定因素之一，针对产品差异化的产业组织政策就有很大的作用空间。比如针对进入行为的最小质量标准的制定和行业准入政策，可以调整行业内产品的质量差异化和在位者企业数量变化所引起的差异化的变化。如果高市场集中度不利于产品差异化的增加及社会福利的提高，便可采取产业组织政策降低市场集中度，依法分割处于垄断地位的企业，降低进入壁垒。如果产品差异化有利于企业之间进行合谋，从而有损于消费者福利和市场绩效，便可调整市场行为，禁止和限制竞争者的共谋现象。如果产品差异化有利于企业回避价格战进行良性竞争，并且有利于提高社会福利，便可采取产业组织政策，如对企业的 R&D 行为或其他自主创新行为进行鼓励和资助，鼓励企业为差异化产品而进行的创新行为。

二、研究局限与后续研究展望

产品差异化是产业组织理论中的理论热点和重点，由于个人能力和精力有限，所分析的问题只是冰山一角，在分析的过程中也存在一些不足。本书在研究过程

中存在的局限主要体现在以下几个方面:

(1) 由于篇幅和个人能力有限,未能在企业的短期与长期决策分析中就横向产品差异化和纵向产品差异化全面展开,所得结论也是在不同的假设框架下得出。因此,难以避免研究结论的局限性。

(2) 在企业中长期的竞争策略上,也只是研究了企业进入阻止、合谋、合并、研发等几个竞争策略,并没有考虑作为企业重要竞争策略的广告、营销等其他和产品差异化相关的因素。

(3) 在用离散选择模型分析企业合并行为时,对于消费者的品牌忠诚度或广告效应等难以建立相应的市场模型。比如在构建消费者需求模型时,消费者对某种品牌的偏好和企业对某种品牌的广告及其他促销行为对消费者需求的影响难以量化和界定。

纵观全文,本书阐述了产品差异化框架下企业的中长期竞争策略,即企业进入阻止、合谋、合并及研发等竞争策略,建立了企业在产品差异化环境下如何实施有效的竞争策略的研究框架,并对该问题进行了深入细致的分析,同时也得出了一些富有意义的研究结论。但是对产品差异化环境下企业的竞争策略的研究,还应该考虑广告、营销、定价等其他有意义的问题。产品差异化环境下,企业要想有效的实施中长期竞争策略,也离不开广告、营销、定价等对差异化产品有效的定位、宣传和推广,这为后续研究指明了一个很有意义的后续研究方向。

附录

表 1 Hotelling 类横向产品差异化模型的主要假设和结论

典型模型	市场形状（产品特征维数）	"运输成本"函数①形式	企业数量	消费者分布	消费者需求弹性	主要结论
Hotelling (1929)	直线型市场（1维）	$d(x)=tx$ $(t>0)$	两个	均匀	无弹性	"最小差异化原则"
Lerner & Singer (1937)	直线型市场（1维）	$d(x)=tx$ $(t>0)$	三个	均匀	无弹性	均衡不存在
Smithies (1941)	直线型市场（1维）	$d(x)=tx$ $(t>0)$	两个	均匀	具有一定的弹性	差异化可能不会最小
Eaton & Lipsey (1975)	直线型市场（1维）	$d(x)=tx$ $(t>0)$	多个	均匀	无弹性	仅三个企业的市场无均衡，但含三个以上企业的市场可能存在均衡
	圆型市场（1维）	$d(x)=tx$ $(t>0)$	多个	均匀	无弹性	仅三个企业的市场存在多重均衡，含三个以上企业的市场也可能存在多重均衡
	直线型或圆型市场（1维）	$d(x)=tx$ $(t>0)$	多个	多个不均匀	完全无弹性	企业数量与消费者分布函数的峰数之间的比例，对均衡的存在有重要影响

① x 表示消费者所在位置（或最偏好的商品）与企业所在位置（或生产的商品）的距离，下同。

续表

典型模型	市场形状（产品特征维数）	"运输成本"函数形式	企业数量	消费者分布	消费者需求弹性	主要结论
D'Aspremont Jaskold Gabszewicz &J.F.Thisse（1979）	直线型市场（1维）	$d(x)=tx^2$（$t>0$）	两个	均匀	无弹性	"最大差异化原则"
Salop 1979）	圆型市场（1维）	$d(x)=tx$（$t>0$）	多个（内生）	均匀	无弹性	在最大差异化外生条件下，运输成本增加使利润边际升高，从而增加了企业数目
dePalma et al.（1985）	两维：1维空间维度与1维非空间维度	$d(x)=tx$（$t>0$）	两个以上	均匀	无弹性	非空间维度上的异质性越高，单位距离运输费用越低，市场越小，则企业越有可能聚集；反之则越可能分散
Economides（1986）	直线型市场（1维）	$d(x)=tx^a$（$t>0$, $1\le a\le 2$）	两个	均匀	无弹性	当$1.26<a\le 2$时存在均衡；当$1.26<a\le 5/3$时，均衡点为内部均衡；当$5/3<a\le 2$时，均衡点为最大产品差异化
Gabszewicz &Thisse（1986）	直线型市场（1维）	$d(x)=ax+bx^2$（$a>0$, $b>0$）	两个	均匀	无弹性	均衡可能不存在，但价格竞争水平与均衡的存在性并没有一个简单关系
Hamilton, Thisse& Weskamp（1989）	直线型市场（1维）	$d(x)=tx$（$t>0$）	两个	均匀	具有一定的弹性	古诺竞争中两企业总是会最小差异化定位，而伯川德型两企业会位于总长度第1个1/4和第3个1/4内
Anderson &.Neven（1991）	直线型市场（1维）	$d(x)=t(x)$（$t(0)=0$, $t'(x)>0$）	两个	均匀	无弹性	古诺市场下企业集聚均衡取决于运输成本的凹凸性

续表

典型模型	市场形状（产品特征维数）	"运输成本函数"形式	企业数量	消费者分布	消费者需求弹性	主要结论
Pal,D.（1998）	圆型市场（1维）	$d(x)=tx$ $(t>0)$	两个	均匀	无弹性	古诺竞争中企业等距离定位
Ansari, Economides &Steckel（1998）	2维产品特征	$d(x_1,x_2)=b_1x_1^2+b_2x_2^2$	两个	均匀	无弹性	"最小—最小差异化原则"（二维）
	3维产品特征	$d(x_1,x_2,x_3)=b_1x_1^2+b_2x_2^2+b_3x_3^2$	两个	均匀	无弹性	"最大—最小—最小差异化原则"（三维）
Irmen&Thisse（1998）	n 维产品特征	$d(x_1,\ldots,x_k)=\sum_{k=1}^{n}b_kx_k^2$	两个	均匀	无弹性	在主导特征上实施最大差异化，而在其他特征上实施最小差异化
Chamorro-Rivas（2000）	直线型市场（1维）	$d(x)=tx$ $(t>0)$	两个	均匀	无弹性	当产品间具有完全替代性时，在不同的范围内存在不同的均衡，均衡或者唯一或者不唯一，最小差异化原理并不总是成立
Shimizu（2002）	直线型市场（1维）	$d(x)=tx$ $(t>0)$	两个	均匀	无弹性	聚集结果是稳健的，产品代替性/互补性程度不影响企业最优位置选择
Chia-Ming Yu&Fu-Chuan Lai（2003）	圆型市场（1维）	$d(x)=tx$ $(t>0)$	两个	均匀	无弹性	在两个企业产品是替代品时，两个工厂最大差异化，等距离定位；若两个企业的产品是互补品，两个工厂最小差异化，聚集在一点上
Shimizu& Matsumura（2003）	圆型市场（1维）	$d(x)=tx$ $(t>0)$	多个	均匀	无弹性	不管古诺竞争中企业数量是多少，等距离定位均衡总是存在，除此之外，还有很多其他均衡

续表

典型模型	市场形状（产品特征维数）	"运输成本函数"形式	企业数量	消费者分布	消费者需求弹性	主要结论
Marcella & Scrimitore (2007)	直线型市场（1 维）	$d(x) = tx$ ($t > 0$)	两个	均匀	无弹性	产品具有一定的替代性（替代性用 γ [①] 表示），当 $\gamma < 0$ 且 $t < 2$ 时，聚集在市场中心是子博弈完美均衡。当 $\gamma > 0$ 时，聚集在市场中心是子博弈均衡，当 $t \in [0, \gamma_1]$，聚集在市场中心是子博弈完美均衡，当 $t \in [\gamma_1, \gamma_2]$ [②] 时，离散结果 [③] 是子博弈完美纳什均衡。在文中表 1 基础上加以拓展和修改。

（注：该表参考罗延发、贾生华. 横向产品差异化模型述评. 技术经济, 2006 年第 3 期。）

表 2　纵向产品差异化模型拓展的主要假设和结论

典型模型	产品质量差异	产品质量的生产成本形式	企业数量	企业生产产品种类数量	市场是否完全覆盖	主要结论
Mussa & Rosen (1978)	$s \in [s_l, s_h]$（1 维）	$c(s_i)$（$c'(s_i) > 0$，$c''(s_i) > 0$）	一个或两个	单产品	完全覆盖	具有不同边际质量效用的消费者个体将选择不同质量的产品。通过把高质量产品的价格提高到边际成本之上，垄断者创造了使较高边际质量效用的消费者转换到低质量产品的动机。产品质量的差异化有助于垄断者对不同特征的消费者进行歧视。结果垄断者能提供比效率更高的质量范围

① 产品替代性用 γ 来表示，$\gamma \in [-1, 1]$（且 $\gamma \neq 0$），当 $\gamma = 1$ 时，表示产品具有完全的替代性。当 $\gamma < 0$ 时，产品具有互补性。

② 其中，$\gamma_1 = 2(2-\gamma)/(\gamma+2)$，$\gamma_2 = 2(3\gamma+2)(\gamma-2)/(\gamma^2-8\gamma-4)$。

③ 假定两个企业长度为 1 的线段距离两端，企业 1 位于从 0 点开始的点 a，企业 2 位于 $1-b$ 处，离散结果为两企业分别位于市场两端的 $a' = b' = (\gamma-2)(t-2)/4\gamma t$ 处。

续表

典型模型	产品质量差异	产品质量的生产成本形式	企业数量	企业生产产品种类数量	市场是否完全覆盖	主要结论
Gabszewicz &Thisse (1979)	$s \in [s_l, s_h]$（1维）	无成本	两个	单产品	完全覆盖	如果低质量产品企业进入，则均衡时产品倾向于最小差异化，价格倾向于相等。相反，均衡时产品倾向于最大差异化，如果进入者的产品选择最高质量，即"最大质量选择原理"
Shaked& Sutton (1982)	$s \in [s_l, s_h]$（1维）	无成本	多个	单产品	完全覆盖	在均衡中，只有两个企业存在，更多企业进入只会使高质量产品价格为零，而所有企业赚取零利润，两企业选择不相同的质量。产品差异化缓解了价格竞争
Gabsewicz &Thisse (1982)	$s \in [s_l, s_h]$（1维）	无成本	两个	单产品	完全覆盖	如果低质量替代品，进入均衡为两种产品未完全替代品时，进入者获得最大利润。如果高质量企业进入，进入均衡为进入者的质量为最高时，进入者获得最大利润
Shaked& Sutton (1983)	$s \in [s_l, s_h]$（1维）	$c(s_i)$（$c'(s_i)>0$）	多个	单产品	完全覆盖	在满足一定条件下，均衡中至多存在 K 个企业具有正的市场份额以及价格超过单位可变成本
Bonnano (1986)	$s \in [s_l, s_h]$（1维）	无成本或 $c(s_i)$（$c'(s_i)>0$）	两个	单产品	完全覆盖	如果是伯川德纳什均衡，则两企业会生产差异化产品，如果是古诺纳什均衡，即两企业会生产同质产品。古诺高质量引起较高成本，古诺一纳什均衡则会产生最大产品差异化的唯一一纳什均衡
Sutton (1986)	$s \in [s_l, s_h]$（1维）	$c(s_i)$（$c'(s_i)>0$）	多个	单产品	未完全覆盖	独立于所提供商品质量，在价格纳什均衡中，具有正的市场份额的企业数量存在一个上限

续表

典型模型	产品质量差异	产品质量的生产成本形式	企业数量	企业生产产品种类数量	市场是否完全覆盖	主要结论
Economides (1989)	$s \in [s_l, s_h]$ （2维）	$c(s_i)$ （$c'(s_i) > 0$, $c''(s_i) > 0$）	两个	单产品	完全覆盖	当位置双寡头的 Hotelling 模型的质量多样化产品，不管价格和质量是同步策略性变量还是序列策略性变量。和"最小差异化原理"相反，企业倾向于在多样化空间上最大差异化，因此他们能达到较高水平的质量、价格和利润
Champsaur & Rochet (1989)	$s \in [s_l, s_h]$ （1维）	$c(s_i)$	一个或两个[1]	多产品	完全覆盖	拓展了 Mussa&Rosen (1978) 的结论。当消费者的替代性选择是购买较高质量的替代品，垄断者的最优策略是提供额外的高质量产品，从"上"拓展有效的质量范围。如果是双寡头，生产某个质量范围的产品的两个企业的质量范围从未不会重复和交叉。在均衡中，总是有一段质量范围的产品未被提供（在竞争下和垄断下就会被提供）
Choi &Shin (1992)	$s \in [s_l, s_h]$ （1维）	无成本	两个	单产品	未覆盖市场	如果企业没有覆盖市场，较低质量企业选择于较高质量企业 4/7 的质量水平，并且选择价格等于于较高质量的 2/7
Economides (1993)	$s \in [s_l, s_h]$ （1维）	无成本	多个	单产品	完全覆盖	均衡中，质量水平和多样化产品质量负相关更多的。通过设定最低质量标准消减了福利，改进了最低质量的数量，改进了福利。质量水平和多样化产品规制消减了福利是竞争是上的开放竞

① 每个企业生产一段质量范围的系列产品，即多产品企业。

续表

典型模型	产品质量差异	产品质量的生产成本形式	企业数量	企业生产品种类数量	市场是否完全覆盖	主要结论
Vandenbosch & Weinberg (1995)	$s \in [s_l, s_h]$（2维）	无成本	两个	单产品	完全覆盖	当每一种维度的定位选择范围相同时，就会出现最大最小产品差异化，即在均衡中，两个企业倾向于选择一个维度上的最大差异化和另一个维度上的最小差异化
Wauthy (1996)	$s \in [s_l, s_h]$（1维）	无成本	两个	单产品	是否完全覆盖是内生的	当消费者偏好分布比较广泛，质量选择将导致市场被部分提供。当消费者偏好被质量选择所避免。在这些情况中，释放价格竞争并不能被质量竞争要求增加产品差异化，质量差异和人口分散程度负相关。人口异质性限制了产品差异化程度
Frascatore (1999)	$s \in [s_l, s_h]$（n维）	无成本	多个	单产品或多产品	完全覆盖	如果质量的投入是稀缺的，比如异质的劳动力投入或房产，质量的竞争会导致一个企业提供所有的质量。然而，如果消费者能从消费最低质量产品获得正的剩余，从双寡头到三个或更多企业的市场结构转换中，所服务的消费者总数会增加，但是购买天高质量产品的消费者数量会减少。来自高质量产品的总损失超过了产品的收益，总剩余下降
Garella & Lambertini (1999)	$s \in [s_l, s_h]$（1维）	无成本	两个	单产品	完全覆盖	如果消费者喜欢产品的一些特征而不喜欢其它特征，企业会最大化前者的差异化而进行后者的激烈竞争（最小化后者的差异）
Johnson & Myatt (2003)	$s \in [s_l, s_h]$（1维）	$c(s_i)$ $(c'(s_i) > 0$ 或 $c'(s_i) < 0)$	一个或两个	多产品	完全覆盖	当边际收益处处递减，进入企业能引起在某一区间内是递增低端市场退出。当边际收益处处递减，在位者可能会决定在低质量竞争性品牌进入市场，但仍保留高端产品的市场势力

续表

典型模型	产品质量差异	产品质量的生产成本形式	企业数量	企业生产品种类数量	市场是否完全覆盖	主要结论
Jing (2007)	$s \in [s_l, s_h]$ （1维）	常数边际成本	两个	单产品	完全覆盖	对于很多效用函数和生产技术而言，企业将选择差异化产品，尽管品牌忠诚的消费者的存在会弱化差异化产品的动机，在完全对称均衡中，选择较低质量的企业将赚取较高利润

（注：作者自己整理而得）。

表 3 价格弹性和交叉价格弹性

品牌	高尔夫	捷达	宝来	奥迪 A4	奥迪 A6	普力马	福美来	一汽马自达	夏利	桑塔纳	帕萨特	波罗	高尔	凯越	君威	富康	爱丽舍
高尔夫	-7.610	0.225	0.258	0.136	0.254	0.226	0.329	0.248	0.165	0.294	0.243	0.247	0.122	0.241	0.353	0.122	0.181
捷达	0.218	-5.433	0.260	0.136	0.253	0.228	0.332	0.249	0.168	0.297	0.244	0.250	0.124	0.243	0.354	0.124	0.182
宝来	0.215	0.224	-8.244	0.136	0.255	0.225	0.328	0.248	0.165	0.293	0.242	0.246	0.122	0.240	0.353	0.122	0.180
奥迪 A4	0.206	0.213	0.247	-18.941	0.262	0.216	0.314	0.242	0.154	0.281	0.238	0.234	0.115	0.231	0.346	0.115	0.171
奥迪 A6	0.204	0.210	0.245	0.139	-21.497	0.214	0.310	0.240	0.151	0.278	0.237	0.231	0.113	0.228	0.344	0.113	0.169
普力马	0.216	0.226	0.258	0.136	0.254	-7.306	0.330	0.248	0.166	0.294	0.243	0.248	0.122	0.241	0.353	0.122	0.181
福美来	0.216	0.226	0.258	0.136	0.254	0.227	-6.919	0.248	0.166	0.295	0.243	0.248	0.123	0.241	0.353	0.122	0.181
一汽马自达	0.213	0.221	0.255	0.137	0.257	0.223	0.325	-10.915	0.162	0.290	0.241	0.243	0.120	0.238	0.351	0.120	0.178
夏利	0.220	0.231	0.262	0.135	0.250	0.231	0.336	0.251	-2.453	0.300	0.245	0.254	0.126	0.246	0.356	0.126	0.185
桑塔纳	0.216	0.226	0.258	0.136	0.254	0.226	0.330	0.248	0.166	-7.204	0.243	0.248	0.123	0.241	0.353	0.122	0.181
帕萨特	0.212	0.220	0.254	0.137	0.258	0.222	0.323	0.245	0.161	0.289	-12.064	0.242	0.119	0.237	0.350	0.119	0.177
波罗	0.217	0.227	0.259	0.136	0.253	0.228	0.332	0.249	0.167	0.296	0.243	-5.859	0.123	0.242	0.354	0.123	0.182

续表

品牌	高尔夫	捷达	宝来	奥迪A4	奥迪A6	普力马	福美来	一汽马自达	夏利	桑塔纳	帕萨特	波罗	高尔	凯越	君威	富康	爱丽舍
高尔	0.219	0.229	0.261	0.135	0.252	0.229	0.334	0.250	0.169	0.298	0.244	0.251	-4.262	0.244	0.355	0.124	0.183
凯越	0.216	0.225	0.257	0.136	0.255	0.226	0.329	0.248	0.165	0.294	0.243	0.247	0.122	-7.811	0.353	0.122	0.180
君威	0.212	0.220	0.254	0.137	0.258	0.222	0.323	0.245	0.161	0.289	0.241	0.242	0.119	0.237	-11.901	0.119	0.177
富康	0.218	0.229	0.260	0.135	0.252	0.229	0.333	0.250	0.169	0.298	0.244	0.251	0.124	0.244	0.355	-4.785	0.183
爱丽舍	0.217	0.227	0.259	0.136	0.253	0.227	0.331	0.249	0.167	0.296	0.243	0.249	0.123	0.242	0.354	0.123	-6.282
标致	0.215	0.224	0.257	0.136	0.255	0.226	0.328	0.248	0.165	0.293	0.242	0.247	0.122	0.240	0.353	0.122	0.180
千里马	0.219	0.229	0.261	0.135	0.252	0.229	0.334	0.250	0.169	0.298	0.244	0.251	0.125	0.244	0.355	0.124	0.184
飞度	0.217	0.227	0.259	0.136	0.253	0.228	0.331	0.249	0.167	0.296	0.243	0.249	0.123	0.242	0.354	0.123	0.182
雅阁	0.211	0.219	0.252	0.137	0.259	0.221	0.321	0.245	0.159	0.287	0.240	0.240	0.118	0.236	0.349	0.118	0.176
奥拓	0.220	0.231	0.263	0.135	0.250	0.231	0.337	0.251	0.172	0.301	0.245	0.254	0.126	0.246	0.356	0.126	0.185
羚羊	0.219	0.230	0.261	0.135	0.251	0.230	0.335	0.250	0.170	0.299	0.244	0.252	0.125	0.245	0.355	0.125	0.184
索纳塔	0.215	0.224	0.257	0.136	0.255	0.225	0.328	0.247	0.165	0.293	0.242	0.246	0.122	0.240	0.352	0.122	0.180
伊兰特	0.216	0.226	0.258	0.136	0.254	0.227	0.330	0.248	0.166	0.295	0.243	0.248	0.123	0.241	0.353	0.122	0.181
QQ	0.220	0.231	0.263	0.135	0.250	0.231	0.337	0.251	0.172	0.301	0.245	0.254	0.126	0.246	0.356	0.126	0.185
奇瑞	0.219	0.229	0.261	0.135	0.252	0.229	0.334	0.250	0.169	0.298	0.244	0.251	0.125	0.244	0.355	0.124	0.183
东方之子	0.216	0.226	0.258	0.136	0.254	0.227	0.330	0.248	0.166	0.295	0.243	0.248	0.123	0.242	0.353	0.123	0.181
赛马	0.219	0.229	0.261	0.135	0.252	0.229	0.334	0.250	0.169	0.298	0.244	0.251	0.125	0.244	0.355	0.124	0.184
哈飞路宝	0.220	0.231	0.262	0.135	0.251	0.231	0.336	0.251	0.171	0.300	0.245	0.253	0.126	0.246	0.356	0.125	0.185

表 4　价格弹性和交叉价格弹性（续）

品牌	标致	千里马	Fit	雅阁	奥拓	羚羊	索纳塔	伊兰特	QQ	奇瑞	东方之子	赛马	哈飞路宝
高尔夫	0.292	0.174	0.188	0.216	0.084	0.107	0.299	0.226	0.107	0.158	0.394	0.247	0.101
捷达	0.295	0.176	0.190	0.217	0.085	0.109	0.302	0.228	0.108	0.160	0.398	0.250	0.102
宝来	0.292	0.173	0.188	0.216	0.084	0.107	0.299	0.225	0.106	0.158	0.393	0.246	0.100
奥迪 A4	0.281	0.163	0.178	0.213	0.078	0.100	0.288	0.216	0.099	0.148	0.375	0.232	0.094
奥迪 A6	0.278	0.160	0.176	0.213	0.077	0.099	0.285	0.213	0.097	0.146	0.371	0.228	0.092
普力马	0.293	0.174	0.188	0.216	0.084	0.108	0.300	0.226	0.107	0.159	0.394	0.247	0.101
福美来	0.293	0.174	0.189	0.216	0.084	0.108	0.300	0.227	0.107	0.159	0.395	0.248	0.101
一汽马自达	0.289	0.170	0.185	0.215	0.082	0.105	0.296	0.223	0.105	0.155	0.388	0.242	0.099
夏利	0.298	0.179	0.193	0.217	0.087	0.111	0.305	0.231	0.111	0.163	0.403	0.255	0.104
桑塔纳	0.293	0.174	0.188	0.216	0.084	0.108	0.300	0.226	0.107	0.159	0.394	0.248	0.101
帕萨特	0.288	0.169	0.184	0.215	0.082	0.105	0.295	0.222	0.104	0.154	0.386	0.241	0.098
波罗	0.294	0.175	0.190	0.216	0.085	0.108	0.301	0.228	0.108	0.160	0.397	0.250	0.102
高尔	0.296	0.177	0.191	0.217	0.086	0.110	0.303	0.229	0.109	0.161	0.400	0.252	0.103
凯越	0.292	0.174	0.188	0.216	0.084	0.107	0.299	0.226	0.107	0.158	0.393	0.247	0.101
君威	0.288	0.169	0.184	0.215	0.082	0.105	0.295	0.222	0.104	0.154	0.386	0.241	0.098
富康	0.295	0.177	0.191	0.217	0.086	0.109	0.302	0.229	0.109	0.161	0.399	0.251	0.103
爱丽舍	0.294	0.175	0.189	0.216	0.085	0.108	0.301	0.227	0.108	0.160	0.396	0.249	0.102

续表

品牌	标致	千里马	Fit	雅阁	奥拓	羚羊	索纳塔	伊兰特	QQ	奇瑞	东方之子	赛马	哈飞路宝
标致	-8.154	0.173	0.188	0.216	0.084	0.107	0.299	0.225	0.106	0.158	0.393	0.246	0.100
千里马	0.296	-4.151	0.191	0.217	0.086	0.110	0.303	0.229	0.109	0.161	0.400	0.252	0.103
飞度	0.294	0.175	-6.102	0.216	0.085	0.108	0.301	0.227	0.108	0.160	0.396	0.249	0.102
雅阁	0.286	0.168	0.183	-13.437	0.081	0.104	0.293	0.221	0.103	0.153	0.384	0.239	0.097
奥拓	0.298	0.179	0.193	0.217	-2.300	0.111	0.305	0.231	0.111	0.163	0.403	0.255	0.104
羚羊	0.297	0.178	0.192	0.217	0.086	-3.692	0.304	0.230	0.110	0.162	0.401	0.253	0.103
索纳塔	0.291	0.173	0.187	0.216	0.084	0.107	-8.427	0.225	0.106	0.157	0.392	0.246	0.100
伊兰特	0.293	0.174	0.189	0.216	0.084	0.108	0.300	-7.091	0.107	0.159	0.395	0.248	0.101
QQ	0.298	0.179	0.193	0.217	0.087	0.111	0.305	0.231	-2.336	0.163	0.403	0.255	0.104
奇瑞	0.296	0.177	0.191	0.217	0.086	0.110	0.303	0.229	0.109	-4.225	0.400	0.252	0.103
东方之子	0.293	0.175	0.189	0.216	0.085	0.108	0.300	0.227	0.107	0.159	-6.638	0.248	0.101
赛马	0.296	0.177	0.191	0.217	0.086	0.110	0.303	0.229	0.109	0.161	0.400	-4.105	0.103
哈飞路宝	0.298	0.179	0.193	0.217	0.087	0.111	0.305	0.231	0.111	0.163	0.403	0.254	-2.692

参考文献

[1]　（美）杰伊．皮尔•乔伊．反垄断研究新进展：理论与证据．张嫚，崔文杰等译．大连：东北财经大学出版社，2008．

[2]　白让让．双重寡头下的"多角联盟"策略分析．产业经济研究．2005 年第 2 期．

[3]　曹韫建，高汝熹．存在网络外部性下的两阶段圆周模型．中国管理科学，2001 年第 8 期．

[4]　曹韫建，顾新一．歧视性定价下的两阶段水平差异模型．管理科学学报，2002 年第 6 期．

[5]　曹韫建，顾新一．水平差异的进入阻挠策略．管理工程学报，2002 年第 3 期．

[6]　曹韫建，顾新一．一类存在网络外部性的水平差异模型．管理科学学报，2002 年第 2 期。

[7]　曹韫建．单一定价和歧视定价下的内生序贯进入模拟．上海理工大学学报，2001 年第 2 期．

[8]　曹韫建．运输成本内生化的三阶段 Hotelling 模型．管理工程学报，2002 年第 1 期．

[9]　陈磊．国际寡占竞争框架下的最优战略研发政策分析，上海：上海三联书店出版社，2007．

[10]　丁国荣．基于 Hotelling 模型的网络外部性研究．系统工程理论方法应用，2004 年第 10 期．

[11]　杜建耀．企业合谋行为分析和竞合策略研究．当代经济管理科学，2009 年第 1 期．

[12]　干春晖，李雪．产品差别化、价格战与合谋．财经研究，2006 年第 12 期．

[13]　干春晖．厂商策略性行为研究，北京：经济管理出版社，2005．

[14]　高昉，余明阳．多维属性空间中的横向产品差异化决策．上海交通大学学

报，2009 年第 9 期.

[15] 高建刚. 质量成本、收入分配与垂直产品差异化，山东大学博士学位论文，2007.

[16] 顾锋，黄培清，周东生. 消费者不均匀分布时厂商的最小产品差异策略. 系统工程学报，2002 年第 10 期.

[17] 顾锋，薛刚，黄培清. 存在消费者购买选择的厂商定价选址模型. 系统工程理论方法应用，1999 年第 4 期.

[18] 柳岩，管晓方，宋玉泉. 中国轿车发展的三个阶段. 吉林大学学报（工学版），2009 年第 1 期.

[19] 胡甲庆. <反垄断法>的经济逻辑. 厦门：厦门大学出版社，2007.

[20] 化冰，陈宏民. 基于产品差异的厂商横向兼并研究. 预测，2003年第1期.

[21] 李建标，王光荣等. 产品差异度与厂商共谋行为——模型与实验证据. 南开经济研究，2008 年第 3 期.

[22] 李建标，王光荣等. 产品差异度与双寡头厂商行为的实验分析. 产业经济评论，2008 年第 12 期.

[23] 梁琦. 中国制造业的区位决定，2004 年第四届中国经济学年会入会论文。

[24] 刘世锦. 中国汽车产业 30 年发展中的争论和重要经验，2009 年 2 月 27 日，国务院发展研究中心信息网.

[25] 鲁文龙，陈宏民，帅旭. 进入壁垒与厂商产品差异化策略. 管理工程学报，2004 年第 3 期.

[26] 鲁文龙，陈宏民. 最小质量标准及设定动机研究. 系统工程学报，2008 年第 4 期.

[27] 吕俊涛. 基于纵向差异化的厂商产品创新策略博弈分析. 上海：上海交通大学博士学位论文，2007 年.

[28] 罗勇，涂苯生，彭铁根等. 具有购买弹性的差异产品选址定价研究. 南开大学学报，2007 年第 8 期.

[29] 潘晓军，陈宏民. 产品差异化与序贯推出的策略选择. 系统工程理论与实践，2002 年第 8 期.

[30] 潘晓军，陈宏民. 基于网络外部性特征产业的消费税与产品差异化分析. 管理科学与系统科学研究新进展——第 6 届全国青年管理科学与系统科学学术会议论文集，2001 年.

[31] 钱世超. 中国轿车市场结构与厂商行为研究. 上海：华东理工大学出版社，2006.

[32] 任剑新. Logit 模型在厂商兼并市场绩效评价中的应用. 中国管理科学，2004 年第 8 期.

[33] 石岿然，盛昭瀚，肖条军. 双寡头纵向产品差异化市场的演化稳定战略. 预测，2004 年第 3 期.

[34] 苏应生，汪贤裕. 基于 VPD 模型新产品的质量选择策略. 统计与决策，2008 年第 7 期.

[35] 汤建影，黄瑞华. 研发联盟厂商间知识共享影响因素的实证研究. 预测，2005 年第 5 期.

[36] 汤卫君. 垄断厂商产品差异化与歧视博弈分析，中国科学技术大学博士学位论文，2006 年.

[37] 汪淼军，励斌. 网络外部性、竞争和产品差异化. 经济学（季刊），2003 年第 2 期.

[38] 汪贤裕，王华. 垄断条件下的质量歧视. 数量经济技术研究，2003 年第 9 期.

[39] 王国才，陶鹏德. 网络产品差异化竞争.市场均衡与价格歧视研究. 系统工程学报，2008 年第 6 期.

[40] 王国才. 基于产品差异化理论的网络产品竞争研究，复旦大学博士学位论文，2005 年.

[41] 王皓，周黎安. 产品差异化、价格战与合谋集团的变迁——基于 2002～2004 中国轿车行业的实证分析，北京大学光华管理学院论文讨论稿，2006 年.

[42] 王皓. 产品差异化、价格战与合谋集团的变迁. 北京：中国财政经济出版社，2007 年.

[43] 徐兵，朱道立. 具有网络外部性的扩展 Hotelling 模型. 管理科学学报，2007 年第 2 期.

[44] 袁诚. 离散选择模型在产品差别化研究中的应用. 统计研究，2003 年第 1 期.

[45] 袁诚. 消费者行为与产品替代的概率选择模型：北京冰箱市场的一个经验分析. 经济学季刊，2002 年第 1 期.

[46] 袁诚. 新经验产业组织研究综述. 经济科学，2004 年第 5 期.

[47] 袁淑湄. 应用混合 logit 模型探讨台湾家户住宅选择之研究，台湾成功大学都市计划研究所硕士论文，2003 年.

[48] 张地生，陈宏民. 网络效应与产品差异化. 预测，2000 年第 4 期.

[49] 赵鸿. 基于技术联盟的中国汽车产业发展研究，武汉理工大学硕士论文，2006 年.

[50] Abreu,D:External equilibria of oligopolistic supergames. *Journal of Economic Theory*, 1986, 39,pp.191-223.

[51] Albach, H., Culture and technical innovation: a cross-cultural analysis and policy recommendations.Research report, Vol. 9. *The Academy of Sciences and Technology in Berlin*, Walter de Gruyter, Berlin.,1994.

[52] Albak,S.,L.Lambertini. Collusion in Differentiated Duopolies Revisited. *Economics Letters*, 1998, 59, pp.305-308.

[53] Amemiya,T.Qualitative Response Models:A Survey. *Journal of Economic Literature*. 19(1981)，pp.1483-1536.

[54] Andrew S.Caplin, Nalebuff. B. Aggregation and Imperfect Competition. *Econometrica*, 1991, pp. 25-60.

[55] Anette Boom.Asymmetric International Minimum Quality Standards and Vertical Differentiation.*The Journal of Industrial Economics*,Vol.43,No.1 (Mar.,1995), pp. 101- 119.

[56] Anglin,P.M.The relationship between models of horizontal and vertical differentiation. *Bulletin of Economic Research*,1992,44(1).pp.1-20.

[57] Archibald, G.C., Eaton, B.C. and Lipsey, R.G. Address models of value theory. in: J.E.Stiglitz and G.F. Mathewson, eds., *New developments in the analysis of*

market structure.Cambridge: MIT Press,1986.pp. 3-47.

[58] Arrow,K,*Economic welfare and the allocation of resources for inventions*,in: R. Nelson(Ed.), The rate and direction or inventive activity,Princeton University Press, Princeston,NJ.1962.

[59] Asim Ansari, Nicholas Economides and Joel Steckel. The Max-Min-Min Principle of Product Differentiation. *Forthing Coming in the Journal of Regional Science*,1998.

[60] Athey,S.and Schmutzler,A Product and Process Flexibility in an Innovative Environment. *Rand Journal of Economics*,1995,26,pp.557-574.

[61] Avinash Dixit. A Model of Duopoly Suggesting a Theory of Entry Barriers. *The Bell Journal of Economics*, Vol. 10, No. 1 (Spring, 1979), pp. 20-32.

[62] Avner Shaked,John Sutton. Relaxing Price Competition Through Product Differentiation. *Review of Economic Studies*,Vol.49,No.1(Jan.,1982),pp.3-13.

[63] B. Curtis Eaton and Richard G. Lipsey. The Theory of Market Pre-emption: The Persistence of Excess Capacity and Monopoly in Growing Spatial Markets. *Economica*, New Series, Vol. 46, No. 182 (May, 1979), pp. 149-158.

[64] Baake,P. and Boom, A.Vertical Product Differentiation,Network Externalities, Compatibility Decisions.*International Journal of Industrial Organization*,2001, 19. pp. 267-284.

[65] Badaracco J L,*The knowledge link:How firms compete through strategic alliances*, Boston: Harvard Business School Press,1991.

[66] Barney, J.B., Firm resources and sustained competitive advantage, *Journal of Management*, 1991, 17, pp.99–120.

[67] Baumol, W.J. Calculation of optimal product and retailer characteristics: The abstract product approach. *Journal of Political Economy*, 75(1967), pp.674-685.

[68] Berkson,J. A Statistically Precise and Relatively Simple Method of Estimating the Bioassay with Quantal Response, Based on the Logistic Function. *Journal of the American Statistical Association*.48(1953),pp.565-599.

[69] Bernstein,J.I. and M.I.Nadiri,Interindustry R&D spillovers,rates of return and production in high-tech industries,*American Economic Review*,1988,78,pp. 429-434.

[70] Berry,S. and Levinsohn,J. and Pakes,A.Differentiated products demand system from a combination of micro and macro data:the new car market.*Journal of Political Economy*,2004,112(1).pp.68-105.

[71] Bester H.and E.Petrakis,The inventive for cost reduction in a differentiated industry, International   *Journal of Industrial Organization*,1993,11,pp.519-534.

[72] Bing Jing. Product differentiation under imperfect information:When does offering a lower quality pay? *Quant Market Econ*, (2007) 5,pp.35–61.

[73] Bonnano,G.Vertical differentiation with Cournot competition. *Economic Notes*, 2(1986).pp. 68-91.

[74] Bowley AL. *The Mathematical Groundwork of Eeonomics*. Clarendon Press (1924).

[75] Canto, J.G.D. and Gonzalez, I.S., A resource-based analysis of the factors determining a firms R&D activities, *Reseach Policy*, 1999,28, pp.891-905.

[76] Carl Shapiro.*Mergers with Differentiaed Products. Antitrust*, Spring 1996. see also http://www.usdoj.gov/atr/public/speeches/227167.htm.

[77] Carlo Scarpa.Minimum quality standards with more than two firms.*International Journal of Industrial Organization*,16(1998),pp.665-676.

[78] Caroline Elliott.Vertical Product Differentiation and Advertising.*International Journal of the Economics of Business*, 1466-1829, Vol 11, No 1, 2004, pp.37 – 53

[79] Catherine Matraves and Laura Rondi. *Product Differentiation, Industry Concentration and Market Share Turbulence*. November 2005. http://papers. ssrn.com/sol3/papers.cfm?abstract_id=847684.

[80] Chamberlin,E.H. *The Theory of Monopolistic Competition*. Cambridge: Harvard University Press(1933).

[81] Chamorro-Rivas JM.Plant proliferation in a spatial model of Cournot

competition. *Regional Science and Urban Economics*,30(2000),pp.507-518.

[82] Chang,M. Intertemporal Product Choice and its Effects on Collusive Firm Behavior. *International Economic Review*, 1992(4), pp.773-793.

[83] Chang,M. The Effects of Product Differentiation on Collusive Pricing. *International Journal of Industrial Organization*, 1991(9), pp.453-469.

[84] Chia-Ming Yu, Fu-Chuan Lai. Cournot competition in spatial markets: Some further results. *Regional Science*.82,2003.pp.569-580.

[85] Chong Ju Choi,Hyun Song Shin. A Comment on a Model of Vertical Product Differentiation. *Journal of Industrial Economics*,1992,40.pp.229-31.

[86] Christaller, W. *Die zentralen Orte in Suddeutschland: Eine okonomisch-geographische Untersuchung uber die Gesetzmassigkeit der Verbrietung und Entwicklung der Siedlungen mit stadtischen Funktionen*. Jena: Fischer.1933.

[87] Christos Constantatos ,Sartzetakis Eftichios S.On Commodity Taxation in Vertically Differentiated Markets. *International Journal of Industrial Organization*. 2003,17(8). pp.1203-1217.

[88] Claude Crampes and Abraham Hollander,Duopoly and quality standards. *European Economic Review*,39(1995),pp.71-82.

[89] Cohen, W.M. and Levinthal, D.A., Absorptive capacity: a new perspective on learning and innovation. *Administrative Science Quarterly*, 1990,35 (1), pp.128–152.

[90] Cohen, W.M., Klepper, S., Firm size and the nature of innovation within industries: The case of process and product R&D. *Review of Economics and Statistics*,1996,78, pp.232-243.

[91] Collie, David R. Collusion in Differentiated Duopolies with Quadratic Costs. *Bulletin of Economic Research*, Vol 58,No 2, April, 2006, pp. 151-159.

[92] Connor,J.M.*Global Price Fixing: Our Customers Are the Enemy*. Kluwer Academic Pubilishers, Boston, MA. 2001.

[93] Cristina Barbot.*Horizontal Merger and Vertical Differentiation*. http://www.fep.

up.pt/ investigacao/workingpapers/wp108.pdf

[94] D.E.Waldman,J.E.Jensen,*Industrial   Organization:Theory   and   Practice*, Addison-Wesley Educational Publishers Inc,1998,pp.6-7.

[95] D'Aspremont,C. and Jacquemin,A.,Cooperative and noncooperative R&D in duopoly with spillovers.*American Economic Review*,1988,78,pp.1133-1137.

[96] D'Aspremont,C.,Jaskold Gabszewicz, J.-F.Thisse.On Hotelling's stability in competition, *Econometrica*, Vol.47(1979),pp.1145-1150.

[97] Daisuke Shimizu, Toshihiro Matsumura. *Equilibria for circular spatial Cournot markets.* Economics Bulletin, http://www.economicsbulletin.com/2003/volume18/ EB−03R30001A.pdf.

[98] Daisuke Shimizu. Product differentiation in spatial Cournot markets. *Economic Letters*, 76 (2002),pp.317-322.

[99] Dan Kovenock, Suddhasatwa Roy. Free riding in noncooperative entry deterrence with differentiated products. *Southern Economic Journal*,2005，72(1),pp.119-137.

[100] Das T K.Teng B S,A Resource Theory of Strategic Alliances,*Journal of Management*, 2000,26(1),pp.31-61.

[101] Dasgupta,P.,and E.Maskin.The Existence of Equilibrium in Discontinous Economic Games,Ⅱ:Applications.*Review of Economic Studies*,1986,53,pp. 27-42.

[102] David Spector. Horizontal mergers, entry, and efficiency defences, *International Journal of Industrial Organization*,Volume 21, Issue 10, December 2003, pp. 1591-1600.

[103] De Fraja,Giovanni.Product Line Competition in Vertically Differentiated Markets. *International Journal of Industrial Organization*,May 1996,14(3),pp. 149-74.

[104] de Palma A,Ginsburgh V,Papageorgiou YY,Thisse JF.The principle of minimum differentiation holds under sufficient heterogeneity. *Econometrica*, 53 (1985),

pp.767-782.

[105] Delbono F. and V.Denicolo,R&D investment in a symmetric and homogenous oligopoly, *International Journal of Industrial Organization*,1990,8,pp.297-313.

[106] Deneckere R,Davidson C.Incentives on form coalitions with Betrand competition.*Rand Journal of Economics*,1985,16(4),pp.473-486.

[107] Deneckere,R. Duopoly supergames with product differentiation.*Economics Letters*, 1983, 11, pp.81-93.

[108] Deneckere,R.J.and de Palma,A. The diffusion of consumer durables in vertically differentiated oligopoly. *Rand Journal of Economics*,1998,29(4), pp.750-771.

[109] Dixit,A.,A model of duopoly suggesting a theory of entry barriers. *Bell Journal of Economics*, 1979, 10, pp.20-32.

[110] Dixit,A.K. and Stiglitz,J.E.Monopolistic competition and optimum product diversity. *American Economic Review*,67(1977),pp.297-308.

[111] Douglas D. Davis, Bart J. Wilson.*Equilibrium Price Dispersion, Mergers and Synergies: An Experimental Investigation of Differentiated Product Competition.* http://taylorandfrancis.metapress.com/link.asp?target=contribution&id= NR7747RU8N6045X4.

[112] Eaton, B.C. and Lipsey, R.G. The principle of minimum differentiation reconsidered: Some new developments in the theory of spatial competition. *Review of Economic Studies*, 42(1975), pp.27-49.

[113] Economides N. Minimal and maximal product differentiation in Hotelling's duopoly. *Economics Letters*,Vol.21(1986),pp.67-71.

[114] Eswaran, M., Gallini, N., Patent policy and the direction of technological change. *Rand Journal of Economics*,27, 1996,pp.722-746.

[115] Fraas and Greer, Market Structure and Price Collusion: An Empirical Analysis, *Journal of Industrial Economics*, 1977, 26,pp. 21-44.

[116] F.M.Scherer.*Industrial Market Structure and Economic Performance*,Chicago, Rand-McNally,1970.

[117] Fershman,C. and Gandal,N.The effect of the crab boycott on Israel:The automobile market.*Rand Journal of Economics*,1998,29(1).pp.193-214.

[118] Flam Harry and Helpman Elhanan.Vertical Product Differentiation and North-South Trade.*The American Economic Review*,1987,77(5).pp. 810-22.

[119] Friedman,J.A non-cooperative equilibrium for supergames. *Review of Economic Studies*, 1971,38,pp.1-12.

[120] Fudenberg,Drew and Jean Tirole.A "Signal Jamming"Theory of Predation, *Rand Journal of Economics*,1986,17,pp.366-377.

[121] Gal-Or,Esther. Quality and Quantity Competition.*Bell Journal of Economics*, Autumn 1983. 14(2),pp.590-600.

[122] Garella,P.G. and Lambertini,L.Good vs.bad characteristics in vertical differentiation. *Economics Letters*,1999,65.pp.245-248.

[123] George Norman,Lynne Pepall,and Daniel Richards. Product differentiation, cost-reducing mergers, and consumer welfare.*The Canadian Journal of Economics*, Vol. 38, No. 4 (Nov., 2005), pp. 1204-1223.

[124] George Symeonidis.Cartel Stability in Advertising-Intensive and R&D-Intensive Industries. *Economics Letters*,1999,62(1).pp.121-129.

[125] Germán Coloma.*Bertrand and Price-Taking Equilibria in Markets with Product Differentiation*. Paper provided by Universidad del CEMA in its series with number 369.

[126] Giacomo Bonanno and Barry Haworth,Intensity of competition and the choice between product and process innovation.*Forthcoming in the International Journal of Industrial Organization*.1998,16,pp.495-510.

[127] Giulio Ecchia and Luca Lambertini.*Endogenous Timing and Quality Standards in a Vertically Differentiated Duopoly*. http://sites.uclouvain.be/econ/DP/REL/2001021.pdf.

[128] Giulo Ecchia,Luca Lambertini.Minimum quality standards and collusion.*the Journal of Industrial Economics*,1997,45(1),pp.101-113.

[129] Goto A.and Kazuyuki S.,R&D capital,rate of return on R&D investment and spillover of R&D in Japanese manufacturing industries.*Review of Economics and Statistics*,1989,71(4), pp.555-564.

[130] Green E,R Porter.Non-cooperative collusion under imperfect price information, *Econometric*, 1984,52,pp.87-100.

[131] Gregory S. Carpenter. Perceptual Position and Competitive Brand Strategy in a Two-Dimensional,Two-Brand Market. *Management Science*,Vol.35,No.9, September 1989, pp. 1029-1044.

[132] Griliches,Z.,The Search for R&D Spillovers.Scandinavian *Journal of Economics*, 1992,94 (Supplement),pp.29-47.

[133] Grossman, Sanford. Nash equilibrium and the industrial organization of markets with large fixed costs.*Econometrica*,42(1981),pp.1149-1172.

[134] Grossman,G. and C.Shapiro. Informative Advertising with Differentiated Products. *Review of Economic Studies*.51,pp.63-82.

[135] Grossman,G. and Shapiro,C.,Dynamic R&D competition.*The Economic Journal*, 1987,97 (386),pp.372-387.

[136] Grossman,G.and Helpman,E.,*Trade,innovation and growth*.Cambridge:MIT Press, 1992, pp.62-117.

[137] Gupta B,Pal D,Sarkar J. Spatial discrimination: Bertrand versus Cournot in a model of location choice. *Regional Science and Urban Economics*,19 (1997),pp. 261-282.

[138] Hackner,J. Collusive Pricing in Markets for Vertically Differentiated Products. *International Journal of Industrial Organization*, 1994, 12, pp.155-177.

[139] Hackner,J. Endogenous Product Design in an Infinitely Repeated Game. *International Journal of Industrial Organization*, 1995, 13, pp. 277-299.

[140] Hamel G and Prahalad C K, Strategic intent.*Harvard Business Review*,1989, 67(3), pp. 63-76.

[141] Hamilton JH, Thisse JF,Weskamp A. Spatial Discrimination:Bertrand vs.

Cournot in a Model of Location Choice. *Regional Science and Urban Economics*, 19(1989), pp.87-102.

[142] Harold Hotelling. Stability in Competition. *The Economic Journal*, Vol.39, No.153 (Mar., 1929), pp.41-57.

[143] Hart,O.D. Monopolistic Competition in the Spirit of Chamberlin:Special Results. *Economic Journal*, 95(1985), pp. 889-908.

[144] Hay and Kelley, An Empirical Survey of Price-fixing Conspiracies, *Journal of Law and Economics,1974,*17, pp. 13-38.

[145] Ireland, N. J. *Product differentiation and non-price competition.*Oxford:Basil Blackwell,1987.

[146] Irmen A,Thisse JF. Competition in multi-characteristics spaces: Hotelling was almost right. *Journal of Economic Theory*, 78(1998).pp.76-102.

[147] J.F.Weston,*The Role of Mergers in the Growth of Large Firms,*Berkeley, California: University of California Press(London:Cambridge University Press), 1953.

[148] J.Jaskold Gabszewicz and J.-F. Thisse. Product Differentiation with Income Disparities: An Illustrative Model. *The Journal of Industrial Economics*, Vol. 31, No. 1/2, Symposium on Spatial Competition and the Theory of Differentiation Markets (Sep.- Dec.1982), pp.115-129.

[149] Jacques-Francois Thisse and George Norman.*The Economics of Product Differentiation*. Volume I.Printed in Great Britian at the University Press, Cambridge, 1994.

[150] J.Jaskold Gabszewicz and J.-F.Thisse. On the Nature of Competition with Differentiated Products.*The Economic Journal,*96(March 1986),pp.160-172.

[151] J.Jaskold Gabszewicz and J.-F.Thisse. Price Competition, Quality and Income Disparities. *Journal of Economic Theory ,*20,1979,pp.340-359.

[152] Jean-Marc Bonnisseau ,Rim Lahmandi-Ayed. Vertical Differentiation: Multiproduct Strategy to Face Entry? *Topics in Theoretical Economics.*Volume

(Year): 6(2006),Issue (Month): 1.pp: 1282-1282.

[153] Jean-Pierre Dubé. *Product Differentiation and Mergers in the Carbonated Soft Drink Industry.* February23,2004.http://faculty.chicagobooth.edu/jean-pierre. dube/ research/ papers/csdmergers_march2004.pdf.

[154] Joanna Stavins. Model Entry and Exit in a Differentiated-Product Industry: The Personal Computer Market.*The Review of Economics and Statistics*,Vol.77,No.4 (Nov.,1995), pp. 571- 584.

[155] John F.R.Harter,Differentiated Products with R&D,*The Journal of Industrial Economic*, Volume XLI March,1993.

[156] John Sutton. Vertical Product Differentiation: Some Basic Themes. *American Economic Review,* Vol.76, No.2, Papers and Proceedings of the Ninety-Eighth Annual Meeting of the American Economic Association (May, 1986), pp.393-398.

[157] John W.Maxwell.Minimum quality standards as a barrier to innovation. *Economic Letters*,58 (1998),pp.355-360.

[158] Johnson,J.P.,and Myatt,D.P.Multiproduct Quality Competition:Fighting Brands and Product Line Pruning.*American Economic Review*,2003, 93,pp.748-74.

[159] Jonathan B. Baker and Timothy F. Bresnahan. The Gains from Merger or Collusion in Product-Differentiated Industries. *The Journal of Industrial Economics*, Vol. 33, No. 4, A Symposium on Oligopoly, Competition and Welfare (Jun., 1985), pp. 427-444.

[160] Julie Holland Mortimer, *Lecture 1: Graduate Industrial Organization*, September 19,2005. http://my.harvard.edu/course/colgsas-7875.

[161] Justin P. Johnson, David P. Myatt. Multiproduct Quality Competition: Fighting Brands and Product Line Pruning. *American Economic Review*. Jun2003, Vol. 93 Issue 3, pp.748-774.

[162] Kala Krishna.*Protection and Product Line:Monopoly and Product Quality*. Naber Working Paper Series,1985,1537(1).

[163] Kaldor,N. Mrs. Robinson's economics of imperfect competition,*Economica*,1 (1934),pp.335-341.

[164] Kaldor,N.Market imperfections and excess capacity.*Economica*,2(1935), pp. 33-50.

[165] Kamien M I,E Muller,I Zang, Research Joint Ventures and R&D Cartels, *American Economic Review*,1992,pp.82.

[166] Kats A. More on Hotelling's stability in competition. *International Journal of Industrial Organization*,13(1995).pp.89-93.

[167] Katz,M.L.,An analysis of cooperative research and development,*Rand Journal of Economics*,1986,16,pp.527-543.

[168] Kenneth L.Judd. Credible spatial preemption.*Rand Journal of Economics*.Vol. 16, No.2, Summer 1985.pp.153-166.

[169] Kim,J-H.and J-C.Kim.Quality choice of multiproduct monopolist and spill-over effect, *Economics Letters*,1996,52,pp.345-352.

[170] Klepper, S., Entry, exit, growth, and innovation over the product life cycle. *American Economic Review*,1996,86, pp.562-583.

[171] Krešimir Žigić, CERGE-EI, Prague. and INTERTIC, Milan. *Stackelberg leadership with product differentiation and endogenous entry: some comparative static and limiting results.* http://www.intertic.org/Theory%20Papers/Zigic.pdf.

[172] Kumar, N. and Saqib, M., Firm size and in-house R&D activities in developing country:The case of Indian Manufacturing,*Research Policy*, 1996,25, pp.713-722.

[173] Lambertini,L.The monopolist's optimal R&D portfolio,*Oxford Economic Paper*, 2003, 55,pp. 561-578.

[174] Lancaster, K.J. A new approach to consumer theory.*Journal of Political Economy*, 74 (1966),pp.132-157.

[175] Lancaster, K.J. *Variety, equity, and efficiency.* New York: Columbia University Press,1979.

[176] Lander Beloqui, José M. Usategui.*Vertical Differentiation and Entry Deterrence: A Reconsideration.* http://www.ehu.es/FAEII/workingpapers/wp2005-06.pdf. January 2005.

[177] Lane, W. Product differentiation in a market with endogenous sequential entry, *Bell Journal of Economics,*1980, 11,pp.237-260.

[178] Larry E. Jones. Optimum Product Diversity and the Incentives for Entry in Natural Oligopolies. *The Quarterly Journal of Economics,* Vol. 102, No. 3 (Aug., 1987), pp. 595-614.

[179] Leahy,D.and Neary,J.P.,Public policy towards R&D oligopolistic industries,*The American Economic Review,*1997,87(4),pp.642-662.

[180] Lerner, A. and Singer, H. Some notes on duopoly and spatial competition. *Journal of Political Economy*, 45(1941),pp.423-439.

[181] Lisa N.Takeyama.Strategic Vertical Differentiation and Durable Goods Monopoly. *The Journal of Industrial Economics.*March 2002.No.1.pp.44-56.

[182] Losch A.The nature of economic regions. *Southern Economic Journal,*5 (1938),pp. 71- 78.

[183] Louis Thomas and Keith Weigelt. Product Location Choice and Firm Capabilities: Evidence From The U.S. Automobile Industry. *Journal of Strategic. Management* Journal. .21: (2000) pp. 897–909.

[184] Luca Lambertini. *Exogenous product differentiation and the stability of collusion.* http://www2.dse.unibo.it/wp/219.pdf.

[185] Luca Lambertini. Technology and Cartel Stability under Vertical Differentiation. *German Economic Review*, 2000, 1(4), pp. 421-442.

[186] Luca Lambertini.*The Multiproduct Monopolist Under Vertical Differentiations: an Inductive Approach.*Universita degli Studi di Bologna, Economica,Working Papers 226,1995.

[187] Luís M B Cabral .*Horizontal Mergers With Free-Entry:Why Cost Effciencies May Be a Weak Defense and Asset Sales a Poor Remedy.* http://papers.ssrn.

com/sol3/papers.cfm?abstract_id=1292670.

[188] Luis M B Cabral. *Horizontal Mergers With Free-Entry: Why Cost Efficiencies May Be a Weak Defense and Asset Sales a Poor Remedy*. Paper provided by New York University, Leonard N. Stern School of Business, Department of Economics in its series Working Papers with number 01-05.

[189] M.P. Ramos, S. Drogué, S. Marette. *Welfare Measurement Biases and Product Differentiation in Agriculture: An Example from the US Beef Sector*. Cahiers De Recherche.Working Papers.2006/02.

[190] Machina,M.J. Stochatic Choice Functions Generated from Deterministic Preferences over Lotteries.*Economic Letters*,95(1985),pp.575-594.

[191] Majerus,D.W.. Price vs. Quantity Competition in Oligopoly Supergames. *Economics Letters*, 1988, 27, pp.293-297.

[192] Mannering,F. and Winston,C. and Starkey,W.An exploratory analysis of automobile leasing by US households.*Journal of Urban Economics*,2002,52.pp. 154-176.

[193] Mansfield, E., Composition of R&D expenditures: Relationship to size of firm, concentration, and innovative output. *Review of Economics and Statistics*,1981, 63, pp.610- 615.

[194] Manski,C. and Sherman,C.L.An empirical analysis of household choice among motor vehicles.*Transportation Research*,1980,14A(5-6).pp.349-366.

[195] Marc Ivaldi, Bruno Jullien, Patrick Rey, Paul Seabright, Jean Tirole. *The Economics of Tacit Collusion*. http://ec.europa.eu/competition/mergers/studies_ reports/the_economics _of_tacit_collusion_en.pdf.

[196] Marcella Scrimitore. *Does Product Differentiation ever Affect Locations in Cournot Linear Markets?* https://editorialexpress.com/cgi-bin/conference/ download.cgi?db_name=ASSET2007&paper_id=248.

[197] Mario Pezzino.*Minimum quality standards with more than two firms under Cournot competition*.2006. Economics Discussion Paper EDP-0613,The

University of Manchester.

[198] Mark R.Frascatore.Vertical Product differentiation when quality is scarce: The case of n>2 firms. *Australian Economic Papers*,Jun99, Vol. 38 Issue 2, pp.120-130.

[199] Markus Reisinger. *Vertical Product Differentiation, Market Entry,and Welfare.* Discussion paper 2004-28.December 2004. Online at http://epub.ub.uni-muenchen.de.

[200] Martin, Stephen. *Advanced Industrial Economics*,2nd Edition, Blackwell publishers Ltd press,2002,pp.311-312.

[201] Matsushima N. Cournot competition and spatial agglomeration revisited. *Economic Letters*, 73(2001),pp.175-177.

[202] McFadden,D. Quantal Choice Analysis:A Survey.*Annals of Economic and Social Measurement*,5/6(1976),pp.363-390.

[203] Minjae Song. *A Hybrid Discrete Choice Model of Differentiated Product Demand with an Application to Personal Computers*. Simon Graduate School of Business Administration Working Paper Series. 2008-09.

[204] Motta,M. Endogenous quality choice: price vs. quantity competition.*Journal of Industrial Economics*, 1993, 41 (2), pp.113-31.

[205] Mussa,M.,Rosen,S.. Monopoly and product quality. *Journal of Economic Theory*, 1978, 18, pp. 301-317.

[206] Nelson,P. Advertising as Information. *Journal of Political Economy*.1974,81, pp.729- 754.

[207] Neven,D.'*Address Models of Differentiation*',in NORMAN,G.(ed.),*Spatial Pricing and Differentiated Markets*(Pion,London),1986,pp.5-18.

[208] Nevo, A. (2000a), A Practitioner's Guide to Estimation of Random Coefficients Logit Models of Demand, *Journal of Economics and Management Strategy*, 9, 2000,pp.513-548.

[209] Nevo, A. (2000b), Mergers with Differentiated Products : The Case of the

Ready-to-Eat Cereal Industry, *The RAND Journal of Economics*, 2000,31,pp. 395-421.

[210] Nevo, A. Measuring Market Power in the Ready-to Eat Cereal Industry, *Econometrica*, 2001,69:2, pp.307-342.

[211] Norman G.,Pepall,L.,Profitable Mergers in a Cournot Model of Spatial Competition, *Sourthern Journal*,2000,66(3),pp.667-681.

[212] Østerdal,L.P.A note on the stability of collusion in differentiated oligopolies. *Research in Economics*,2003, 57,pp.53-64.

[213] Pal,D. Does Cournot competition yield spatial agglomeration? *Economic Letters*, 1998，60, pp.49-53.

[214] Paolo G．Garella. *The Effects of Minimum Quality Standards: Better or Worse Products?*2003,Working Papers. http://www2.dse.unibo.it/wp/484.pdf.

[215] Paolo G.Garella. "Innocuous" minimum quality standards.*Economic Letters,* 92 (2006), pp. 368-374.

[216] Papaconstantinou G.,International R&D spillovers and strategic subsidies,*Paris: OECD*, 1991, pp.17-59.

[217] Park,Jee-Hyeong,Strategic R&D policy under vertically differentiated oligopoly.*The Canadian Journal of Economics*,2001,34(4),pp.967-987.

[218] Park S O and Ungson G R,Interfirm rivalry and managerial complexity:a conceptual framework of alliance failure,*Organization Science,*2001,12(1), pp.37-39.

[219] Patrick Bolton and Giacomo Bonanno. Vertical Restraints in a Model of Vertical Differentiation. *The Quarterly Journal of Econmics,*Vol.103, No.3 (Aug., 1988), pp.555- 570.

[220] Patrick Paul Walsh, and Ciara Whelen. *Product Differentiation and Firm Size Distribution:An Application to Carbonated Soft Drinks*. http://sticerd.lse.ac.uk/dps/ei/ei31.pdf.

[221] Paul Champsaur, Jean-Charles Rochet. *Product Differentiation and Duopoly,*

unpublished working paper,1985.

[222] Paul Champsaur, Jean-Charles Rochet.Multiproduct Duopolists.*Econometrica*, May 1989.57(3),pp.533-57.

[223] Peera Charoenporn,The Determinants of the Firm's Decision to Carry out of R&D Activities in Thai Manufacturing Sector.Thammasat *Economic Journal*. Vol.23,No.3, September 2005.pp.89-122.

[224] Pei-Cheng Liao and Kar-yiu Wong.*Minimum Quality Standard and International Rivalry in Quality and Price*.Physica-Verlag HD print, 2005,pp. 185-212.

[225] Perloff,J.M.,and S.C.Salop. Equilibrium with Product Differentiation. *Review of Economic Studies*, 52(1985),pp.107-120.

[226] Perry M,Porter R.Oligopoly and the incentives for horizontal merger,*Amercian Economic Review,*1985,75,pp.219-227.

[227] Ping Lin. Process R&D and Product Line Deletion by a Multiproduct Monopolist. *Journal of Economics,*Vol.91(2007),No.3,pp.245-262.

[228] Ping Lin.Process and Product R&D by a Multiproduct Monopolist.*Oxford Economic Papers,*2004,56,pp.735-743.

[229] Porter R.A study of cartel stability:The joint executive committee.*Bell Journal of Economics,*1983,14,pp.301-314.

[230] Quandt, R.E. and Baumol, W.J. The demand for abstract transport modes: Theory and measurement. *Journal Regional Science*, 6(1966), pp.13-26.

[231] R.Deneckere,M.Rothschild.Monopolisitci Competition and Preference Diversity. *Review of Economic Studies*, Vol. 59(1992). pp.361 - 373.

[232] Rafael Llorca vivero. Product Differentiation and Process R&D: The Trade-off Between Quality and Productivity in the Spanish Firm. *Journal of Industry Competition and Trade*. Vol.1, No 2 ,2001.6. pp.181-202.

[233] Ralph A.Winter. Colluding on relative prices. *Rand Journal of Economics*. vol. 28, No.2, Summer 1997.pp.359-371.

[234] Raphael Thomadsen. Ki-Eun Rhee. Costly Collusion in Differentiated Industries. *Marketing Science.*Vol. 26, No. 5, September–October, 2007, pp. 660–66.

[235] Richard E.Caves.Brands Quality Levels,Prices,and Advertising Outlays: Empirical Evidence on Signals and information Costs. *International Journal of Industrial Organization*,1996,14.pp.29-52.

[236] Richard Schmalensee.Entry deterrence in the ready-to-eat breakfast cereal industry.*The Bell Journal of Economics*.1978,pp.305-327.

[237] Rim Lahmandi-Ayed. Natural Oligopolies: A Vertical Differentiation Model. *International Economic Review*,Vol.41,No.4,(Nov., 2000),pp.971-987.

[238] Robert Wilson.Strategic Models of Entry Deterrence.*The Handbook of Game Theory*, R. Aumann and S.Hart(eds.),Amsterdam:North-Holland/Elsevier Science Publisher,1991.

[239] Robinson,J.*The Economics of Imperfect Competition*. London: Macmillan (1934).

[240] Rodolphe Dos Santos Ferreira and Jacques- François Thisse. Horizontal and vertical differentiation: The Launhardt model.*International Journal of Industrial Organization*, Volume 14, Issue 4, June 1996, pp. 485-506.

[241] Rosenkranz, S., *Simultaneous choice of process and product innovation.* Discussion paper no. 1321, CEPR, 1996,London.

[242] Ross,T.W. Cartel stability and product differentiation. *International Journal of Industrial Organization*, 1992, 10, pp.1-13.

[243] Rotemberg J,G Saloner.A supergame-theoretic model of business cycles and price wars during booms.*American Economic Review*,1986,76,pp.390-407.

[244] Rothschild,R. On the Sustainability of Collusion in Differentiated Duopolies. *Economics Letters*, 1992, 40, pp.33-37.

[245] Saloner,Garth.Predation,Mergers and Incomplete Information,*Rand Journal of Economics*,1987,18,pp.165-186.

[246] Salop, S. Monopolistic competition with outside goods. *Bell Journal of*

Economics, 10 (1979),pp.141-156.

[247] Sattinger,M. Value of an additional firm in monopolistic competition. *Review of Economic Studies*,51(1984),pp.321-332.

[248] Scherer, F.M., *Changing perspectives on the firm size problem*. In: Zoltan, J.A., David, B.A.(Eds.), *Innovation and Technological Change: An International Comparison*. Harvester Wheatsheaf,New York.1991.

[249] Schmalensee,R. A Model of Advertising and Product Quality. *Journal of Political Economy*, 1978,86. pp. 485-503.

[250] Schmalensee,R. Product Differentiation Advantage of Pioneering Brands. *American Economic Review,*1982,72.pp.349-365.

[251] Shabtai Donnenfeld and Shlomo Weber. Limit Qualities and Entry Deterrence. *The RAND Journal of Economics*, Vol. 26, No. 1 (Spring, 1995), pp. 113-130.

[252] Shubik Martin and Levitan，Riehard.*Market Structure and Behavior*.Cambridge: Harvard University Press(1980).

[253] Shumpeter,J,*Captialism,socialism and democracy*,Allan and Unwin, London. 1943.

[254] Simon P. Anderson and Damien J. Neven. Cournot Competition Yields Spatial Agglomeration.*International Economic Review*, Vol. 32, No. 4 (Nov., 1991), pp. 793-808.

[255] Simon P.Anderson, André de Palma, and Jacques-Francois Thisse. *Discrete Choice Theory of Product Differentiation*. The MIT Press Cambridge, Massachusetts, London, England, 1992.

[256] Singh, N., Vives, X., Price and quantity competition in a differentiated duopoly. *Rand Journal of Economics*,1984, 15, pp.546-554.

[257] Spence,A.M.(1976a).Optimum location in spatial competition.Journal of Political Economy,49,1976,pp.423-439.

[258] Spence,A.M.(1976b).Product Differentiation and Welfare,*American Economic Review*,66 (1976).pp.407-414.

[259] Spence,A.M.,Cost reduction,competition,and industry performance. *Econometrica*, 1984, 52(1):101-122.

[260] Sraffa,P. The Laws of Returns under Competitive Conditions. *Economic Journal*, 34(1926), pp.535-550.

[261] Stefan Lutz .Vertical Product Differentiation and Entry Deterrence. *Journal of Economics*. Vol.65 (1997). No. 1. pp. 79-102.

[262] Steurs,G.,*Spillovers and Cooperation in Research and Development*,doctoral dissertation KULeuven,1994.

[263] Steven Berry;James Levinsohn;Ariel Pakes. Automobile Prices in Market Equilibrium. *Econometrica*,Vol.63,No.4.(Jul.,1995),pp.841-890.

[264] Swapnendu Bandyopadhyay (Banerjee) and Rajat Acharyya,Process and Product Innovation:Complementarity in a Vertically Differentiated Monopoly with Discrete Consumer Types.*Japanese Economic Review*,June 2004,Vol.55,pp.175-200.

[265] Thierry Mayer. Spatial Cournot competition and heterogenous production costs across locations. *Regional Science and Urban Economics,*30(2000).pp.325-352.

[266] Tommaso M.Valletti.Minimum Quality Standards Under Cournot Competition. *Journal of Regulatory Economics*,2000,18:3,pp.235-245.

[267] Uri Ronnen. Minimum Quality Standards, Fixed Costs, and Competition. *The RAND Journal of Economics*, Vol. 22, No. 4 (Winter, 1991), pp. 490-504.

[268] Utterback, J.M., Abernathy, W.J., *A dynamic model of process and product innovation*. Omega,1975,3 (6),pp. 639-656.

[269] Vandenbosch,M.B.and Weinberg,C.B. Product and price competition in a two-dimensional vertical differentiation model. *Marketing Science*,1995,14(2). pp. 224-249.

[270] Vives, X., Information and competitive advantage. *International Journal of Industrial Organization*, 1990,8, pp.17-35.

[271] Wauthy,Xavier.Quality Choice in Models of Vertical Differentiation.*Journal of*

Industrial Economics,1996.44(3),pp.345-353.

[272] Werden,G.,and L.Froeb.The entry-inducing effects of horizontal mergers, *Journal of Industrial Economics*,1998,vol.46(4),pp.525-543.

[273] Wernerfelt,B.Tacit collusiton in differentiated Cournot games.*Economics Letters*, 1989, 29,pp.303-6.

[274] W.G.Shepherd,*The Economics of Industrial Organization*,2nd Edition,Prentice Hall,Inc.,1985,pp.4

[275] Williamson,O.,Economics as an antitrust defense:the welfare tradeoffs, American *Economic Review*,1968,58,pp.18-36.

[276] X.Henry Wang,Bill Z.Yang.Mixed-strategy Equilibria in a Quality Differentiation Model.*International Journal of Industrial Orgaziation*,2001, 19(4): 213-226.

[277] Xavier Wauthy. Quality Choice in Models of Vertical Differentiation. *The Journal of Industrial Economics*, Vol.44, No.3 (Sep., 1996),pp. 345-353.

[278] Yong-Hwan Noh and Giancarlo Moschini. Vertical Product Differentiation, Entry-Deterrence Strategies, and Entry Qualities. *Review of Industrial Organization* (2006).

[279] Ziss,S.,Strategic R&D with spillovers,collusion and welfare.*Journal of industrial economics*, 1994,42(4),pp.375-393.